Der (des)informierte Bürger im Netz

Wolfgang Schweiger

Der (des)informierte Bürger im Netz

Wie soziale Medien die Meinungsbildung verändern

Wolfgang Schweiger
Stuttgart, Deutschland

ISBN 978-3-658-16057-9   ISBN 978-3-658-16058-6   (eBook)
DOI 10.1007/978-3-658-16058-6

Die Deutsche Nationalbibliothek verzeichnet diese Publikation in der Deutschen National-bibliografie; detaillierte bibliografische Daten sind im Internet über http://dnb.d-nb.de abrufbar.

Umschlagbild: „Two businessmen holding a sign protesting" von Jr Casas © Fotolia

Lektorat: Barbara Emig-Roller

Gedruckt auf säurefreiem und chlorfrei gebleichtem Papier

Springer ist Teil von Springer Nature
Die eingetragene Gesellschaft ist Springer Fachmedien Wiesbaden GmbH
Die Anschrift der Gesellschaft ist: Abraham-Lincoln-Str. 46, 65189 Wiesbaden, Germany

Vorwort

Demokratie und Rechtsstaat sind in Gefahr oder auf dem Rückzug, so hört und liest man immer wieder. In Polen und Ungarn schwächen rechtspopulistische Regierungen rechtsstaatliche Institutionen, um ihre Macht zu festigen. Ein ähnliches Bild bieten Recep Tayyip Erdoğan in der Türkei und Wladimir Putin in Russland. Sie und andere Staatenlenker kennen nur noch ‚Feinde' oder gar ‚Volksfeinde', die es auszuschalten gilt. Das klassisch demokratische Prinzip des fairen Wettbewerbs politischer Positionen, der mittels öffentlicher Debatten, unabhängiger Nachrichtenmedien und freier Wahlen ausgetragen wird, scheint hier ausgedient zu haben. Diskussionen oder Verhandlungen mit politischen Gegnern und politische Kompromisse gelten als Schwäche oder als Verrat am ‚Volkswillen'. Fakten werden nach Bedarf verbogen und durch gefühlte Wahrheiten ersetzt – man spricht gar von „Post-Truth Politics".[1] Das Faszinierende an der Sache: Alle diese Politiker wurden ursprünglich demokratisch gewählt und sind in ihren Ländern populär. Wie kommen so viele Bürger in so vielen Staaten zu dem Eindruck, diese Menschen und ihre Politik seien das Beste für ihr Land?

In vielen Ländern erstarken rassistische und populistische Kräfte. In den USA wurde jüngst mit Donald Trump ein Lügner und begnadeter Populist zum Präsidenten gewählt. Dass Gegner ernsthaft über seinen Geisteszustand diskutieren, hat die Wähler nicht abgeschreckt. In Österreich kämpft ein Rechtspopulist um das Amt des Bundespräsidenten, in Frankreich steht mit Marine Le Pen die Front National kurz vor der Übernahme des Élysée-Palasts. In Großbritannien schließlich gelang es Populisten, die Mehrheit der Bevölkerung von einem nicht nur wirtschaftspolitisch fragwürdigen Ausstieg aus der EU (Brexit) zu überzeugen. In allen diesen

---

1 William Davies: The Age of Post-Truth Politics. NYTimes.com vom 24.08.2016. http://www.nytimes.com/2016/08/24/opinion/campaign-stops/the-age-of-post-truth-politics. html?_r=0. Dieser und alle folgenden Links wurden sofern nicht anders angegeben zuletzt am 12.10.2016 abgerufen.

Ländern klaffen die politischen Positionen weit auseinander – eine Verständigung zwischen den Lagern scheint kaum mehr möglich.

Auch in Deutschland sind die Verhältnisse in Bewegung geraten: Die massenhafte Einreise von Flüchtlingen im Jahr 2015 hat in einem Teil der Bevölkerung zu einer Welle der Hilfsbereitschaft geführt. Ein anderer Teil lehnte die Aufnahme von Menschen aus islamischen Ländern kategorisch ab. Zehntausende stellten auf der Straße ihren dumpfen Rassismus zur Schau – allen voran bei den Pegida-Demonstrationen in Dresden. Auf Facebook und in anderen sozialen Medien überschlugen sich die Hass- und Hetzkommentare. Eine vormals rechtsliberale Partei wie die Alternative für Deutschland (AfD) mutierte in kürzester Zeit zu einem extremistischen Auffangbecken für Flüchtlingsgegner, Rassisten und Islamhasser und erzielte mit rechtspopulistischen Parolen bemerkenswerte Wahlergebnisse. Das Land scheint gespalten in Bürger, die die freiheitlich-demokratische Grundordnung der Bundesrepublik Deutschland schätzen und – obgleich das nur bedingt zufriedenstellend ist – die etablierten Parteien wählen, und Wutbürger, die an einfache Lösungen glauben und das ‚Establishment‘ aus Politik, Wirtschaft und Medien rundweg ablehnen. Eine Debatte zwischen den Seiten scheint kaum mehr möglich zu sein, zu weit haben sich die Positionen auseinanderentwickelt.

Nüchtern betrachtet lässt sich der Erfolg der Rechtspopulisten mit ihren Hassparolen, radikalen Vereinfachungen und gefühlten Wahrheiten kaum erklären. Nach allen historischen Erfahrungen haben solche Rezepte nie zu einer echten Verbesserung der Lebensumstände geführt. Wie also kommt es, dass Populisten, Anti-Demokraten, Egomanen und Rassisten in so vielen Ländern mehr oder weniger große Teile der Bevölkerung auf ihre Seite ziehen? Und dass die Kluft zwischen ihren Anhängern und den politischen Gegnern immer unüberbrückbarer scheint?

Der Markt der Erklärungsversuche für eine wachsende Polarisierung zwischen Meinungslagern und Gesellschaftsgruppen ist groß: Ist es der Niedergang oder die Prekarisierung der Mittelschicht, wie Soziologen vermuten (Beck 1999)? Haben die etablierten Parteien den Kontakt zu ihren Wählern verloren, weshalb sich vor allem konservative Bürger in vielen parlamentarischen Demokratien nicht mehr repräsentiert fühlen, wie Politikwissenschaftler argumentieren (Patzelt & Klose 2016)? Liegt es an der Rücksichtslosigkeit des Kapitalismus und der Überforderung, die eine globalisierte Welt gerade für die geringer Qualifizierten bedeutet, wie manche Wirtschaftswissenschaftler mutmaßen (Stengel 2016)? Oder haben wir es mit einem sozialpsychologischen Phänomen von Menschen zu tun, die sich in Zeiten eines beschleunigten Wandels ängstigen, wütend sind und nach einer gemeinsamen, meist nationalen oder religiösen Identität suchen (Vorländer et al. 2016)?

Alle diese Ansätze treffen sicherlich auf die eine oder andere Weise zu. Mit diesem Buch möchte ich einen konkreteren Erklärungsversuch zur Debatte stellen:

Wenn Bürger irrational agieren und gegen ihre eigenen Interessen wählen, müssen sie schlicht unzureichend oder falsch informiert sein. Doch eine funktionierende Demokratie ist auf informierte, mündige Bürger, die zumindest an der Wahlurne rationale Entscheidungen treffen, angewiesen. Sich über das politische Geschehen zu informieren und eine Meinung zu bilden, gilt deshalb als Bürgerpflicht. Das betrifft alle Milieus und Bildungsgruppen, weil alle wählen und mitentscheiden dürfen. Doch gerade hier fällt in vielen Gesellschaften eine wachsende Kluft zwischen unterschiedlichen Gruppen auf.

Information und Meinungsbildung sind in demokratischen Gesellschaften seit jeher die vornehmliche Aufgabe journalistischer Medien. Sie informieren die gesamte Bevölkerung möglichst ausgewogen und objektiv über das politische Geschehen. Als so genannte ‚vierte Gewalt' beobachten und kritisieren sie nicht nur politische Akteure und deren Entscheidungen, sondern auch Wirtschaft, Kultur oder Sport. Ihre Macht beziehen Journalisten aus der Fähigkeit, politische Entscheidungen, Fehler oder Skandale ‚öffentlich zu machen', d. h. dafür zu sorgen, dass möglichst viele Bürger davon erfahren. Das funktionierte lange Zeit gut: Fernsehen, Radio, Zeitungen und Zeitschriften haben mit ihrer journalistischen Berichterstattung fast die gesamte Bevölkerung erreicht. Ende der 1990er-Jahre kamen ebenfalls journalistische Online-Nachrichten dazu. Doch in den letzten Jahren hat sich etwas geändert. Es fing vielversprechend damit an, dass im Internet eine schier unendliche Fülle nicht-journalistischer Angebote entstand. Soziale Medien wie Facebook, YouTube oder Twitter, Suchmaschinen und alternative Medien sind mittlerweile nicht nur populäre Informationsquellen. Sie bieten auch vielgenutzte Plattformen des Meinungsaustausches.

Eine zunehmende Zahl von Menschen hat heute nur noch sporadischen Kontakt mit journalistischen Nachrichten oder lehnt sie gar kategorisch ab. Dabei ist der Journalismus von dem tiefgreifenden Strukturwandel – weg von den traditionellen Medien hin zur Online-Welt – ohnehin geschwächt. Er leidet unter sinkenden Erlösen in den traditionellen Medien und unter der weiterhin geringen Zahlungsbereitschaft der meisten Bürger für journalistische Leistungen im Internet. Dieser ökonomische Druck führt seit Jahren zu ständigen Einsparungen bei fast allen Nachrichtenmedien, die mit Einbußen bei der journalistischen Qualität und Unabhängigkeit einhergehen. Das bleibt auch dem Publikum nicht unbemerkt und verstärkt den Bedeutungs- und Vertrauensverlust journalistischer Nachrichten sowie den Aufstieg sozialer und alternativer Medien weiter.

Irgendetwas stimmt da nicht: Zu keiner Zeit standen Bürgern so umfassende Informationen und Kommunikationsmöglichkeiten zur Verfügung wie heute im Internet. Viele machen davon rege Gebrauch. Andererseits kursieren so viele gefühlte Wahrheiten, Hassbotschaften, Fälschungen und Gerüchte, dass Eduard

Kaeser auch für den deutschen Sprachraum das „postfaktische Zeitalter" ausgerufen hat: „An die Stelle des Faktums tritt das Faktoid."[2] Die politische Informiertheit der Bevölkerung scheint *trotz* umfassender Informationen in Gefahr. Oder gerade *deswegen*? Nun ist die Vorstellung von einer Informationsflut, die Menschen überfordert und deshalb keinen Informationsgewinn bringt, schon älter. Neu ist hingegen die Beobachtung, dass eine Informationsflut aus wahren und unwahren Fakten, Meinungen und gefühlten Wahrheiten die Informiertheit von Bürger sogar verschlechtern kann. Viele Menschen scheinen dabei aber nicht *un*informiert, sondern eher *des*informiert[3].

Legt man die zeitlichen Entwicklungskurven von Populismus und Polarisierung einerseits und die des Aufstiegs sozialer und alternativer Medien bei gleichzeitigem Bedeutungsverlust journalistischer Medien andererseits übereinander, stellt man fest, dass diese Prozesse parallel zu verlaufen scheinen. Begünstigen also Meinungskrieg und Desinformation im Netz den Aufstieg des Populismus und tragen zur Polarisierung der Gesellschaft bei? Der Nachweis einer Kausalität ist schwierig. Es könnte gut sein, dass soziale Medien lediglich ein Symptom einer sich generell verändernden Gesellschaft sind und keine Ursache für Veränderungen. Und natürlich sind es nicht soziale und alterative Medien oder die Schwächung des Journalismus allein, die unsere Demokratie gefährden. Die Wahrheit liegt auch hier – wie fast immer – in einem komplexen Zusammenspiel aller möglichen politischen, gesellschaftlichen, ökonomischen und psychologischen Ursachen. Trotzdem ist eines klar: Die immense Bedeutung, die Google, Facebook, YouTube usw. als Quellen der Information und öffentlichen Meinungsbildung mittlerweile haben, kann an unseren Demokratien nicht spurlos vorübergehen.

Meine Ausgangsthese lautet deshalb: *Wir leben in einer Zeit des Aufstiegs sozialer Medien und des Bedeutungsverlusts journalistischer Nachrichten. Das schwächt die*

---

2   Eduard Kaeser: Das postfaktische Zeitalter. NZZ.ch vom 22.08.2016. http://www.nzz. ch/meinung/kommentare/googeln-statt-wissen-das-postfaktische-zeitalter-ld.111900.

3   Unter ‚Desinformation' und ‚desinformiert' verstehe ich ein Syndrom, das sich mit folgenden Begriffen umschreiben lässt: unangemessen, nur punktuell oder falsch informiert sein; von relevanten Themen oder Aspekten abgelenkt sein, pseudo-informiert oder vor lauter Informationen verwirrt sein. Desinformation kann von Urhebern intendiert sein oder fahrlässig in Kauf genommen werden. Sie kann aber auch rezipientenseitig durch unangemessene Informationsauswahl und verarbeitung oder kognitive Überforderung entstehen. Der Begriff ist in der Kommunikationswissenschaft wegen seiner semantischen Vagheit und impliziten negativen Bewertung kaum gebräuchlich. Doch gerade deshalb ist er für dieses Buch ideal, erspart er mir doch komplexe Ausführungen über kognitive Strukturen, Prozesse und die daraus entstehenden Formen von Wissen. Der interessierte Leser sei auf die umfassende Darstellung von Wirth (1997) verwiesen.

politische Informiertheit und die Diskursfähigkeit der Bevölkerung und verstärkt die Polarisierung der Gesellschaft.

Die Kommunikationswissenschaft[4] ist die zuständige Disziplin für Fragen der öffentlichen Kommunikation, Information und Meinungsbildung. Bereits 2011 hat der Spiegel-Autor Konrad Lischka das Fach aufgefordert, einmal zu untersuchen, wie sich der veränderte Kontakt vieler Bürger mit Nachrichten und politischen Inhalten in den sozialen Medien auf ihre Meinungsbildung auswirkt.[5] Die Kommunikationswissenschaft hat sich über Jahrzehnte intensiv mit der Frage befasst, wie Bildungsunterschiede die Mediennutzung beeinflussen und zu Wissensklüften zwischen Bevölkerungsgruppen beitragen. Sie hat beobachtet, wie sich gesellschaftliche Gruppen in ihrer Internet-Nutzung unterscheiden. Lange Jahre war eine digitale Spaltung in Onliner und Offliner zu beklagen, die auf Einkommens-, Bildungs- und Statusdifferenzen beruhte.[6] Heute sind zwar fast alle online, doch unterscheiden sich die Gesellschaftsgruppen weiterhin deutlich in der Art, wie und wofür sie das Internet nutzen. Die Kommunikationswissenschaft analysiert, wie sich Bürger ihre eigene Meinung bilden und welche Rolle dabei Medien und die Beobachtung der öffentlichen Meinung spielen. Das Fach liefert eine Fülle an Theorien, empirischen Befunden und praktischen Beobachtungen zur Rolle von Nachrichtenmedien, sozialen und alternativen Medien. Mit ihrer Hilfe lassen sich viele aktuelle Entwicklungen der Mediennutzung und bewertung, Information und Meinungsbildung recht gut erklären. Das Fach hat also viel zu bieten.

Dennoch ist die Kommunikationswissenschaft in der öffentlichen Debatte merkwürdig still. Das hat aus meiner Sicht zwei Gründe: Erstens existiert in der Disziplin seit Jahrzehnten die Neigung, die gesellschaftliche Bedeutung von Medien und ihre Effekte eher kleinzureden. Das liegt daran, dass sich die Öffentlichkeit hauptsächlich für negative Medienwirkungen interessiert: Die Verdummung durch das Fernsehen, soziale Isolation oder Pornografisierung durch das Internet, Gewalttaten als Folge exzessiven Computerspielens haben seit jeher mehr Aufmerksamkeit erzeugt als positive Effekte wie Medienunterhaltung oder eben Nachrichten

---

4   Die Kommunikationswissenschaft ist eine empirische Sozialwissenschaft, die relevante Theorien und Befunde aus Nachbardisziplinen (allen voran Politikwissenschaft, Soziologie und Sozialpsychologie) in ihre Analysen und Erklärungsversuche integriert. Ebenfalls gebräuchlich ist der synonyme Begriff Publizistikwissenschaft. Forschung zur Produktion journalistischer Medien wird oft als Journalistik bezeichnet, die als Teilbereich der Kommunikationswissenschaft gelten kann.

5   Konrad Lischka: Die ganze Welt ist meiner Meinung. Spiegel.de vom 11.03.2011. http://www.spiegel.de/netzwelt/web/ 0,1518,750111,00.html.

6   Siehe hierzu die ARD/ZDF-Offlinestudien unter http://www.ard-zdf-onlinestudie.de/index.php?id=536.

als Informationsquellen. Gleichzeitig bilden Kommunikationswissenschaftler an Universitäten und Hochschulen angehende Medienmacher und Öffentlichkeitsarbeiter aus und stehen meist in engem Kontakt mit diesen Branchen. Deshalb halten sie Medien und öffentliche Kommunikation lieber aus den meist negativen öffentlichen Debatten heraus.

Zweitens: Empirische Forscher scheuen eindeutige und starke Aussagen. Wer sich hinstellt und behauptet, dass (soziale) Medien in ihrem derzeitigen Zustand unsere Demokratien gefährden, wie ich das in diesem Buch tun werde, läuft Gefahr, als Pauschalisierer abqualifiziert und der Spekulation bezichtigt zu werden. Und damit haben diese Kollegen auch Recht. Denn viele Zusammenhänge sind extrem vielschichtig und komplex. Die damit verbundenen Annahmen lassen sich häufig nur ansatzweise empirisch bestätigen; es klaffen zahllose Forschungslücken. Will man die Bedeutung sozialer Medien für Information und Meinungsbildung *im Ganzen* nachzeichnen, wie es der vorliegende Band anstrebt, muss man gelegentlich mit der groben Kelle argumentieren, Forschungslücken interpolieren und ein gewisses Maß an Spekulation zulassen. Diese Anforderungen sind in der akademischen Kommunikationswissenschaft geradezu verpönt.

Was die Sache weiter erschwert: Häufig widersprechen sich Theorien und Befunde empirischer Studien. Für fast jedes Praxisbeispiel findet sich ein gegenteiliges Beispiel. Jede Diagnose und noch mehr jede Prognose kann durch anderslautende Befunde widerlegt werden.[7] Dennoch machen Theorien und empirische Studien bestimmte Annahmen wahrscheinlicher und andere unwahrscheinlicher. Das Leitbild ist eine ‚Kumulation der Evidenz‘: Je mehr Studien gleichlautende Befunde zu einer Annahme zutage fördern, desto wahrscheinlicher ist es, dass die Hypothese stimmt. Für die Leser eines Buches, das eine Reihe von Phänomenen im Zusammenhang beleuchten will, zu denen aufgrund der Dynamik des Feldes nur wenige und bruchstückhafte Forschungsergebnisse vorliegen, bedeutet das höchste Vorsicht: Fast jede Aussage und die meisten Befunde können sich als falsch herausstellen. Vieles wird sich bereits in naher Zukunft ändern.

Generell werden sozialwissenschaftliche Befunde in der öffentlichen Debatte häufig überinterpretiert, da empirische Studien grundsätzlich in Mittelwerten und Wahrscheinlichkeiten argumentieren, so gut wie nie in kategorischen Aussagen. Wenn ich beispielsweise in einer Studie formal niedrig gebildete Menschen analysiere, ist die *Wahrscheinlichkeit* hoch, dass ich auf Nutzer von Boulevardmedien stoße, die unzureichend politisch informiert sind. Das trifft aber keinesfalls auf

---

7   Dieser erkenntnistheoretischen Grundlage des kritischen Rationalismus nach Popper fühlen sich die meisten Kommunikationswissenschaftler verpflichtet, so natürlich auch ich.

jeden niedrig gebildeten Bürger zu. Im Gegenteil: Meist weicht ein erheblicher Teil der Untersuchten vom Durchschnitt ab.[8] Das ändert aber nichts an der Aussagekraft des Mittelwertes. Leider aber laden diese offenkundig kontra-intuitiven, statistischen Konzepte zur Überinterpretation ein. Schnell heißt es dann, der Autor hätte geschrieben, alle ungebildeten Bürger seien unzureichend informiert. Um es vorwegzunehmen: In diesem Buch wird fast ausschließlich in Wahrscheinlichkeiten und Mittelwerten argumentiert. Die Gefahr, missverstanden zu werden, ist also hoch.

Trotz alledem: Das Thema, wie soziale Medien die politische Meinungsbildung verändern, ist zu groß und zu drängend, als dass man es aus akademischer Vorsicht ignorieren darf. Darum trage ich in diesem Band den kommunikationswissenschaftlichen Forschungsstand zusammen und verknüpfe ihn mit Praxisbeispielen und plausibel erscheinenden Überlegungen. Gleichzeitig bitte ich um Verständnis dafür, dass die ebenfalls relevante Literatur angrenzender Fächer – allen voran Politikwissenschaft, Psychologie und Soziologie – nur gelegentlich Einzug in diesen Überblick gehalten hat. Um es offen zu sagen: Ein so umfassendes Thema auch noch interdisziplinär zu bearbeiten, war mir als Einzelautor schlicht nicht möglich. Trotzdem wird ein umfassendes und – wie ich finde – durchaus konsistentes und beunruhigendes Bild entstehen. Ich hoffe, dass dieser Band die öffentliche und akademische Debatte zur Rolle sozialer Medien in der Demokratie bereichert und weiter verstärkt.

Danksagung: Ich möchte ganz herzlich Lara Brückner, Fabian Prochazka und Patrick Weber für die Literaturtipps und die Diskussionen im Büro, in der Mittagspause und darüber hinaus danken. Lara Brückner hat einen wesentlichen Teil der Literaturrecherche übernommen und manche schiefe Argumentation zurechtgebogen. Wertvolle Hinweise habe ich auch von Katrin Jungnickel und Patricia Müller bekommen. Ich danke meinen Studierenden an der Universität Hohenheim. Ihre Diskussionsbeiträge, Fragen und die Schilderungen ihrer Medienpraxis sind für mich immer wieder lehrreich und eine Quelle der Inspiration. Hilfreiche Ideen und Beobachtungen stammten auch von befreundeten Journalisten und Kommunikationspraktikern, darunter Alexander Praun, Martin U. Müller und Wolfgang Herles. Den Gästen meiner Hohenheimer Antrittsvorlesung im Januar 2015, in der ich erstmals Teile der hier vorgestellten Überlegungen vorgetragen habe, danke ich für die aufmunternde Resonanz. Hätte mein geschätzter Kollege Christoph Neuberger nicht irgendwann gefragt, wann es denn jetzt eigentlich eine Publikation des Vortrags gebe – ich hätte mich wohl vor der Herausforderung gedrückt. Mein

---

8   Statistiker wird es bei dieser vereinfachten Aussage gruseln. Sie soll das datenanalytische Konzept der Standardabweichung bzw. Varianz in einfache Worte fassen.

besonderer Dank geht an Barbara Emig-Roller vom Springer-Verlag. Als Lektorin hat sie das Projekt vom ersten Augenblick an mit Verve unterstützt. Wie immer danke ich meiner Frau Christine Diller, die erst meine kreisenden und teils wirren Gedanken zu diesem Thema ertragen und sortieren musste und später den Text redigiert hat. Und ich danke meiner Mutter, deren Leben sich, während ich diese Zeilen schreibe, dem Ende entgegen neigt.

Wolfgang Schweiger, Stuttgart im Oktober 2016

Inhalt

Einleitung: Demokratie, Nachrichtenmedien und Internet

„Das Internet ist ein zwiespältiger Faktor der politischen Kultur geworden. Weil der Kontakt zum Gesprächspartner fehlt, sinken Empathie und steigt die sprachliche Verrohung. Individualisierte Suchergebnisse sorgen eher für die Bestätigung der eigenen Meinung als für die Auseinandersetzung mit Gegenpositionen. Debatten werden zudem durch die Fülle der Verschwörungstheorien und dreisten Lügen erschwert, die im Netz kursieren. Wer dank Internet ganz genau zu wissen glaubt, dass es Erderwärmung gar nicht gibt, mit dem kann ich über Klimapolitik nicht sinnvoll diskutieren. Und wer aus dem Internet verlässlich erfahren haben will, dass Flüchtlinge systematisch deutsche Streichelzoos wildern, um Ziegen zu schlachten (ja, auch so was wird verbreitet!), mit dem wird eine Debatte über Integrationspolitik sehr schwierig.“
Bundesjustizminister Heiko Maas[1]

Ausgangspunkt

Demokratische Systeme stellen zwei zentrale Anforderungen an ihre Bürger: politische Informiertheit und politischer Meinungsaustausch. Nur umfassend und aktuell informierte Bürger sind in der Lage, ihre Bedürfnisse und Erwartungen kompetent mit den Angeboten der politischen Parteien abzugleichen, zwischen denen sie sich bei Wahlen entscheiden sollen, und sich so eine Meinung zu bilden. Und da politischen Entscheidungen immer ein Widerstreit von Interessen vorausgeht, die von Parteien und dem parlamentarischen System in der Regel nur unvollständig vertreten werden, sollten sich die wohlinformierten Bürger an

---

1   Heiko Maas: Wir müssen reden, Leute. Zeit.de vom 17.06.2016. http://www.zeit.de/2016/26/ streitkultur-diskussion-argumente-rechtspopulismus.

öffentlichen Diskursen aktiv beteiligen und versuchen, ihre Forderungen im fairen und sachorientierten Austausch von Argumenten durchzusetzen. So sieht es zumindest das Habermas'sche Ideal des öffentlichen Diskurses unter informierten Bürgern vor (Habermas 1981).

Tatsächlich hat sich das Internet in den letzten zwei Jahrzehnten zu einem leistungsfähigen und allumfassenden Informations-, Diskurs- und Meinungsbildungs-Kosmos entwickelt. Die Utopie des Microsoft-Gründers Bill Gates, „Information at your fingertips", ist Realität geworden: Der komfortable und kostenlose Zugriff auf nahezu alle Information gilt heute als selbstverständlich. Der ‚Wahl-O-Mat' hilft sogar, die inhaltlich am besten passende Partei zu finden. In zahllosen sozialen Medien können Bürger eigene Inhalte veröffentlichen und mit anderen Bürgern wie mit Politikern, Parteien, Unternehmen und Institutionen in Dialog treten. Die Liste sozialer Medien mit von Nutzern generierten Inhalten (‚User-Generated Content') reicht von Nachrichten-Websites mit Kommentarbereichen, über Diskussionsforen, Konsumenten- bzw. Bewertungsportale (z. B. yelp, tripadvisor), Upload-Portale (YouTube, flickr, Instagram usw.), Blogs und Mikro-Blogs (Twitter) bis hin zu Social Network Sites[2] (SNS) wie Facebook, Google+, LinkedIn oder Xing. Auch wenn sich nur ein kleiner Teil der Onliner aktiv mit eigenen Inhalten an politischen Diskussionen beteiligt (dazu später mehr), ist das Ausmaß öffentlicher Debatten in Internet und Social Media riesig. Manche Autoren sprechen in Anlehnung an den Journalismus als vierte Gewalt sogar von einer fünften Gewalt im Staat.[3] Im Jahr 2001 lässt Donath seiner Euphorie freien Lauf:

> „Mit den ständig erweiterten und intensivierten Informations- und Interaktionskapazitäten werden gesellschaftspolitische Urgewalten in einer Weise freigesetzt und Individuen und Gruppierungen in einer Dimension entfesselt, die sich auf Dauer tiefgreifend auf kommunaler, regionaler, nationaler, multinationaler wie globaler Ebene in allen überkommenen politischen Ordnungen niederschlagen werden." (Donath 2001: 16)

In letzter Zeit sind verstärkt problematische Öffentlichkeitsphänomene im Internet ins Blickfeld geraten: Nutzerkommentare auf Nachrichten-Websites sind häufig un-

---

2   boyd & Ellison (2007: 211) definieren Social Network Sites als „web-based services that allow individuals to (1) construct a public or semi-public profile within a bounded system, (2) articulate a list of other users with whom they share a connection, and (3) view and traverse their list of connections and those made by others within the system."

3   Z. B. Richard Gutjahr: Die fünfte Gewalt. Krautreporter.de vom 26.11.2014. https://krautreporter.de/171--die-funfte-gewalt oder Bernhard Pörksen: Die fünfte Gewalt des digitalen Zeitalters. Cicero.de vom 17.04.2015. http://www.cicero.de/berliner-republik/trolle-empoerungsjunkies-und-kluge-koepfe-die-fuenfte-gewalt-des-digitalen.

sachlich, gehen am Thema vorbei und ergehen sich in Pöbeleien und Beschimpfungen Andersdenkender – und das, obwohl fast alle Nachrichtenmedien Nutzerkommentare kontrollieren und regulieren (Singer 2011). Faire und sachliche Diskussionen zwischen Vertretern unterschiedlicher Meinungen scheinen kaum möglich zu sein.

Auch von manipulierten Nutzerkommentaren ist die Rede. Es gibt gar Hinweise darauf, dass der Kreml professionelle ‚Trolle‘[4] beauftragt, die die Kommentarspalten und Facebook-Seiten westlicher Medien mit pro-russischen Aussagen fluten.[5] Unternehmen lassen im Zuge der sogenannten Guerilla-PR Fake-Kommentare verbreiten, wie man unter anderem aufgrund eines aufgeflogenen Falls der Deutschen Bahn weiß.[6] Auch vermeintlich authentische Blogger vertreten nicht immer nur ihre persönliche Meinung. Sie werden häufig von Unternehmen gesponsert, um deren (Werbe-)Botschaften zu verbreiten. ‚Social Bots‘ genannte Computerprogramme imitieren sogar Nutzerprofile und fluten Diskussionen mit vermeintlich authentischen Kommentaren, die sie mit Textbausteinen bestücken.[7]

Noch schlimmer geht es auf Facebook und manchen alternativen Blogs bzw. Video-Blogs zu. Dort verbreiten sich Lügen, Falschmeldungen (Hoaxes) und Halbwahrheiten wie z. B. die Warnung vor einer vermeintlichen bulgarischen und rumänischen Organmafia im Frühling 2014, die „jetzt auch in Deutschland auf der Jagd nach Kindern und Jugendliche (sic!)" ist, um deren Organe zu verkaufen. Nun wurde schon immer auch Unsinn veröffentlicht. Wenn aber ein solcher Post auf Facebook knapp 100.000-mal geteilt wird, haben wir es mit einer neuen Qualität von Reichweite zu tun. Ein anderes Beispiel: Es gibt die absurde Verschwörungstheorie, dass die im europäischen Vergleich überdurchschnittliche wirtschaftliche Leistungsfähigkeit Deutschlands gezielt geschwächt werden soll, um den Euro zu retten, und Kanzlerin Merkel diesem Plan in einem Geheimdokument zugestimmt

---

4   „Als Troll bezeichnet man im Netzjargon eine Person, welche die Kommunikation im Internet fortwährend und auf destruktive Weise dadurch behindert, dass sie Beiträge verfasst, die sich auf die Provokation anderer Gesprächsteilnehmer beschränken und keinen sachbezogenen und konstruktiven Beitrag zur Diskussion darstellen." (http://www.mimikama.at/allgemein/trollerei-auf-facebook/)

5   Vgl. die ausführliche Analyse von Peter Pomerantsev: Inside the Kremelin's hall of mirrors. theguardian.com vom 09.04.2015: http://www.theguardian.com/news/2015/apr/09/kremlin-hall-of-mirrors-military-information-psychology.

6   Bahn räumt verdeckte PR-Aktionen ein. Spiegel.de vom 28.05.2009. http://www.spiegel.de/wirtschaft/0,1518,627421,00.html.

7   Adrian Lobe: Gefährden Meinungsroboter die Demokratie? Spektrum der Wissenschaft vom 14.10.2016. http://www.spektrum.de/news/gefaehrden-meinungsroboter-die-demokratie/1426157. Einen interessaten Überblick über das übergeordnete Konzept des ‚Digital Astroturfing' liefern Kovic, Rauchfleisch & Sele (2016).

hat. Der Text, der den Fund dieses Geheimdokuments erläutert, trägt den Titel „Geheim-Dokument: Die Zerschlagung Deutschlands auf alle Zeiten hinaus ist Programm". Sucht man nach dieser Zeichenkette, bekommt man über tausend Google-Treffer. Zudem wurde der Text auf einer einzigen Webseite mittels Facebook-Plugin 4.000-mal geteilt. Eine besonders perfide Erscheinung ist das Anonymous Kollektiv. Die mittlerweile abgeschaltete Facebook-Seite hat den Namen der kapitalismuskritischen Anonymous-Bewegung gekapert. Sie hat täglich Lügen und Verdrehungen tagesaktueller Nachrichten mit meist rassistischer Tendenz gepostet und es damit auf fast zwei Mio. Fans gebracht. Ein weiteres Sammelbecken für Verschwörungstheorien, Halbwahrheiten und immer radikalere Nutzerkommentare war die mittlerweile ebenfalls abgeschaltete Facebook-Seite der Dresdner Anti-Islam- und Anti-Flüchtlings-Gruppe Pegida mit zuletzt über 200.000 Fans (Stand 20.05.2016). Auch mehr oder weniger satirische Fake-Profile von Politikern (z. B. @berniethoughts oder @GrumpyMerkel auf Twitter) und Fake-Nachrichten-Websites (in Deutschland extrem erfolgreich: Der Postillon) verwirren so manchen Bürger. Leider ist es kaum möglich, die tatsächliche Verbreitung solcher Quellen genau nachzuvollziehen. Dennoch erscheint es plausibel, dass ihre Botschaften allein in den deutschsprachigen sozialen Medien Millionen Menschen erreichen. Ob und wie diese Aussagen auf sie wirken, wird zu diskutieren sein.

Gleichzeitig sinkt das Vertrauen vieler Bürger in den klassischen Journalismus. Zu dieser Medienverdrossenheit tragen vermutlich auch echte Qualitätseinbußen im Journalismus bei. Sie sind Folge einer zunehmend schwierigen Finanzierungssituation mit unübersehbaren Folgen: Redaktionen werden immer wieder verkleinert, um Geld zu sparen. Der Zeitdruck bei der journalistischen Arbeit steigt. Die journalistische Abhängigkeit von Werbung und PR wächst. Zudem sind Journalisten gehalten, möglichst massenattraktive Inhalte zu produzieren, um maximale Publikumsreichweiten zu erzielen. Das Vertrauen vieler Bürger in Journalismus leidet auch unter den weit verbreiteten Vorwürfen einer ‚grün-linken‘, ‚politisch korrekten‘ Mainstream-Presse, die mit der Politik unter einer Decke stecke und abweichende Meinungen nicht zulasse. Der hierauf anspielende Ausdruck der „Lügenpresse" wurde sogar „Unwort des Jahres 2014". Nun ist die Vertrauenskrise des Journalismus kein reines Online-Phänomen. Allerdings findet man gerade bei den Online-Medien auffallende Qualitätsmängel; der starke Druck, aktuell zu sein, und die Orientierung an massenattraktiven Boulevard-Inhalten sind hier besonders eklatant. Gleichzeitig verbreiten sich die Lügenpresse-Vorwürfe gerade in den sozialen Medien und stoßen dort auf riesige Resonanz.

Diese Entwicklungen und die Möglichkeit, im Internet mit bescheidenen Mitteln vergleichsweise professionelle Angebote erstellen zu können, haben schließlich zu einer Fülle alternativer Medien beigetragen. Die meisten von ihnen lehnen das politische und mediale Establishment ab. Mit häufig rechtskonservativen und rassistischen Kommentaren sowie mehr oder weniger korrekten Fakten versuchen sie Stimmung zu machen. Einige von Ihnen, wie zum Beispiel die ‚Deutschen Wirtschaftsnachrichten' oder die ‚Junge Freiheit', erreichen bemerkenswerte Reichweiten. Viele öffentliche Debatten sind sowohl in den journalistischen als auch sozialen Medien von Hysterie geprägt, tragen häufig wenig zur Klärung gesellschaftlicher Probleme bei und verebben schnell wieder. 2013 löste beispielsweise Anne Wizorek mit ihrem Twitter-Hashtag #Aufschrei eine kurzzeitige Sexismus-Debatte aus. Trotz 57.000 Tweets innerhalb einer Woche und einer intensiven Medienberichterstattung brach die Debatte nach einigen Tagen abrupt ab.

Die Folgen all dessen beschreibt Mathias Müller von Blumencron Anfang 2015 in drastischen Worten:[8]

> „Das Internet hat sich in den vergangenen Jahren zu einer gewaltigen Empörungs-maschine entwickelt, einer Gerüchteschleuder, zu einem Propagandavehikel für jede noch so obskure Theorie. Die eingebildete Wahrheit verdrängt die Fakten, eine scheinbare Welt die Realität. (…) Das Netz droht von einem Medium der Information zu einem Vehikel der Desinformation zu werden. Wer sucht, der findet für jede noch so abwegige Ansicht eine Theorie. (…) Statt Informationen gezielt abzurufen, warten Millionen darauf, dass sie bei ihnen vorbeisegeln, in ihrer Timeline auftauchen oder in ihrer Inbox. Infofetzen fliegen heute vor den Netznutzern entlang wie Herbst-laub im Sturm. Woher sie eigentlich kommen, von welchem Baum sie stammen, ob sie authentisch oder manipuliert sind, ob sie sauber recherchiert oder mehr oder weniger geschickte Propaganda sind, lässt sich immer weniger feststellen. Und es scheint auch eine immer geringere Rolle zu spielen. Wichtiger als der Absender einer Information ist für viele der Übermittler geworden – der Freund, ein bei Facebook bekanntermaßen eher flüchtiger Geselle. Er ist in kürzester Zeit zum wichtigsten Kuraten geworden. Was der Freund weiterreicht, bekommt Gewicht: Es wird ja wohl stimmen. Kettenmails mit geschickt verdrehten Tatsachen prägen das vermeintliche Faktenwissen von Millionen – und werden umgehend weitergeleitet. (…) Die Algo-rithmen der Suchmaschinen verstärken den Effekt. Google passt seine Ergebnisse den Interessen des Suchenden an. Wer nach der Weltverschwörung sucht, der landet schnell in einem Schwarm der Weltverschwörer, der sich auf der richtigen Seite der Matrix wähnt, während der Rest der Welt vermeintlich in Unwissen dahindämmere."

Das mag als Einstieg genügen und eines klarmachen: Das Internet bietet zwar alle technischen Voraussetzungen für eine öffentliche Arena, in der alle Meinungen zusammenkommen und sich in einem offenen und fairen Diskurs austauschen. Die Praxis sieht aber anders aus: Die online verfügbaren Nachrichten und Infor-

---

8   Mathias Müller von Blumencron: Unsere tägliche Desinformation. FAZ.net vom 12.01.2015. http://www.faz.net/aktuell/politik/das-internet-als-propagandavehikel-obs-kurer-theorien-13364530.html.

mationen werden immer mehr, immer unübersichtlicher und immer heterogener. Die Qualität journalistischer Medien lässt nach und viele Bürger verlieren das Vertrauen in sie. In den sozialen Medien sind sie immer öfter mit Pöbeleien, Lügen, gefühlten Wahrheiten und Hasstiraden konfrontiert, die sich noch dazu massenhaft verbreiten. Echte Diskussionen zwischen Andersdenkenden finden nur selten statt; meist bleiben die politischen Lager unter sich. Dass all das negative Folgen für die politische Informiertheit und Meinungsbildung der Bürger hat, erscheint unausweichlich. Das Resultat sind Desinformation, Diskursunfähigkeit und Polarisierung. Die folgenden Kapitel des Buches greifen diese Beobachtungen und Überlegungen auf und führen sie mit dem aktuellen Forschungsstand zusammen. Wir werden dabei auf viele weitere Phänomene und Probleme einer sich wandelnden Internet-Öffentlichkeit stoßen, mit denen man nicht unbedingt rechnet, die jedoch erhebliche Auswirkungen haben.

Kapitel I vertieft, welche Bedeutung Journalismus bzw. Nachrichtenmedien in der Demokratie haben und welche grundsätzlichen Veränderungen sich durch das Internet ergeben. Ausgewählte Nutzungsstatistiken vermitteln einen Eindruck von der heutigen Relevanz onlinebasierter Informationsquellen und sozialer Medien als Kanäle der Informationsverbreitung und Meinungsäußerung.

Kapitel II nimmt die heute wichtigsten Informationsquellen und ihre Inhalte genauer unter die Lupe. Hier zeigt sich, dass die Unterscheidung zwischen journalistischen und nicht-journalistischen Angeboten schwieriger ist, als man glaubt. Online wird sie noch schwieriger. Auch die Definition des vordergründig eindeutigen Begriffs ‚Nachrichten' löst sich im Internet auf. Das ist deshalb von Interesse, weil umfassende, ausgewogene und vertrauenswürdige Nachrichtenangebote von unabhängigen und professionellen Journalisten unter Online-Bedingungen für die Gesellschaft weiter an Bedeutung gewinnen. Dabei stehen sie in unmittelbarer Konkurrenz mit alternativen und sozialen Medien. Dort entstehen massenhaft Inhalte, deren Wahrheitsgehalt und Qualität jedoch für ihre Empfänger häufig nicht auszumachen ist – ein Problem, das auch auf Suchmaschinen zutrifft. Soziale Medien sind nicht nur ein Kanal zur Verbreitung von Inhalten. Sie erlauben es Bürgern auch, sich öffentlich miteinander auszutauschen. Auch wenn es politische Diskussionen schon immer gegeben hat, etwa im Wirtshaus oder bei Demonstrationen, erreicht öffentliche Bürgerkommunikation online weitaus mehr Menschen. Diese und andere Eigenschaften machen sie nicht nur leistungsfähiger, sondern im Fall des Missbrauchs auch bedrohlicher.

Kapitel III wendet sich der Frage zu, wie sich Bürger im Internet über das politische Geschehen informieren und wie sie dabei mit den unterschiedlichen Quellen und Inhalten umgehen. Wie sich zeigt, läuft die Verbreitung, Nutzung und Beurteilung von Nachrichten und anderen Informationen online nach anderen Regeln ab als in der traditionellen Medienwelt. Dabei stehen drei Phänomene im Mittelpunkt: (1) Personalisierung steht für die inhaltliche Anpassung von Angeboten an die Vorlieben ihrer Nutzer, teilweise ohne deren Zutun und Wissen. (2) Granularisierung meint den Rückgang der ganzheitlichen Nutzung integrierter Nachrichtenangebote (z. B. das vollständige Lesen einer Zeitungsausgabe) zugunsten eines punktuellen Zugriffs auf isolierte Inhalte. Das zeigt sich beispielsweise daran, dass gerade jüngere Menschen seltener ganze Nachrichten-Websites durchstöbern, um einen Nachrichtenüberblick zu bekommen. Stattdessen kommen sie eher auf Facebook oder Google mit einzelnen, zusammenhanglosen Nachrichten-Posts in Kontakt. (3) Je mehr Personalisierung und Granularisierung Nutzerkontakte mit Inhalten prägen, desto stärker werden diese von persönlichen Interessen und Einstellungen gesteuert. Gerade die sozialen Medien präsentieren Nutzern überwiegend Informationen, die deren Weltbilder und Meinungen bestätigen. Unerfreuliche, unerwünschte oder, wenn man so will, unbequeme Inhalte werden sukzessive herausgefiltert. Damit wird ein breiter Nachrichtenüberblick unwahrscheinlicher. In der ‚Komfortzone' bzw. ‚Filterblase' sozialer Medien sinkt auch die Bereitschaft und Fähigkeit von Bürgern, solche Nachrichten zu akzeptieren und zu glauben, die der eigenen Einstellung widersprechen. Dies ist vermutlich eine wesentliche Ursache für die derzeitige Vertrauenskrise des Journalismus, da dieser sein Publikum – will er ausgewogen sein – zwangsläufig mit unbequemen Wahrheiten konfrontiert.

Kapitel IV analysiert, wie sich dieses Informationsverhalten im Zusammenspiel mit einer veränderten öffentlichen Bürgerkommunikation im Internet auf die Meinungsbildung des Einzelnen und damit letztlich auf die gesamte öffentliche Meinung auswirkt. Menschen orientieren sich bei ihrer Meinungsbildung stark an ihrem sozialen Umfeld und der dortigen Stimmung (Konformität). Je wichtiger soziale Medien werden, desto stärker prägt das dortige Meinungsklima die Wahrnehmung des Einzelnen. Wenn aber Menschen online überwiegend in Kontakt mit Inhalten und Meinungen stehen, die ihren Weltbildern und Einstellungen entsprechen, dann halten sie diese eher für repräsentativ für die Gesamtbevölkerung. Und dann sind sie auch eher bereit, ihre Meinung öffentlich auszusprechen. In den Filterblasen sozialer Medien entstehen so genannte Echokammern, in denen die Anhänger einer politischen Position immer lauter werden, sich gegenseitig immer weiter aufschaukeln und immer extremere Meinungen artikulieren. Die Folge ist eine zunehmende Unfähigkeit, mit Vertretern anderer Positionen zu diskutieren, und damit letztlich die Polarisierung der Gesellschaft.

Kapitel V schließlich fokussiert sich auf ein Bevölkerungssegment, das sich im Lauf des Buches als besonders interessant erweist: die Gruppe stark politisierter Bürger mit durchschnittlicher formaler Bildung, die sich über soziale und alternative Medien informieren. Bekanntlich passt diese Beschreibung zu vielen Anhängern

von Donald Trump, der österreichischen FPÖ, Pegida und der AfD – kurzum zu populistischen Bewegungen, die von desinformierten Bürgern profitieren. Hier wird besonders augenscheinlich, wie sich die Veränderungen in politischer Information, öffentlicher Bürgerkommunikation und Meinungsbildung unter Online-Bedingungen auf Teile der Gesellschaft und damit die gesamte Demokratie auswirken.

Der mündige Bürger und die Rolle journalistischer Medien

Demokratie ist die Herrschaft aller Bürger. Die Bürger entscheiden dabei selbst, wie sie gemeinsam leben wollen. Jede Form von gemeinsamem Leben wirft Probleme und Konflikte zwischen Interessen auf, die einer Lösung bedürfen. Dazu sind folgende Schritte nötig: (1) Die Verständigung und Einigung darauf, welche Probleme anzugehen sind. (2) Die Verständigung über Lösungsmöglichkeiten und Einigung auf eine konkrete Lösung. (3) Die Akzeptanz der Lösung auch unter denjenigen, die eine andere Lösungsmöglichkeit bevorzug(t)en, obgleich die Lösung von ihnen Opfer erfordert.

Da sich unmöglich alle Bürger an diesem Kommunikations- und Entscheidungsprozess beteiligen können, entstand das Prinzip der repräsentativen Demokratie. Hier bestimmen die Bürger – in freien, gleichen und geheimen Wahlen – Parteien und Politiker als Repräsentanten, deren Aufgabe laut Verfassung darin besteht, die relevanten Probleme zu erkennen, zu diskutieren und zu lösen. Auch wenn die Bürger die Probleme also nicht selbst lösen, bleiben Anforderungen an sie bestehen: Sie müssen *informiert* sein und sich auf dieser Basis eine eigene *Meinung bilden*. Das Zusammenspiel aus Informiertheit bzw. Information einerseits und Meinungsbildung andererseits lässt sich weiter konkretisieren:

Information: Bürger müssen die demokratischen Kommunikations- und Entscheidungsprinzipien grundsätzlich verstehen, die aktuell lösungsbedürftigen Probleme und Konflikte zumindest ansatzweise überblicken, die relevanten politischen Akteure, ihre Lösungsvorschläge und Argumente kennen sowie über die Meinungsverteilung in der Bevölkerung hierzu orientiert sein.

Meinungsbildung: Nur informierte Bürger sind befähigt, sich aus der Palette politischer Forderungen und Lösungen für diejenigen zu entscheiden, die ihre persönlichen Wünsche an und Vorstellungen vom gesellschaftlichen Zusammenleben am besten erfüllen. Nur sie können die Repräsentanten wählen, die sich wirklich für ihre Interessen einsetzen.

Für die Vermittlung dieser Kenntnisse und Fähigkeiten haben sich zwei Systeme herausgebildet. Das eine ist das *Bildungssystem*, das allen voran die Schulen umfasst.

Ihr Fokus liegt in der Vermittlung allgemeiner und nicht-tagesaktueller *politischer Bildung*. Schüler sollen erfahren, wie Demokratie funktioniert, was Demokratie kann und was nicht, wie mühsam und unbefriedigend politische Kompromisse meist sind, welche politischen Akteure es gibt, welche Strategien diese üblicherweise anwenden usw. Tagesaktuelle Themen und Probleme können nur behandelt werden, wenn es die Lehrpläne zeitlich zulassen. Da die Schulausbildung auf die Lebensphasen der Kindheit und Jugend begrenzt ist, gewinnen im Erwachsenenalter Bildungseinrichtungen wie Hochschulen, Volkshochschulen, politische Stiftungen oder die Bundeszentrale für politische Bildung an Bedeutung. Allerdings erreichen sie weit weniger Bürger als es Schulen tun, und auch hier dominieren nicht-tagesaktuelle Themen. Das zweite System ist der *Journalismus*. Journalistische Medien, also Tages- und Wochenzeitungen, TV- und Radionachrichten sowie Nachrichten-Websites, vermitteln allgemeines gesellschaftsrelevantes Wissen und aktuelle politische Informationen gleichermaßen.

Unter Rückgriff auf die genannten demokratietheoretischen Anforderungen an Bürger kann man die Aufgaben des Journalismus über die politische Bildung hinaus folgendermaßen beschreiben.

Agenda-Setting: Journalistische Medien informieren die Bürger über die wichtigsten aktuellen Themen, d. h. über die politischen Probleme, die im Staat am dringendsten gelöst werden müssen. So wesentlich die Agenda-Setting-Funktion für die Gesellschaft ist, so umstritten ist die Relevanz einzelner Themen. Während beispielsweise die einen den Klimawandel für ein hochgradig drängendes Problem halten, zweifeln andere daran, ob es ihn überhaupt gibt oder welchen Einfluss der Mensch darauf hat. So gesehen geht es bei der Agenda-Setting-Funktion des Journalismus nicht nur darum, die Bevölkerung über relevante Themen zu informieren, sondern auch von deren Bedeutung zu überzeugen.[9] Dass journalistische Medien tatsächlich einen Einfluss auf die Wahrnehmung der Bedeutung von Themen in der Bevölkerung haben, gilt empirisch als unbestritten (Wanta & Ghanem 2007).

Politikvermittlung: Der Journalismus bietet allen politischen Interessen und ihren Vertretern ein faires Debattenforum, in dem sie ihre Positionen und Argumente vortragen können. Auf diese Weise lernen die Bürger die wichtigsten Akteure und ihre Forderungen und Lösungsvorschläge kennen.

Kritik und Kontrolle: Der einzelne Bürger ist kaum in der Lage, das tatsächliche Verhalten politischer Akteure, die Legitimität ihrer Interessen sowie die

---

9 Diese Aussage steht kurioserweise im Kontrast zu Teilen der kommunikationswissenschaftlichen Literatur, die Agenda-Setting dezidiert als reinen Informations- und nicht als Persuasionseffekt versteht (vgl. Rössler 1997: 11ff.; Kosicki 1993: 103ff.). Doch das soll den weiteren Gang der Argumentation nicht stören.

Stichhaltigkeit ihrer Argumente zu beurteilen. Deshalb obliegt dem Journalismus die Aufgabe, das Verhalten und die Kommunikation von Regierenden, Parteien, Verbänden, Wirtschaftsunternehmen und anderen zu kontrollieren und gegebenenfalls öffentlich zu kritisieren. Für eine wirksame Kontrolle sind ausreichende journalistische Ressourcen nötig, da nur so längerfristige Recherchen finanziert werden können. Auch eine gewisse Machtposition des Journalismus als ‚vierte Gewalt' im Staat gegenüber politischen Akteuren ist hilfreich, denn diese sind oft nur bei ausreichendem öffentlichen Druck auskunftsbereit.

   Indirekte Artikulationsfunktion: Journalistische Medien informieren nicht nur über politische Akteure, sondern sie artikulieren in ihrer Berichterstattung auch die Meinungen, Wünsche und Befindlichkeiten der Bürger und berichten über das aktuelle Meinungsklima in der Bevölkerung. Große Bedeutung haben dabei Meinungsumfragen, über die Nachrichtenmedien besonders in Wahlkampfphasen intensiv berichten (Raupp 2007). Damit unterstützen Medien die *Meinungsklima-wahrnehmung* (Noelle-Neumann 1980; Scherer 1990). Für Bürger ist die Kenntnis des Meinungsklimas in der Bevölkerung von Bedeutung, da es erheblichen Einfluss auf ihre eigene Meinungsbildung hat. Medien ermöglichen auch politischen Akteuren Einblicke in das Meinungsklima. Die Stimmung im Volk ist für Politiker, Parteien und alle Arten von Interessensvertretern (Lobbyisten, Verbände, Bürgerinitiativen, Gewerkschaften, Kirchen usw.) von strategischer Bedeutung. Politiker orientieren sich in ihren politischen Aktivitäten und Entscheidungen am Meinungsklima (z. B. Sarcinelli 2009: 213). Besonders in Wahlkämpfen geht es darum, hohe Popularitätswerte zu erzielen und (wieder-)gewählt zu werden.[10] Diese Berücksichtigung des Bürgerwillens seitens der Politik ist durchaus sinnvoll und erwünscht.[11] Denn das Prinzip der repräsentativen Demokratie besteht ja darin, dass das Parlament die Bürger repräsentiert und die Regierung in deren Sinne entscheidet. Klassischerweise artikulieren Medien die Bürgermeinung in aggregierter Form, also als Umfrageergebnisse mit Prozentangaben oder als Einschätzungen mit Formulierungen wie ‚in der Bevölkerung gärt es' oder ‚die Deutschen sind zufrieden'. Daneben gibt es

---

10 Das Bundeskanzleramt gibt beispielsweise kontinuierlich Meinungsumfragen in Auftrag, deren Ergebnisse der Opposition nicht zur Verfügung stehen. Darin wird sogar die Zustimmung zu bestimmten Formulierungen in der Bevölkerung erfasst, die Kanzlerin Merkel dann in ihren Reden genauso verwendet (Der Spiegel, Nr. 37/2014, S. 20-25).

11 Dabei ist allerdings der Grad der Responsivität in einer idealen Demokratie umstritten (vgl. z. B. Brettschneider 2002). Als optimales Mittelmaß gelten Politiker, die Mehrheitsmeinungen in der Bevölkerung umsetzen, dies aber nur, soweit diese nicht dem Geist der Verfassung und dem langfristigen Wohl des Gemeinwesens entgegenstehen. Politiker, die dem Volk auch in solchen Fällen ‚nach dem Mund reden' oder gar entsprechend handeln, gelten als Populisten.

Straßenumfragen oder Fallbeispiele, in denen Journalisten ausgesuchte Einzelmeinungen von Bürgern darstellen. Auch bei den traditionellen Leserbriefseiten, bei Call-in-Sendungen im Radio oder Diskussionssendungen mit Publikumsbeteiligung bekommen einige wenige Bürger die Gelegenheit, ihre Meinung öffentlich vorzutragen. In allen Fällen behalten Journalisten die Kontrolle darüber, wer mit welcher Meinung zu Wort kommt. Eine ungefilterte und direkte Meinungsäußerung von Bürgern, wie wir sie heute online kennen, war klassischerweise nicht möglich (dazu gleich mehr). Darum nenne ich diese Funktion ‚indirekte Artikulationsfunktion'.

Meinungsbildung: Alle genannten Medieninhalte sollen die persönliche Meinungsbildung der Bürger unterstützen. Das Bundesverfassungsgericht betonte 1961 sogar, dass Rundfunk wie auch Presse ein „ein eminenter ‚Faktor' der öffentlichen Meinungsbildung" sind (BVerfGE 12, 205; erste Rundfunkentscheidung). Zur Meinungsbildung tragen nicht nur Nachrichten und Fakten bei, sondern auch Interviews oder Kommentare (von Journalisten oder Gastkommentatoren), die Fakten einordnen und interpretieren. Solche meinungsbetonten Darstellungsformen dienen dem Publikum als Interpretationshilfen und Meinungs-Vorlagen. Im Idealfall decken sie alle Sichtweisen ab, so dass die Bürger aus der Vielfalt der angebotenen Weltsichten ihre persönliche Meinung ableiten können.

Direkte Artikulationsfunktion: Das deutsche Grundgesetz garantiert in Artikel 5 nicht nur die Freiheit, sich eine Meinung zu bilden, sondern sie auch zu artikulieren – sei es in persönlichen Gesprächen oder in der Öffentlichkeit. In der Demokratie ist freie Meinungsäußerung nicht nur ein Grundrecht. Sie gilt vielmehr, zusammen mit der freien und gleichen Wahl, als unverzichtbares Fundament politischer Entscheidungen. Erst wenn ein Problem auf breiter Ebene in allen seinen Aspekten von möglichst vielen Akteuren und Bürgern diskutiert wurde – die Gesamtheit aller öffentlichen Diskussionen nennt man Diskurs[12] – sollten die verantwortlichen Politiker idealerweise entscheiden.[13] Neben die klassischen Instrumente der indirekten Artikulation von Bürgermeinungen unter journalistischer Kontrolle sind auf Nachrichten-Websites und in den sozialen Medien neue, leistungsfähige Kanäle getreten. In Diskussionsforen oder Nutzerkommentaren können sich alle Bürger, die das wollen, direkt und ungefiltert öffentlich zu Wort melden. Diese

---

12 Zur Struktur von Diskursen vgl. Jäger (2011).

13 Obwohl diese Norm allgemein unumstritten ist, enthält das Grundgesetz keinen Regelung, die politische Entscheidungen erst nach einem umfassenden gesellschaftlichen Diskurs zulassen würde. Oft genug werden Gesetze faktisch unter Ausschluss der Öffentlichkeit beschlossen. Allerdings wäre ein ‚Diskurszwang' (a) kaum einklagbar, da kaum zu entscheiden ist, wann ein Thema ausreichend diskutiert wurde, und würde (b) politische Entscheidungen in der Demokratie noch mehr verlangsamen, als das ohnehin schon der Fall ist.

Techniken ermöglichen erstmals eine *direkte Artikulation* und damit die vollständige Umsetzung dessen, was vor Jahrzehnten als die Hauptaufgabe des Journalismus bezeichnet wurde, nämlich die „Herstellung und Bereitstellung von Themen zur öffentlichen Kommunikation" (Rühl 1980: 319).

Tabelle 1 zeigt die genannten Aspekte und die gesellschaftlichen Leistungen des Journalismus im Überblick.

Tab. 1 Demokratietheoretische Anforderungen an Bürger und journalistische Leistungen

Anforderungen an Bürger	Journalistische Leistungen
Information/Informiertheit	
Demokratische Prinzipien verstehen	Politische Bildung
Aktuelle Gesellschaftsprobleme kennen	Agenda-Setting
Politische Akteure, ihre Lösungsvorschläge, Argumente und Handlungen kennen	Politikvermittlung
Politische Akteure, ihre Lösungsvorschläge, Argumente und Handlungen beurteilen können	Kritik- und Kontroll-funktion
Meinungsklima zu Problemen, Lösungsvorschlägen sowie politischen Akteuren kennen (Meinungsklima-wahrnehmung)	Indirekte Artikulation der Bürgermeinung
Meinungsbildung	
Sich eine eigene Meinung bilden	Meinungsbildung
Die eigene Meinung artikulieren	Direkte Artikulation der Bürgermeinung

Quelle: Eigene Darstellung

Dass diese journalistischen Leistungen im Sinne der Demokratie erfüllt werden können, stellt hohe Anforderungen an Nachrichtenmedien: Sie müssen *unabhängig* bzw. *neutral* gegenüber Einzelinteressen sein und *objektiv* berichten. Das bedeutet: Wenn Journalisten die Realität in allen Dimensionen wiedergeben, dann sollen sie das *den tatsächlichen Verhältnissen entsprechend* tun. Relevante Fakten, Argumente oder Akteure sollen in den Nachrichten als relevant und entsprechend ausführlich dargestellt werden; weniger relevante Aspekte sollen als weniger relevant berichtet oder aus Gründen der Komplexitäts- und Platzbeschränkung weggelassen werden. Mehrheiten sollen als Mehrheiten und Minderheiten als Minderheiten beschrieben werden. Soweit die normative Anforderung (vgl. u. a. McQuail 1999: 35ff.).

In der täglichen Praxis ist eine vollends objektive Darstellung der Realität un-möglich. Denn die gesellschaftliche Realität stellt sich jedem anders dar. Selbst über empirische Fakten, wie die Entwicklung des Waldzustands, den Klimawandel oder das Auseinanderdriften armer und reicher Gesellschaftssegmente ist häufig keine Einigkeit zu erzielen. Oft werden auch die wissenschaftlichen oder statistischen Methoden zur Erhebung von Fakten infrage gestellt, z. B. bei der Berechnung der Arbeitslosenstatistik oder bei Klimamodellen. Wenn es um konkrete Ereignisse geht, können wir uns meist auf die harten Fakten einigen. Beispielsweise, dass sich zwei Staatsführer an einem bestimmten Datum und an einem bestimmten Ort treffen, um über ein bestimmtes Problem zu verhandeln. Über das Ergebnis der Verhandlung besteht hingegen schon oft ein Dissens zwischen den beteiligten Politikern. Wie ein Ereignis schließlich aus gesellschaftlicher Sicht zu bewerten ist, sehen Akteure, Experten und Bürger oft ganz unterschiedlich. Wie sollen da Journalisten, die ihrerseits eine persönliche, subjektive Sicht auf die Dinge haben, immer vollständige Objektivität leisten können?[14] Ein plakatives Beispiel: Nach einem TV-Duell zwischen dem Grünen-Politiker Volker Beck und der AfD-Vorsitzenden Frauke Petry titelte Stern.de: „Die entzauberte Frauke Petry". Gleichzeitig fand man das Video der Sendung auf YouTube mit folgendem Titel: „Frauke Petry (AfD) ENTLARVT überforderten Volker Beck (Grüne) in Unter den Linden 22.02.2016 (Uncut)"[15] Offensichtlich wurde also der Auftritt der Politiker je nach Einstellung völlig unterschiedlich wahrgenommen. Der journalistische Anspruch einer objektiven Realitätsdarstellung lässt sich also bestenfalls ansatzweise erfüllen. Journalistische Berichterstattung war deshalb immer angreifbar und wird immer angreifbar sein.

---

14 Es gibt Studien, die die journalistische Objektivität durch einen Vergleich der Berichterstattung mit entsprechenden statistischen Daten evaluieren, z. B. indem sie die Berichterstattung über die Ölkrise 1973/74 mit der objektiven Ölpreisentwicklung damals vergleichen (Kepplinger & Roth 1978). Allerdings ist die zugrundeliegende Annahme, dass Ölpreisentwicklung und Intensität der Berichterstattung spiegelbildlich bzw. synchron verlaufen müssen, diskussionswürdig. Denn erstens ist strittig, ob der Ölpreis das passende Messkriterium für das Thema ‚Ölkrise' ist. Zweitens sollen Medien nicht nur spiegelbildlich über Fakten, sondern auch über öffentliche Debatten berichten. Da sich diese ihrerseits oft von den bloßen Fakten lösen, stellt sich die Frage, was Journalisten nun eigentlich spiegeln sollen. Vgl. zu diesem Thema den klassischen und immer noch lesenswerten Aufsatz von Schulz (1989).

15 Andreas Petzold: Die entzauberte Frauke Petry. Stern.de vom 25.02.2015. http://www.stern.de/politik/andreas-petzold/afd--wie-frauke-petry-von-volker-beck-entzaubert-wurde-6713998.html; das Video ist aus Urheberrechtsgründen leider nicht mehr verfügbar.

Aktuelle Trends – Journalismus unter Druck

Davon abgesehen ist die Welt des Journalismus in Bewegung geraten. In den vergangenen Jahren haben zwei Entwicklungen eingesetzt, die derzeit noch nicht abgeschlossen sind. Beide verändern die journalistische Produktion von Nachrichten und ihre Nutzung durch das Publikum gravierend und haben ungeahnte Folgen:

Die erste Entwicklung findet innerhalb des Journalismus statt: Journalistische Nachrichtenmedien, allen voran Tageszeitungen und Online-Nachrichten, sind unter erheblichen ökonomischen Druck geraten. Besonders die Auflagen von Printmedien sinken stetig und mit ihnen sowohl die Verkaufseinnahmen auf der Publikumsseite als auch die Werbeeinnahmen.[16] Gleichzeitig vergrößern sich die Reichweiten von Online-Angeboten. Das erhöht zwar ihre dortigen Werbeeinnahmen. Dennoch ist die Zahlungsbereitschaft des Publikums für Inhalte im Internet nach wie vor gering, weshalb die Online-Verkaufseinnahmen die Rückgänge im Printbereich derzeit nicht kompensieren können.

Das Resultat ist ein stetiger Kampf um Reichweiten bei gleichzeitigen Kostensenkungen. Medienunternehmen versuchen vor allem, die Personalkosten in den Redaktionen zu senken, indem sie feste Stellen abbauen und immer mehr freie Journalisten einsetzen. Diese sind vergleichsweise kostengünstig zu beschäftigen und können ohne festen Arbeitsvertrag jederzeit eingespart werden. Das hat zur Folge, dass Redaktionen insgesamt weniger Personalressourcen, und die einzelnen Journalisten weniger Zeit für die Recherche und Produktion von Nachrichten haben. Langfristige und tiefergehende Recherchen zu Missständen in Politik und Wirtschaft (investigativer Journalismus) können sich nur noch wenige Redaktionen leisten.

Deshalb versuchen journalistische Medien verstärkt, mit möglichst geringem Rechercheaufwand hohe Publikumsreichweiten zu erzielen. Sie nutzen Darstellungstechniken, die man seit jeher aus Boulevardmedien wie der Bild-Zeitung oder Nachrichtenmagazinen privater Fernsehsender kennt. Der Kampf um Reichweiten durch Boulevardisierung und Verflachung hat sogar den gebührenfinanzierten öffentlich-rechtlichen Rundfunk erreicht, wie es zuletzt Wolfgang Herles beschrieben hat, der als Politik- und Kulturjournalist selbst über Jahrzehnte TV-Gesicht beim ZDF war (2015). Die Klagen von Journalisten, Politikern und anderen Betroffenen sowie wissenschaftliche Analysen zur Boulevardisierung füllen mittlerweile eine kleine Bibliothek (stellvertretend der Sammelband von Kamps 2000). Dabei geht es um folgende Beobachtungen und Vorwürfe:

---

16 Die Preise, die Werbetreibende für Werbung zu zahlen bereit sind, hängen wesentlich von den Reichweiten bzw. verbreiteten Auflagen der Werbeträgermedien ab. Damit sinken die Werbeeinnahmen parallel mit den Auflagen.

- *Sensationalismus, Negativismus und Skandalisierung*: Journalismus ist ständig auf der Suche nach Überraschungen, dramatischen Konflikten, Skandalen und Sensationen, die das Publikum interessieren und bewegen, auch wenn sie nur von begrenzter gesellschaftlicher Bedeutung sind. Medien werden zu regelrechten „Erregungsmaschinen" (Pörksen & Detel 2012: 19).
- *Personalisierung und Emotionalisierung*: Die Fokussierung auf Menschen, ihre Schicksale und Emotionen, z. B. als Betroffene, aber auch als handelnde Politiker, geht zulasten der Berichterstattung über politische Inhalte und strukturelle Probleme (z. B. Arbeitslosigkeit, Steuerpolitik, Gesundheitspolitik). Das Phänomen steht im Zusammenhang mit dem Zwang zur Visualisierung und ist beim Fernsehen seit Langem bekannt (Patterson & McClure 1976); es tritt aber auch im Zusammenhang mit Print- und Online-Journalismus auf. Häufig wird außerdem beklagt, dass Nachrichten Wahlkämpfe eher als Rennen zwischen Kandidaten und Parteien inszenieren denn als politische Auseinandersetzungen über Gesellschaftsprobleme und Lösungsvorschläge (Horse Race Journalism) (Brettschneider 1997; Raupp 2003).
- *Soft News und Politainment*: Entsprechend sinkt der Anteil ‚harter' Nachrichten aus Politik und Wirtschaft bei Zunahme von ‚Soft News' über Promis, Sport, Unterhaltung, Mode, Technik usw. Gleichzeitig werden politische Inhalte verstärkt unterhaltsam bzw. satirisch aufbereitet und Politiker in Unterhaltungsangebote gedrängt (z. B. Homestories) (Dörner 2001).
- *Beschleunigung, Oberflächlichkeit, Häppchen-Journalismus und Clickbaiting*: Der Zwang, immer hochaktuell zu berichten, wenn möglich vor allen anderen Medien, und die Konkurrenz von Twitter und sonstigen soziale Medien hat vor allem online zu einer Beschleunigung der Nachrichtenproduktion geführt. Das bringt mehr Fehler, kürzere Nachrichtenmeldungen (‚news flash', ‚Eilmeldungen') und eine oberflächlichere Berichterstattung auf Kosten von analytischer Tiefe und (ohnehin teurer) Hintergrundrecherche mit sich. Dass Online-Reichweiten anhand von Seitenzugriffen gemessen werden, hat den Anteil von Fotostrecken, Hitlisten und Tests, die Nutzer zu möglichst vielen Klicks verleiten, explodieren lassen (Clickbaiting). Doch auch in Fernsehnachrichten wurden Meldungen und O-Töne von Politikern über die Jahre immer kürzer (Donsbach & Jandura 2005).

Das alles erhöht die Publikumsattraktivität und die Reichweiten von Nachrichten, zumal sich auch die Aufmerksamkeitsspanne des Publikums verkürzt hat.[17] Fraglich ist

---

17 Studien zeigen, dass Rezipienten beim Fernsehen häufiger und schneller umschalten (Ettenhuber 2010) und Texte häufiger überfliegen oder abbrechen (Stiftung Lesen 2008). Bereits 1996 veröffentliche das Institut für Demoskopie Daten, denen zufolge

allerdings, inwiefern die Verflachung und das ständige Hyperventilieren der Medien dazu führen, dass die Bürger das Vertrauen in die Medien verlieren (Hagen 2015). Schließlich ist aufgrund des ökonomischen Drucks eine wachsende *Anfälligkeit gegenüber Beeinflussungsversuchen durch Public Relations* zu verzeichnen: Medien übernehmen Pressemitteilungen und andere vorgefertigte Inhalte von Unternehmen bzw. Interessensvertretern unverändert oder lassen sich für verdeckte Werbung bezahlen (Überblick bei Schweiger 2013). Das alles führt zu einer *Erosion der journalistischen Unabhängigkeit* und einer *Verringerung der Nachrichtenqualität*. Und es gefährdet nachweislich das Vertrauen der Bürger in Journalismus (Kapitel III).

Die zweite Entwicklung im Journalismus bezieht sich auf dessen Rolle in der Gesellschaft. Journalistische Medien sind seit jeher für Bürger die wichtigste Quelle für politische Inhalte und das meistbeachtete Forum für öffentliche Debatten. Lange galten Journalisten als alleinige Gatekeeper[18] für Nachrichten. Politische Akteure, die möglichst viele Bürger möglichst schnell mit ihren Botschaften erreichen wollten, waren auf die journalistische Vermittlung (Intermediation) angewiesen. Das hat sich geändert. Im Internet bzw. in den sozialen Medien sind weitere Kanäle für politische Inhalte und Diskurse entstanden. Politische Akteure, Unternehmen und sonstige Organisationen können die Bürger mit ihren eigenen Websites, YouTube- und Twitter-Kanälen und Facebook-Auftritten direkt erreichen. Sie sind nicht mehr auf journalistische Medien als Verbreitungskanäle angewiesen, weshalb man von ‚*Disintermediation*' spricht (z. B. Neuberger & Quandt 2010: 68). Gleichzeitig sprießen *alternative Medienangebote* aus dem Boden. Ihr Anspruch besteht darin, eine kritische Gegenöffentlichkeit zu journalistischen Medien bzw. dem Polit-Establishment aufzubauen (vgl. Wimmer 2015). In den sozialen Medien schließlich bekommen die Bürger die Möglichkeit, eigene politische Inhalte zu verbreiten und ihre Meinung öffentlich zu äußern und zu diskutieren – ein Phänomen, das ich öffentliche Bürgerkommunikation (öBK) nenne.

Das alles unterminiert nicht nur das *Informations*-Monopol des Journalismus, sondern auch seine traditionelle Bedeutung als *Instrument der Meinungsklimawahrnehmung*. Denn wo konnte man früher erfahren, wie die Bevölkerung zu einem politischen Thema denkt, wenn nicht in den Nachrichtenmedien? Nur dort fand man einigermaßen verlässliche Aussagen zur Stimmung im Land und nur dort wurden Meinungsumfragen publiziert. Heute, wo jeder Bürger in den sozialen Medien seine

---

die Konzentrationsfähigkeit der Deutschen in den 15 Jahren davor zurückgegangen ist. (Allensbacher Archiv, IfD-Umfrage 6032).

18   D.h. sie entscheiden als ‚Schleusenwärter', welche Informationen der Öffentlichkeit zugänglich gemacht und welche ihr vorbehalten werden. Walter Lippmann (1922) prägte den Begriff für den Journalismus.

Meinung öffentlich äußern kann, drängen sich Facebook und die Kommentarspalten der Online-Nachrichten als Wahrnehmungsquellen des Meinungsklimas auf. Trotz allem ist die Bedeutung journalistischer Medien als Rechercheure und Nachrichtenproduzenten ungebrochen. Was sich jedoch deutlich verändert hat, ist die Art, wie Bürger auf Nachrichten zugreifen. Wer früher die Tagesschau sehen wollte, musste im Fernsehen ‚das Erste' einschalten. Wer die politische Sicht der Dinge in der Süddeutschen Zeitung kennen wollte, musste zur Zeitung greifen oder ihre Website besuchen. Heute tragen Suchmaschinen und SNS die meisten Inhalte dieser Medien zusammen. Deshalb nennt man sie *Nachrichten-Aggregatoren*. *Sie* verschlagworten alle Inhalte und ermöglichen ihren Nutzern den Zugriff auf Einzelbeiträge, ohne dass diese den ‚Umweg' über die Startseiten der Nachrichten-Websites gehen müssen. Bei Suchmaschinen erfolgt der Zugriff durch Suchen, bei SNS durch Bewertungen oder Empfehlungen von Freunden im Netzwerk (Likes, Shares, Retweets usw.). Die für Verlage unerfreuliche Folge: Der Anteil der direkten Zugriffe auf ihre Nachrichten-Websites sinkt und die indirekten Zugriffe auf Beiträge über Google, Facebook oder Twitter steigen (dazu mehr in Kapitel III). Diese können ihre ohnehin riesigen Werbeeinnahmen weiter erhöhen und verschaffen sich so eine erhebliche Machtposition gegenüber den Verlagen.

Die Bürger nehmen diese Möglichkeiten intensiv in Anspruch (dazu gleich mehr). Das verändert die Tektonik der Nachrichten- und Diskurslandschaft – mit zwiespältigen Folgen. Das Internet trägt einerseits zur Emanzipation der Bürger bei: Sie können sich informieren, wo und wie sie wollen. Minderheitenmeinungen – und seien die Minderheiten noch so klein und die Meinungen noch so abseitig – finden in kürzester Zeit zusammen. Die schier grenzenlose Menge und Vielfalt an Informationen und Meinungen aus unterschiedlichsten Quellen bringt andererseits eine gewaltige Überforderung mit sich: Welcher Internet-Nutzer ist schon willens, alle politischen Inhalte, die er online findet oder weiterleitet, auf ihre Plausibilität und Vertrauenswürdigkeit abzuklopfen? Wer ist schon in der Lage, einander widersprechende Informationen zu überprüfen und herauszufinden, welche davon wahr und welche falsch ist? Und wer hinterfragt schon, ob die unzähligen Meinungsäußerungen anderer Bürger in den Social Media auch tatsächlich dem Meinungsklima in der gesamten Bevölkerung entsprechen?

Wir leben also in einer Zeit, in der der Journalismus tatsächlich an Qualität verliert. Gleichzeitig treten neben die Nachrichtenmedien zahllose andere Informationsquellen, die dem journalistischen Bild von der politischen Realität und der Stimmung in der Bevölkerung teilweise drastisch widersprechen. Ist es da ein Wunder, dass das Vertrauen der Bürger in einen ausgewogenen und unabhängigen Journalismus leidet und das Wort von der Lügenpresse die Runde macht?

Zwischenfazit: Journalistische Medien sind für die Demokratie unverzichtbar. Sie tragen entscheidend zur politischen Bildung und Informiertheit der Bürger bei, die für die Demokratie essentiell ist. Denn nur informierte Bürger können sich eine fundierte Meinung bilden und kompetent wählen. Nur sie können ihre Meinung artikulieren und damit zu dem öffentlichen Diskurs beitragen, der jeder politischen Entscheidung vorausgehen sollte. In den letzten Jahren sind journalistische Medien jedoch verstärkt unter ökonomischen Druck geraten. Das hat zu Einbußen in der journalistischen Qualität und Unabhängigkeit geführt. Gleichzeitig hat der Journalismus im Internet seine exklusive Rolle als Verbreitungskanal aktueller Nachrichten (Gatekeeper) verloren. An seine Stelle treten zu erheblichen Teilen Nachrichten-Aggregatoren wie Suchmaschinen und Social Network Sites.

Nutzungsdaten

Bevor wir uns im nächsten Kapitel eingehend mit journalistischen und nicht-journalistischen Informationsquellen im Internet sowie Plattformen für den Meinungsaustausch unter Bürgern befassen, wollen wir die Bedeutung politischer Online-Inhalte anhand ausgewählter Daten veranschaulichen.

Internetnutzung und Nachrichten online

2015 waren 80 Prozent und damit die große Mehrheit der deutschen Bevölkerung online (Frees & Koch 2015); ähnliche Werte finden sich für die Schweiz (Latzer et al. 2016) und Österreich (Statistik Austria 2015). Bei den 14- bis 39-Jährigen kann man von einer Vollversorgung sprechen; auch die 40- bis 59-Jährigen sind weit mehrheitlich online. Erstmals 2015 nutzt sogar mindestens jeder zweite Deutsche ab 60 Jahren das Internet. Während der Anteil der Onliner an der Gesamtbevölkerung nur noch langsam steigt, nimmt der Anteil derjenigen, die *täglich* im Internet aktiv sind, weiterhin kontinuierlich zu und lag 2015 bei 63 Prozent. Nutzungsunterschiede zwischen den Geschlechtern bleiben trotz einer Annäherung in den letzten Jahren bestehen: Noch immer sind etwas mehr Männer online als Frauen (83 versus 76 Prozent).

Seit den Anfängen des Internets wird außerdem eine digitale Kluft zwischen Bevölkerungsgruppen mit unterschiedlicher formaler Bildung beklagt (‚Digital Divide‘, vgl. z. B. Marr & Zillien 2010). Diese Kluft hat sich zwar verkleinert, aber immer noch nicht vollständig geschlossen: Während unter den Volks- und Hauptschulabsolventen 59 Prozent online sind, steigt der Onliner-Anteil in der mittleren Bildungsgruppe (weiterführende Schulausbildung, ohne Abitur) auf 84 Prozent an und liegt im höchsten Bildungssegment (Abitur und/oder Studium) bei über 90 Prozent (Initiative D21 2016). Nun nimmt der Anteil formal Höhergebildeter in den jüngeren Generationen generell zu. Der höhere Anteil an Internet-Verweigerern im unteren Bildungssegment erklärt sich deshalb teilweise durch die überdurchschnittlich vielen Älteren in dieser Gruppe. Wir können trotz eines Abfalls an den äußeren Bildungs- und Altersrändern festhalten, dass die überwältigende Mehrheit der Deutschen in nahezu allen Bildungssegmenten das Internet nutzt.

Die Internetverbreitung ist natürlich nicht mit der Nutzung von *Nachrichten und politischer Kommunikation online* gleichzusetzen. 2015 meinten 54 Prozent der Onliner, täglich oder mehrmals pro Woche „aktuelle Nachrichten" im Internet zu nutzen, 59 Prozent lesen dort „Artikel und Berichte" und 76 Prozent suchen Informationen (Frees & Koch 2015: 372). Die Werte der 14- bis 29-Jährigen liegen wieder höher: Hier nutzen 63 Prozent online aktuelle Nachrichten, 68 Prozent Artikel und Berichte und 83 Prozent suchen zumindest wöchentlich Informationen.

Detaillierte Daten zur ‚informierenden Mediennutzung' liefert die MedienGewichtungsStudie 2015-II (Die Medienanstalten 2016a). Sie zeigt, dass das Internet gesamtgesellschaftlich auf Platz vier der am häufigsten genutzten Informationsquellen lag – nach Fernsehen, Radio und Tageszeitung. Es waren wieder die Älteren (ab 50 Jahren), unter denen lediglich 17 Prozent angaben, sich am Vortag online über „das Zeitgeschehen in Politik, Wirtschaft und Kultur aus Deutschland und aller Welt" informiert zu haben (Fernsehen 76 Prozent, Radio 52 und Tageszeitung 48 Prozent). Die 14-bis 29-Jährigen dagegen informierten sich überwiegend online. In der mittleren Altersgruppe (30 bis 49 Jahre) dominierten zwar weiterhin Fernsehen und Radio als Informationsquellen; hier informierten sich aber immerhin 37 Prozent an einem Stichtag im Internet (Fernsehen 51 Prozent, Radio 52 und Tageszeitungen 27 Prozent).

Auch bei der formalen Bildung sind Unterschiede zu verzeichnen: Während Fernsehen, Radio und Tageszeitungen von allen Bildungsgruppen etwa gleich viel genutzt werden, ist das Internet hauptsächlich eine Informationsquelle des höchsten und mittleren Bildungssegments: 43 Prozent der Befragten mit Hochschulreife hatten sich am Vortag im Internet informiert; in der mittleren Bildungsgruppe waren es 29 Prozent, bei den Volks- und Hauptschulabsolventen nur noch 12 Prozent.

Nachrichten-Aggregatoren als Informationsquellen

Kommen wir zur Bedeutung von Nachrichten-Aggregatoren. Die empirische Relevanz von *Suchmaschinen* ist schnell beschrieben: Laut ARD/ZDF-Onlinestudie ist

„Suchmaschinen wie Google nutzen" seit Jahren in allen Bevölkerungsgruppen die wichtigste Online-Anwendung (Frees & Koch 2015: 372). Sogar Bevölkerungsgruppen mit ansonsten geringer Affinität zum Internet stimmen mehrheitlich der Aussage zu „Wenn ich Informationen benötige, suche ich zuerst im Internet." (Initiative D21 2016: 24). In der MedienGewichtungsStudie 2015-II gaben 30 Prozent der Befragten an, das Internet am Vortag zur Information genutzt zu haben. Wiederum 28 Prozent davon hatten auch eine Suchmaschine eingesetzt. Und wenn gesucht wird, geschieht das fast immer mit Hilfe von Google, dessen Marktanteil seit über zehn Jahren bei um die 90 Prozent liegt (Schweiger 2003; Die Medienanstalten 2016b).

Auch zur Bedeutung der sozialen Medien als Informationsquellen liegen mittlerweile eindeutige Befunde vor. Schiller et al. (2015) sammelten 2014 über 476.000 Artikel in den fünfzehn reichweitenstärksten Nachrichten-Portalen und untersuchten deren Verbreitung auf Facebook, Twitter und Google+. Sie ermittelten insgesamt 83 Mio. Weiterempfehlungen, davon über 75 Mio. auf Facebook. War in den Vorjahren Spiegel Online das meistverbreitete Online-Medium, hatte sich 2014 bild. de an die Spitze gesetzt. Ebenfalls bemerkenswert war ein deutlicher Anstieg der Anzahl von Facebook-Likes Ende 2013/Anfang 2014.

Die MedienGewichtungsStudie 2015-II liefert Umfragedaten zu den sozialen Medien als Informationsquelle (Die Medienanstalten 2016a). Alle Befragten, die sich am Vortag im Internet informiert hatten – es waren wie bereits gesagt 30 Prozent –, wurden zusätzlich nach den konkreten Quellen gefragt. Bei den 14- bis 29-Jährigen dominierte Facebook mit 50 Prozent; Twitter lag bei 13 Prozent, alle anderen Social Network Sites bei 22 Prozent. Die zweitwichtigste Informationsquelle dieser Altersgruppe war die Videoplattform YouTube (47 Prozent), noch vor den Online-Angeboten von Zeitschriften und Tageszeitungen (41 und 45 Prozent) und Online-Portalen wie z. B. gmx.de oder T-Online (39 Prozent). Soziale Medien spielen aber auch in der mittleren Altersgruppe eine Rolle. Unter den 30- bis 49-Jährigen nannten 39 Prozent Facebook, 5 Prozent Twitter und 42 Prozent andere SNS als am Vortag genutzte Informationsquellen (vergleichbare Werte bei Bayerischer Rundfunk 2016). Über YouTube hatten sich immerhin 22 Prozent informiert. Trotzdem dominieren in dieser Altersgruppe Online-Portale und die Online-Angebote von Tageszeitungen (45 und 40 Prozent).

Bemerkenswert sind die Unterschiede zwischen den Bildungsgruppen und ihren jeweils bevorzugten Online-Informationsquellen. Tabelle 2 listet die wichtigsten Online-Quellen, die in der MedienGewichtungsStudie 2015-II erhoben wurden, und ihre Tagesreichweiten[19] auf. Zunächst zu den journalistischen Online-Angeboten:

---

19 Anteil der Befragten, die am Tag vor der Befragung eine bestimmte Quelle zu Informationszwecken genutzt hatten.

Während Websites und Apps von Tageszeitungen und Zeitschriften hauptsächlich von Höhergebildeten genutzt werden, finden die Angebote von Online-Portalen die größte Resonanz in der unteren Bildungsgruppe. Letzteres hat vermutlich zwei Gründe: Erstens weisen die Nachrichten auf Online-Portalen eine starke Boulevard-Orientierung auf (Fokus auf Prominente, Sport, Unterhaltung, Lifestyle, Kriminalität, Unfälle usw.) und sprechen diese Zielgruppe stärker an. Zweitens werden Online-Portale naturgemäß besucht, um das Mail-Postfach einzusehen oder andere Services zu nutzen. Nachrichten zu lesen steht als Motiv im Hintergrund. Das lässt vermuten, dass sich Niedrig- und Mittelgebildete lieber nebenbei informieren und Quellen bevorzugen, die eben nicht wie klassische Nachrichten daherkommen.

Tab. 2 Nutzung von Online-Informationsquellen nach Bildungsgrad

Bildungsgrad	niedrig max. Volks-/ Hauptschule	mittel mittlere Reife, polytechnische Oberschule	hoch (Fach-)Hoch- schulreife
Journalistische Online-Angebote von...			
... Tageszeitungen	27 %	33 %	46 %
... Zeitschriften	19 %	32 %	38 %
... Fernsehsendern	29 %	29 %	35 %
... Radiosendern	16 %	22 %	22 %
Online-Portale	51 %	41 %	42 %
Social Network Sites			
Facebook	43 %	37 %	34 %
Twitter	4 %	12 %	5 %
Google+	31 %	11 %	8 %
Videoportale			
YouTube	28 %	32 %	28 %
andere Videoportale	6 %	3 %	6 %
Wikis und Blogs			
Wikipedia	28 %	32 %	41 %
andere Wikis und Blogs	9 %	8 %	15 %

Prozentwerte zeigen die Tagesreichweite der jeweiligen Informationsquellen unter den ‚sich informierenden Internetnutzern'; Datenquelle: MedienGewichtungsStudie 2015-II[20]

---

20 Diese Daten sind nur online recherchierbar unter https://medienkonvergenzmonitor. de/studies/MedienGewichtungsStudie%202015.

Hierzu passt, dass Social Network Sites wie Facebook, Google+ und Twitter sowie Videoportale wie YouTube am stärksten von Onlinern mit geringer und mittlerer Bildung frequentiert werden. Die dort kursierenden Inhalte stammen weniger von professionellen Journalisten. Häufiger sind es Posts von Laien bzw. ‚normalen' Bürgern, prominenten Stars oder Sportlern und alternativen Anbietern.

Bevor wir ausführlicher auf Facebook und YouTube kommen, ein paar Worte zu Twitter. Twitter weist in Deutschland eine vergleichsweise geringe Verbreitung auf (z. B. Frees & Koch 2015). Die auffallende Popularität im mittleren Bildungssegment erklärt sich vermutlich durch eine Besonderheit der Plattform: Twitter ist seit jeher in den USA weit populärer als im deutschen Sprachraum. Dort wird es gerade von Musikern, Schauspielern, Sportlern und anderen Prominenten als einfaches ‚Verlautbarungsorgan' für ihre internationalen Fans eingesetzt. Stars wie Katy Perry (ca. 92 Mio. Follower; Stand 15.08.2016), Justin Bieber (ca. 86 Mio.) oder Taylor Swift (ca. 80 Mio.) berichten in englischer Sprache über ihre aktuellen Befindlichkeiten und verbreiten persönliche Fotos oder Videos, die ihre Fans gern rezipieren, selten aber aktiv darauf reagieren. Die Inhalte sind somit meist nicht-journalistisch und erfordern ausreichende Englisch-Kenntnisse. Das scheint für die Bildungsmitte besonders attraktiv zu sein. Für journalistische Nachrichten oder die politische Kommunikation *mit der breiten Bevölkerung* spielt Twitter hingegen im deutschsprachigen Raum kaum eine Rolle.

Zurück zum Erfolg von Facebook und YouTube im unteren und mittleren Bildungssegment (vgl. auch Kneidinger 2010). Vielleicht haben wir es hier mit einer beginnenden Spaltung der Bildungsgruppen in der Art, sich politisch zu informieren, zu tun: Die Höhergebildeten bevorzugen klassisch ‚bildungsbürgerliche' bzw. akademische Quellen wie journalistische Nachrichten, Blogs und Lexika, die niedriger Gebildete eher meiden. Diese fühlen sich dagegen eher von nicht-akademischen, authentisch erscheinenden Quellen auf Social Network Sites und Videoportalen angezogen. Das passt zu einer Beobachtung, die in diesem Band noch breiteren Raum einnehmen wird: die Medienverdrossenheit in diesen Gruppen (Kapitel V). Gerade unter den ‚einfachen Bürgern' wenden sich viele von den Eliten in Politik, Wirtschaft und Medien ab, die aus ihrer Sicht die Interessen des ‚normalen Volks' ignorieren oder gar bekämpfen. Besonders in Facebook und YouTube finden sie dagegen authentische Inhalte von nicht-elitären Freunden, Mitbürgern und Gesinnungsgenossen. Der hohe Anteil an User-Generated Content auf Facebook mag erklären, weshalb das soziale Netzwerk bei der nordrhein-westfälischen Landtagswahl 2012 stärker von Niedrigergebildeten zur politischen Information genutzt wurde als von Höhergebildeten (Bernhard et al. 2015: 51).

Fassen wir zusammen: Das Internet spielt als Nachrichten- und Informationsquelle zumindest in der *Altersgruppe* unter 50 Jahren eine relevante Rolle.

Soziale Medien gelten bei den Jüngeren (unter 30 Jahren) als selbstverständliche Informationsquelle und sind auch noch in der mittleren Altersgruppe (30 bis 49 Jahre) verbreitet. Dieser Trend wird sich mit Blick auf die USA sicherlich weiterhin verstärken. Nach einer Studie des PewResearchCenter (2015) ist Facebook dort sowohl bei den sogenannten Millennials (zwischen 1981und 1996 geboren) als auch in der Generation X (1965-1980) die vor allen TV-Kanälen meistgenutzte Quelle für politische Nachrichten. Selbst bei den „Baby-Boomern" (1946-1964) landet Facebook – nach lokalen und nationalen Fernsehkanälen – auf Platz sieben der meistgenutzten Nachrichtenmedien; 39 Prozent dieser Altersgruppe gaben an, sich in der vergangenen Woche über das soziale Netzwerk informiert zu haben.

Was die *formale Bildung* betrifft, fällt ein generell geringeres Interesse Niedriggebildeter an Online-Informationen auf. Dennoch nutzen mittlerweile viele niedrig und durchschnittlich Gebildete Nachrichten und Informationen online. Sie bevorzugen dabei allerdings überwiegend unterhaltende Nachrichtenangebote (Online-Portale wie t-online.de, Websites privater TV-Sender, Buzzfeed u. ä.) und soziale Medien. Letztere zeichnen sich durch einen geringeren Anteil journalistischer Inhalte und einem höheren Anteil an User-Generated Content aus.

Soziale Medien als Kanal der Informationsverbreitung und öffentlichen Bürgerkommunikation

Neben ihrer Funktion als Informationsquelle eröffnen soziale Medien sowohl politischen Akteuren als auch Bürgern die Möglichkeit, eigene Informationen zu verbreiten, die eigene Meinung zu artikulieren und damit zur allgemeinen Meinungsbildung beizutragen. Bekanntlich ist mittlerweile nahezu jedes Unternehmen, jede Partei, Institution, politische Interessensvertretung und jeder Prominente online und in den sozialen Medien vertreten. Besonders Prominente erzielen mit ihrer Facebook-Seite, ihrem YouTube- oder Twitter-Kanal beeindruckende Reichweiten. Auch einige Politiker sind reichweitenstarke Kommunikatoren geworden. US-Präsident Obama erreicht weltweit 50 Mio. Facebook-Fans und fast 77 Mio. Twitter-Follower (Stand 16.08.2016). Hillary Clinton bringt es auf fünf Mio. Fans und acht Mio. Follower, der umstrittene Präsidentschaftsbewerber Donald Trump auf jeweils mehr als zehn Mio. Fans und Follower. Was das betrifft sind Politiker und Bürger in Deutschland weniger erfolgreich. Bundeskanzlerin Angela Merkel hat als einzige reichweitenstarke Politikerin zwei Mio. Facebook-Fans. Auf Twitter, wo sie selbst nicht aktiv ist, bringt es ihr Regierungssprecher Steffen Seibert als @RegSprecher auf immerhin 600.000 Follower. Der SPD-Vorsitzende Sigmar Gabriel muss sich hingegen mit 60.000 Facebook-Fans begnügen. Vergleichsweise hohe Reichweiten erzielen im deutschen Sprachraum rechtspopulistische Politiker und Parteien. Das gilt besonders für Österreich mit seinen gut acht Millionen Einwohnern. Hier kommen die Politiker Heinz-Christian „HC" Strache auf fast 400.000 und Norbert Hofer von der Freiheitlichen Partei Österreichs (FPÖ) auf gut 250.000 Fans. Die AfD Deutschland erreicht 300.000, ihre Vorsitzende Frauke Petry 150.000 Fans (alle Angaben Stand 16.08.2016).

Wie aber sieht es mit der öffentlichen Bürgerkommunikation und damit der *aktiven* Nutzung sozialer Medien durch Bürger aus? Wer veröffentlicht eigene Inhalte, etwa auf eigenen Websites, in Blogs, auf Twitter oder in Diskussionsforen? Wer kommentiert Nachrichten oder Beiträge anderer, etwa auf Facebook oder in den Kommentarspalten von Nachrichten-Websites? Wer empfiehlt Beiträge online an andere oder leitet sie zumindest weiter, per Mail, Teilen auf Facebook oder Twitter-Retweet? Zu diesen Fragen gibt es mittlerweile einige Studien, auch für Deutschland. Einig sind sich die meisten darin, dass Männer soziale Medien aktiver nutzen als Frauen (Ziegele et al. 2013: 91). Beim Alter und der formalen Bildung wird es schon schwieriger; hier findet man je nach untersuchtem Umfeld unterschiedliche Ergebnisse.

Eine repräsentative Onlinebefragung von Jungnickel & Schweiger (2014) vom Dezember 2012 ermittelte für den aktiven und passiven Umgang mit Facebook, YouTube, Twitter, Blogs und Diskussionsforen im Zusammenhang mit Nachrichten und gesellschaftsrelevanten Themen fünf Nutzertypen: 25 Prozent der Befragten waren ,*Non-User*', die sich auf keiner der Plattformen mit derartigen Themen auseinandersetzten. Die ,*Consumer*' mit einem Anteil von 26 Prozent lasen zumindest mehrmals pro Monat Beiträge, teilten oder schrieben aber nichts. 16 Prozent ,*Sharers*' teilen zumindest mehrmals pro Monat gesellschaftsrelevante Beiträge. 13 Prozent ,*Commentators*' lasen und teilten nicht nur, sondern kommentierten auch und 20 Prozent ,*Producers*' posteten eigene Beiträge auf einer oder mehreren Plattformen.

Jüngere erwiesen sich als insgesamt aktiver als Ältere; dennoch fanden sich auch in der Altersgruppe 50+ viele Producers. Die Producer als aktivste Nutzergruppe waren im Vergleich offener, extravertierter und persönlichkeitsstärker[21] als die anderen Typen. Zwischen den Bildungssegmenten ließ sich kein größerer Unterschied finden; die niedrigergebildeten Befragten stellten sich sogar als etwas aktiver dar. Das passt zu den Befunden einer Befragung unter den Verfassern von Nutzerkommentaren auf Nachrichten-Websites (Ziegele et al. 2013: 90). Hier erwiesen sich die Bildungsgruppen ebenfalls als gleichermaßen aktiv, und Ältere schrieben interessanterweise mehr Kommentare als Jüngere. Auch Jers (2012: 365f.) fand in

---

21 Die Persönlichkeitsstärke nach Noelle-Neumann (1983) beschreibt, wie redebereit eine Person in der Öffentlichkeit ist und wie stark sie andere damit zu beeinflussen glaubt.

einer repräsentativen Befragung unter Onlinern keine Bildungsunterschiede beim Partizipieren und Produzieren im Social Web.

Auffällig an den Befunden von Jungnickel & Schweiger (2014) ist schließlich die dominante Rolle von Facebook: Dort wird nicht nur am meisten über gesellschaftsrelevante Themen gelesen, sondern auch am meisten aktiv geteilt, kommentiert und produziert. Twitter und Blogs spielten kaum eine Rolle als Plattformen für aktive Kommunikation unter Bürgern. Die Studie von Bernhard et al. (2015) ermittelte vergleichbare Befunde.

Zwischenfazit: Das Internet bietet leistungsfähige Kanäle für Nachrichten, politische Inhalte und öffentliche Bürgerkommunikation. Sie sind unter Jüngeren selbstverständlich, werden aber auch von Älteren genutzt. Die frühere Annahme, dass Internetnutzung und soziale Medien eine Domäne der Höhergebildeten ist, trifft in Deutschland nicht mehr zu. Besonders Facebook und YouTube werden von Personen mit niedriger und mittlerer Bildung überdurchschnittlich stark genutzt. Beide Plattformen genießen bei vielen Mitgliedern dieser Bildungsgruppe den Status eines Nachrichtenmediums. Die aktiv-produzierende Nutzung sozialer Medien als öffentliche Bürgerkommunikation beschränkt sich auf eine kleine, überwiegend männliche Minderheit. Die meisten Menschen begnügen sich auf Social Network Sites damit, bestehende Inhalte zu bewerten, zu kommentieren und weiterzuverbreiten.

Nachrichtenjournalismus, alternative und soziale Medien

Nachdem wir die demokratietheoretische Bedeutung von Nachrichten geklärt und aktuelle Entwicklungen besprochen haben, geht es nun um die wichtigsten Online-Informationsquellen und ihre Eigenschaften. Journalistische Nachrichtenmedien sind zentrale Vermittler aktueller politischer Informationen an die Bürger. Doch was sind Nachrichten genau und welche Funktionen haben sie? Und was sind *keine* Nachrichten? Die Grenzen verschwimmen besonders im Internet. Dort verbreiten sich sekündlich tatsächliche und vermeintliche, wahre und unwahre, relevante und irrelevante Informationen, die von bekannten und unbekannten Akteuren aus unterschiedlichen Motiven in Umlauf gebracht werden. Sie alle prägen das politische Wissen der Bürger und ihre Meinungsbildung. Deshalb entwickeln wir zunächst eine Definition von Nachrichten und besprechen darauf aufbauend den klassischen Nachrichtenjournalismus. Danach wenden wir uns dem Gegenkonzept zu: Bürgerjournalismus und alternative Medien. Schließlich erläutern wir die dritte Online-Informationsquelle, die erst durch die sozialen Medien ihre aktuelle Bedeutung erlangt hat, nämlich öffentliche Kommunikation unter Bürgern.

Nachrichtenjournalismus

Nachrichten sind eine bestimmte Form von Information. Eine Information kann man im weitesten Sinn definieren als Aussage über die Realität, die für den Empfänger der Information eine gewisse Relevanz hat. Dabei tut es erst einmal nichts zur Sache, ob die Information korrekte Aussagen über die reale Welt macht oder nicht. Auch Lügen, also vom Urheber beabsichtigte oder unbeabsichtigte Unwahrheiten oder Halbwahrheiten sind Informationen.[22] Ob eine Information als *Nachricht* gelten kann, hängt davon ab, ob sie für ihren Empfänger einen Nutzen hat. Damit muss eine Information *wahr* sein oder zumindest von ihrem Urheber mit dem *Anspruch auf Wahrheit* produziert und verbreitet werden. Ist das nicht der Fall, d. h. bringt ein Urheber absichtlich eine unwahre Information in Umlauf, ist das Desinformation, aber keine Nachricht. Weitere Aspekte, die eine Nachricht als solche definieren, stehen ebenfalls in engem Zusammenhang mit dem Nutzen für die Empfänger (vgl. Schulz 2009):

Nachrichten sind für ihre Empfänger eine *Neuigkeit.* Sie beziehen sich in der Regel auf *aktuelle* Aspekte der Realität, also auf aktuelle Ereignisse, Themen, Konflikte, Debatten oder Akteure. Nicht umsonst leitet sich der Begriff *Journalismus* vom französischen Wort für Tag ab. Oft verknüpfen Nachrichten aktuelle Themen mit Informationen über vergangene Geschehnisse. Beispielsweise kann eine historische Darstellung des Zusammenbruchs der Weimarer Republik eine Vergleichsfolie für die aktuelle politische Situation mit Neuigkeitswert liefern. Auch zeitlose Informationen, etwa zur verfassungsmäßigen Funktionsweise des politischen Systems oder zur Rolle der Medien, können in Verbindung mit aktuellen Fragen Neuigkeitswert haben.

Nachrichten weisen *politisch-gesellschaftliche Relevanz* auf, d. h. sie beziehen sich auf Aspekte, die für das Zusammenleben der Menschen in einer Gesellschaft von so großer Bedeutung sind, dass hier politische Entscheidungsprozesse erforderlich sind. Das ist für gesellschaftliche Probleme wie Arbeitslosigkeit oder Umweltschutz, für politische Konflikte wie den Umgang mit Asylbewerbern und viele andere Themen unstrittig. Andererseits sind Nachrichten voll von Informationen mit fraglicher politischer Relevanz: Sportergebnisse, Promi-News, Busen-Girls, persönliche Schicksale, Tierfotos usw. usf. Tatsächlich können aber auch vermeintlich irrelevante Nachrichten politische Bedeutung haben. Nachrichten über persönliche Eigenschaften oder Befindlichkeiten von Politikern sind ein gutes Beispiel: Ob der Politiker, der zur Wahl steht, seiner Frau treu oder untreu ist, lieber Currywurst oder Tofu isst, in seiner Jugend mit Hitlergruß fotografiert wurde oder Fröschen über Landstraßen geholfen hat, kann durchaus symptomatisch für seine Werte oder Führungsqualitäten sein und damit für Wähler eine entscheidende Information

---

22 Diese Beschreibung widerspricht anderen kommunikationswissenschaftlichen Definitionen, die nur wahre Aussagen über die Realität als Information bezeichnen (z. B. Merten 1999: 304ff.). In unserem Zusammenhang wäre das verwirrend: Denn im Internet kursieren überall (potenziell) unwahre Aussagen, die man landläufig als Informationen bezeichnet, auch wenn ihr Wahrheitsgehalt unklar ist.

darstellen. Deshalb ist das Kriterium der politischen Relevanz für Nachrichten im Zweifelsfall eher weit auszulegen.

In der Praxis des Nachrichtenjournalismus haben sich ferner relativ festgefügte Regeln für die Darstellung von Nachrichten etabliert, die *journalistischen Darstellungsformen* (vgl. etwa Reumann 2000). Die klassische Nachrichtenmeldung weist den Aufbau einer umgekehrten Pyramide auf: Das Wichtigste steht am Anfang, und die Nachricht endet mit Zusatz- oder Hintergrundinformationen, die man auch streichen oder ignorieren kann. Daneben gibt es chronologisch erzählende Darstellungsformen (Storytelling) oder freie Darstellungsformen wie Reportagen oder Features. Die wichtigste Unterscheidung ist jene von fakten- und meinungsbetonten Darstellungsformen. Während die klassische Nachricht grundsätzlich nur Fakten enthält, bringen Journalisten in Kommentaren und anderen meinungsbetonten Formen wie Glossen oder Rezensionen ihre eigene Meinung zum Ausdruck. Bei Interviews oder Gastbeiträgen sind es Dritte, die ihre persönliche Meinung äußern. In den klassischen Nachrichten dominiert eine möglichst nüchterne und neutrale Darstellung. Dieses Charakteristikum trifft auf Boulevard-Nachrichten oft nicht zu; hier wird meist das Interesse des Publikums durch Aufgeregtheit und Sensationalismus geweckt. Auch beim sogenannten Infotainment, das überwiegend in TV- und Online-Nachrichten vorzufinden ist, steht eine kurzweilige und unterhaltsame Nachrichtendarstellung im Vordergrund. Wie der gesamte Journalismus befinden sich auch die Darstellungsformen in einem Wandlungsprozess. Derzeit ist beispielsweise ungeklärt, ob Twitter-Mitteilungen, Facebook- oder Instagram-Posts von Nachrichtenmedien als journalistische Darstellungsformen gelten.

Nachrichtenbeiträge erscheinen gebündelt in *integrierten Nachrichtenangeboten* (Nachrichtensendungen in TV und Radio, Zeitungen, Nachrichtenmagazine, Nachrichten-Portale). Diese werden nach Groth (1960) in regelmäßigen Zeitabständen aktualisiert (Periodizität) und umfassen eine Sammlung von Nachrichtenbeiträgen, die das gesamte Spektrum gesellschaftsrelevanter Themen abdecken (Universalität). Nachrichtenmedien weisen in der Regel hohe Reichweiten und eine gewisse öffentliche Beachtung auf, d.h. sie sind wichtiger Bestandteil öffentlicher Diskurse, und ihre Beiträge stoßen auf ein breites Interesse (Publizität). Wenn also im Folgenden von Nachrichten die Rede ist, sind damit öffentlich verfügbare Informationen mit dem Anspruch auf Wahrheit gemeint, die einen Aktualitätsbezug und politische Relevanz aufweisen, die in gängigen journalistischen Darstellungsformen aufbereitet sind und in integrierten Nachrichtenmedien erscheinen.

Journalistische Qualität

Durch die Prüfung, Auswahl, Zusammenstellung und Gewichtung von Nachrichten in Nachrichtenmedien erfüllt der Journalismus in der Demokratie die bereits genannten Aufgaben Agenda-Setting, Politikvermittlung, Kritik und Kontrolle der Mächtigen und Artikulation der Bürgermeinung. Um diesen Aufgaben gerecht zu werden, sind alle Journalisten gehalten, bei ihrer Arbeit die folgenden Kriterien für Qualität von Nachrichten zu berücksichtigen (vgl. Arnold 2008).[23]

Die Basis ist die bereits angesprochene *journalistische Unabhängigkeit*. Damit ist gemeint, dass sich Journalismus „nicht primär an politischen oder ökonomischen Handlungslogiken orientiert, sondern an den Bedürfnissen seines Publikums" (Arnold 2008: 495). Der Journalismus gilt als ein System zur Selbstbeobachtung der Gesellschaft (Luhmann 1996: 169ff.; Scholl & Weischenberg 1998: 77). Er soll seinem Publikum – Bürgern wie gesellschaftlichen Akteuren gleichermaßen – die Beobachtung ihrer gesamten Umwelt ermöglichen. Das erfordert einen Journalismus, der in seinen Nachrichtenmedien den Meinungsaustausch zwischen allen Interessenvertretern ermöglicht und als neutraler Moderator vermittelt. Seine Aufgabe gleicht der eines Schiedsrichters im Sport: Schiedsrichter leiten das Spiel. Ihr Gehalt bekommen sie von einer neutralen Institution, weshalb sie keiner der Mannschaften verpflichtet sind. Auch wenn sie Vorlieben für bestimmte Vereine haben, dürfen sie diese nicht im Amt ausleben. Die Unabhängigkeit unterscheidet journalistische Medien von allen anderen professionellen Kommunikatoren, wie Wirtschaftsunternehmen, Verbänden, Parteien, Gewerkschaften, Kirchen, Bürgerinitiativen oder sonstigen Interessengruppen. Jede dieser Gruppen verfolgt bewusst und strategisch ihre eigenen Interessen; sonst würden sie kein Geld für Kommunikation (Public Relations und Werbung) ausgeben. Das Internet ist voll von professionellen Angeboten, die vermeintlich unabhängig, häufig auch journalistisch daherkommen, im Kern aber ganz konkreten Interessen dienen.

Journalistische Unabhängigkeit meint *nicht*, dass Nachrichtenmedien keine *eigene* politische Position haben oder artikulieren dürfen. Kommentare sind jederzeit erlaubt; sie sollen dem Leser ‚Futter' für die eigene Meinungsbildung geben. Allerdings

---

23 Lediglich die Bild-Zeitung bzw. Bild.de verstößt systematisch gegen einige der folgenden Kriterien und wird dafür seit Jahr und Tag heftig kritisiert. Manche Akteure fordern sogar – nicht ganz zu Unrecht –, der Bild den Status eines journalistischen Mediums abzusprechen (http://www.bild-studie.de). Dass man diese Forderung für kein anderes Medienangebot hört, unterstreicht die Allgemeingültigkeit und Akzeptanz der Qualitätskriterien.

muss klar zwischen Nachricht bzw. Fakt und Kommentar unterschieden werden.[24] Das funktioniert in der Praxis nicht immer. Bei vielen Medien und Journalisten besteht durchaus die Neigung, die eigene Einstellung auch in Nachrichten einfließen zu lassen.[25] Einige Medienangebote lehnen die Trennung von Nachricht und Meinung sogar bewusst ab – allen voran der Spiegel. Dennoch gilt das Trennungsgebot im Journalismus gemeinhin als Standard. Auch Angebote von nicht-professionellen Urhebern, die auf den ersten Blick authentisch und unabhängig erscheinen, wie z. B. viele populäre Video-Blogs auf YouTube, werden von Dritten, z. B. von den Unternehmen, deren Produkte präsentiert werden, finanziell oder anderweitig unterstützt und sind deshalb nicht (mehr) unabhängig. Für Rezipienten besteht das Problem darin, dass solche Formen von Abhängigkeit oft nicht deutlich werden und ‚von außen‘ unmöglich zu überprüfen sind.

In diesem Zusammenhang gehört auch das Kriterium der *Quelltransparenz*. Es besagt zunächst, dass Nachrichtenmedien wirtschaftliche Abhängigkeiten offenlegen müssen, falls es diese doch gibt – z. B. dass ein Motorjournalist seine Teilnahme an einer Autopremiere im Ausland von der Marke bezahlt bekommen hat. Quelltransparenz meint auch, dass die Quellen von Fakten oder Aussagen offengelegt und damit für das Publikum nachprüfbar werden. Das ist gerade im Internet durch das Setzen von Links leicht möglich. Trotzdem fehlen derartige Verweise bei den meisten Nachrichtenmedien. Das ist insofern ärgerlich, als man auf diese Weise in den sozialen Medien nicht unbedingt zwischen journalistischen Nachrichten und kursierenden Lügen oder Halbwahrheiten unterscheiden kann (siehe die Beispiele in den Abbildungen 1, 3 und 11).

Aus dem Unabhängigkeitsgebot lassen sich die Qualitätskriterien Ausgewogenheit und Neutralität ableiten. *Ausgewogenheit* steht für den Versuch, eine einseitige Berichterstattung zugunsten einer Partei zu vermeiden und stattdessen alle Argumente und Meinungen zu einem Sachverhalt gleichermaßen und mit gleichem Gewicht darzustellen. Unter *Neutralität* versteht man die bereits erwähnte Trennung von Nachricht und Meinung. Journalisten müssen sicherstellen, dass das Publikum Kommentare eindeutig als Meinungsäußerung erkennen kann. Da Kommentare

---

24 „Comment is free, but facts are sacred" schrieb 1921 der langjährige Herausgeber des Manchester Guardian (heute The Guardian) C.P. Scott in einem Manifest zum hundertjährigen Bestehen der Zeitung. Der Satz steht noch heute für die Ideale der freien und fairen Presse. Scotts Niederschrift ist unter https://www.theguardian.com/commentisfree/2002/nov/29/1 nachzulesen.

25 Den Einfluss persönlicher Einstellungen von Journalisten auf ihre Nachrichtenauswahl und produktion weist die News Bias-Forschung seit Jahrzehnten nach (vgl. u. a. Patterson & Donsbach 1996; Lee 2008).

immer eine persönliche Meinung wiedergeben, gilt das Qualitätskriterium Ausgewogenheit hier nicht.

Das *Vielfalts*gebot wurde bereits mehrmals angesprochen. Nachrichtenmedien sollen nicht nur ausgewogen berichten, sondern eine möglichst große Anzahl und Bandbreite an Themen, Aspekten, Argumenten, Akteuren und Meinungen darstellen. Das Vielfaltsgebot gilt zum einen für den einzelnen Artikel. Wichtiger und praktikabler ist es aber, über das gesamte Nachrichtenangebot hinweg Vielfalt herzustellen, d. h. ein Thema in unterschiedlichen Beiträgen in seiner ganzen Vielfalt aufzuarbeiten. Der öffentlich-rechtliche Rundfunk ist angehalten, Vielfalt, Ausgewogenheit und Neutralität durch das Prinzip der Binnenpluralität zu sichern. Das bedeutet, dass nicht unbedingt jede Sendung in sich ausgewogen und vielfältig sein muss, wohl aber das Gesamtprogramm eines Senders. Die demokratietheoretische Begründung des Vielfaltsgebots liegt in der Aufgabe von Nachrichtenmedien, einen öffentlichen Diskurs unter allen relevanten Akteuren und Meinungen herzustellen, für die Bürger sichtbar zu machen und damit zu ihrer Meinungsbildung beizutragen. Das schließt auch die bereits genannte *Artikulation* der Bevölkerungsmeinung sowie die *Kontroll- und Kritikfunktion* mit ein.

Mit dem Vielfaltsgebot steht die die Forderung nach *Relevanz* von Nachrichten in Konflikt. Da der Journalismus aus Platz- und Ressourcengründen nicht über alle Ereignisse und Themen aus aller Welt berichten kann, muss er auswählen und gewichten.[26] Erst die Auswahl von Nachrichten nach dem Relevanzkriterium ermöglicht die Agenda-Setting-Funktion. Sie erfüllt auch den Wunsch des Nachrichtenpublikums nach einem komprimierten und schnell erfassbaren Überblick über das Tagesgeschehen. Allerdings unterscheiden sich bei allen Beteiligten die Vorstellungen darüber, was für die Gesellschaft und den Einzelnen relevant ist, oft erheblich. Ein unstrittiges Relevanzkriterium ist die *Aktualität*. Wie bereits ausgeführt, ist Aktualität sogar ein Definitionskriterium für Nachrichten per se. Im Internet machen sich manche Angebote das naturgemäße Interesse an Aktualität zunutze und berichten über bereits länger zurückliegende Ereignisse, ohne deren Zeitpunkt zu nennen. Auch auf Facebook und in anderen sozialen Medien kursieren vermeintlich aktuelle Nachrichten. Auf diese Weise entsteht bei den Empfängern der Eindruck, dass es in Asylbewerberheimen ständig zu Schlägereien kommt – obwohl die berichteten Fälle teilweise schon lange zurückliegen.

---

26 Zur Nachrichtenauswahl vgl. den klassischen Überblick von Shoemaker (1991). Aus dem Relevanzkriterium leiten sich weitere journalistische Praxisregeln ab: die Beantwortung von W-Fragen in Nachrichten (Wer, was, wie, wann und warum?), das Prinzip der invertierten Nachrichtenpyramide (das Wichtigste zuerst). sowie Nachrichtenfaktoren als Katalog von Charakteristika, die ein Ereignis oder Thema berichtenswert machen (Nähe, Überraschung, Konflikt, Prominenz usw.).

Damit sind wir bei der *Wahrhaftigkeit/Richtigkeit*, die ebenfalls als Definitionskriterium für Nachrichten gilt. Falsche Darstellungen kommen entweder irrtümlich zustande oder weil ihr Urheber bewusst täuschen will. Im Nachrichtenjournalismus lassen sich nur selten absichtliche Falschinformationen nachweisen – im Gegensatz zu manchen Boulevardzeitungen oder der Regenbogenpresse. Um irrtümliche Falschdarstellungen zu vermeiden, ist neben journalistischer Sachkompetenz gründliche *Recherche* gefordert. Einer klassischen Journalistenregel zufolge, die mittlerweile aus ökonomischen Gründen allerdings oft nicht mehr eingehalten wird, dürfen Journalisten nur Fakten darstellen, die sie durch mindestens zwei Quellen gesichert haben (u. a. Hermes 2006). Der Spiegel rühmt sich sogar einer 70-köpfigen Dokumentationsabteilung, die jeden einzelnen Artikel auf Korrektheit überprüft (Fact-Checking).[27]

Ein publikumsbezogenes Qualitätskriterium ist *Unterhaltsamkeit*. Nachrichten befriedigen zwar in erster Linie das Informationsbedürfnis ihres Publikums. Allerdings wollen sich auch Nachrichtennutzer unterhalten, wie man am Beispiel von Boulevardzeitungen und unterhaltsamen Nachrichtenformaten im Fernsehen, Radio und Online sieht. Trockene und analytische Nachrichten finden nur ein kleines, im Durchschnitt höher gebildetes Publikum. Zudem ist aus der Lernpsychologie bekannt, dass *Unterhaltsamkeit* die generell menschliche Motivation fördert, sich mit komplexen Inhalten auseinanderzusetzen und den Lernerfolg erhöht (z. B. Schiefele 1996).

Wesentlich ist auch das Qualitätskriterium *Verständlichkeit*. Nachrichten sollen dem Publikum die oft komplexe Welt der Politik, Wirtschaft und Wissenschaft erklären. Das erfordert zunächst die Verwendung einer prägnanten und verständlichen (Bild-)Sprache und einer stringenten Argumentations- und Darstellungsstruktur. Ein wichtiges Mittel ist auch die Vereinfachung – Journalisten sprechen davon, ein Thema ‚runterzubrechen'. Natürlich bringt das immer die Gefahr einer allzu großen Vereinfachung mit sich, die der Komplexität der zu erklärenden Sachverhalte nicht gerecht wird. Journalistische Vermittlungskompetenz besteht darin, einen für Laien geeigneten Mittelweg zwischen Komplexität und Verständlichkeit zu finden. Das ist ein schmaler Grat, zumal das Publikum höchst unterschiedliche Wissensvoraussetzungen aufweist. In der Politikberichterstattung gehört zur Verständlichkeit auch, den Bürgern die Komplexität und Verwobenheit politischer Prozesse in einer Demokratie zu vermitteln und Zusammenhänge zwischen Entscheidungen zu erklären.

---

27 Vgl. http://www.spiegelgruppe.de/spiegelgruppe/home.nsf/Navigation/504E9855BB-512289C1256FD5004406E1?OpenDocument.

Ein Qualitätskriterium, das sich aus der Verständlichkeit von Beiträgen ab-
leitet, ist schließlich der *integrierte Nachrichtenüberblick*.[28] Darunter verstehe
ich die journalistische Aufgabe, dem Publikum einen geordneten Überblick
über das aktuelle Nachrichtengeschehen zu liefern, Ereignisse bzw. Themen in
einen Gesamtzusammenhang einzuordnen und das nötige Hintergrundwissen
zu vermitteln. Journalistische Nachrichten wählen nicht einfach aus, worüber sie
berichten. Sie sortieren und gewichten Einzelnachrichten und ordnen sie in einer
Zeitungausgabe, Nachrichtensendung oder einem Nachrichten-Portal in einer
bestimmten Reihenfolge und Form an. Sie erzählen gleichsam die ‚Geschichte des
Tages'. Als Ordnungskriterien nutzen sie Ressorts, Orts- und Zeitmarken und in den
letzten Jahren verstärkt Schlagworte. Oft fassen sie einzelne Nachrichten zu einem
Beitrag zusammen. Das verhindert Redundanzen und verdeutlicht Verbindungen
zwischen einzelnen Aspekten. Für die weitere Argumentation in diesem Buch
ist diese Leistung von entscheidender Bedeutung. Denn: „Während Journalisten
klassischerweise eine Darstellung von Ereignissen in einer festen Ordnung und
Hierarchie anstreben, bestehen soziale Medien aus einem ungefilterten Strom von
Nachrichten, Roh-Informationen, unstrukturierten Daten und fragmentarischem
Journalismus sowohl von Profis als auch von Laien." (Machill et al. 2013: 31).

Erst ein integrierter Nachrichtenüberblick erlaubt eine erfolgreiche Politikvermittlung, da viele Einzelnachrichten ohne politisches Hintergrundwissen und
ohne die Verknüpfung mit anderen Nachrichten nicht adäquat zu verstehen sind.
Das kann man gut an der deutschen Flüchtlingsdebatte zeigen: Die Entscheidung
der Bundesregierung im Jahr 2015, die Grenzen für Geflüchtete zu öffnen, war und
ist für viele nicht nachvollziehbar. Erst wenn man diese Nachricht mit anderen
verknüpft (humanitäre Katastrophe in Syrien und andernorts, rassistisch-natio-
nalistische Politik in einigen osteuropäischen EU-Staaten, demografischer Wandel
und Facharbeitermangel in Deutschland, historisch-moralische Verantwortung
Deutschlands, Haushaltsüberschüsse auf Bundesebene) und versteht, dass die
Partner einer großen Koalition zum Teil erhebliche Kompromisse eingehen müssen,
kann man die Entscheidung nachvollziehen.

Ob ein Medium einen integrierten Nachrichtenüberblick bietet, lässt sich nicht
anhand seiner Einzelbeiträge beurteilen. Es ergibt sich erst aus dem *Ensemble* aller
Beiträge einer Zeitungsausgabe, einer Nachrichtensendung oder eines Nachrich-

---

28 Das Hamburger Verständlichkeitsmodell unterscheidet vier Verständlichkeitsfakto-
    ren (Langer et al. 2002): Einfachheit, Kürze/Prägnanz, anregende Zusätze (Ausrufe,
    wörtliche Rede usw.) und Gliederung/Ordnung. Der letzte Punkt bezieht sich auf eine
    stringente Argumentations- und Darstellungsstruktur längerer Texte. Das Konzept
    eines integrierten Nachrichtenüberblicks überträgt diese Vorstellung auf vollständige
    Nachrichtenangebote.

ten-Portals. Das gilt übrigens auch für Ausgewogenheit und Vielfalt – ein einzelner Beitrag darf durchaus unausgewogen sein oder sich auf einen Aspekt fokussieren und damit wenig vielfältig sein. Wesentlich ist die Einhaltung dieser Kriterien auf der Ebene einer gesamten Ausgabe. Alle anderen Kriterien, allen voran Wahrheit und Verständlichkeit, sind in jedem einzelnen Beitrag einzuhalten. Wenn also einzelne Beiträge von Nachrichtenangeboten in den sozialen Medien kursieren und dort etwa für ihre mangelnde Vielfalt kritisiert werden, geht diese Kritik an der Sache vorbei. Wir kommen im folgenden Kapitel darauf zurück.

Im Einleitungskapitel wurde argumentiert, dass eine neue Funktion des Journalismus darin liegt, die öffentliche Meinungsartikulation von Bürgern zu unterstützen. Natürlich haben nicht nur Nachrichtenmedien ein Interesse daran; viele soziale Medien leben vom Content ihrer Nutzer (User-Generated Content). Was den Journalismus jedoch auszeichnet, ist sein Interesse, öffentliche Bürgerkommunikation über gesellschaftsrelevante Themen zu stimulieren und die Qualität der daraus entstehenden Diskussionen zu sichern (Reich 2011). Diese Aufgabe wird meist als *Community Management* bezeichnet und umfasst die aufwändige Kontrolle, Regulierung und Moderation von Nutzerdiskussionen. Trotz intensiver Bemühungen ist das Community Management der deutschsprachigen Nachrichtenmedien meist unzureichend. In einer Inhaltsanalyse von Nutzerkommentaren auf Nachrichten-Websites zeigte sich beispielsweise, dass sich die Autoren von Nachrichtenartikeln so gut wie nie in die dazu gehörige Diskussion einschalten, geschweige denn diese Diskussion leiten (Schweiger 2014). Auch wenn das Community Management häufig noch stiefmütterlich behandelt wird, muss es mit Blick auf die Zukunft als ein journalistisches Qualitätskriterium gelten.

Qualitätssicherung durch journalistische Arbeitsweisen und Institutionen

„Fehler gehören zum Geschäft" schreibt Hagen (2015: 152) in Bezug auf journalistische Regelbrüche. Im Laufe der Zeit haben sich jedoch journalistische Strukturen und Routinen entwickelt, die die Qualitätssicherung, also die Einhaltung der Nachrichtenqualität unterstützen. Die Journalismusforscherin Emily Bell formuliert es in einem Interview so: „Ich will nicht behaupten, dass die traditionelle Presse die publizistischen Werte immer mit Ruhm und Ehre vorgelebt oder verteidigt hat. Aber wir Journalisten sind uns einig, dass diese Prinzipien angestrebt werden müssen, wir haben eine Grundübereinstimmung, ein Berufsethos.“[29]

Nachrichtenjournalisten arbeiten *arbeitsteilig* in Redaktionen zusammen. Diese sind horizontal in Ressorts aufgeteilt, in denen Journalisten zu bestimmten Themengebieten arbeiten (Innenpolitik, Außenpolitk, Wirtschaft, Kultur, Sport, Regionales/Lokales usw.). Und sie sind hierarchisch nach Entscheidungsumfang und Verantwortlichkeit aufgeteilt – vom Chefredakteur, der die grobe Linie eines Nachrichtenmediums vorgibt, über Ressortleiter, Redakteure, Reporter, Rechercheure bis hin zu Volontären und Praktikanten. Die horizontale und hierarchische Arbeitsteilung und bestimmte Regeln der Nachrichtenproduktion bringen es mit sich, dass jeder Beitrag von mehreren Journalisten begleitet wird, die sich gegenseitig unterstützen und kontrollieren. Das geschieht durch hierarchische Aufsicht in der Redaktion und das Mehr-Augen-Prinzip, nach dem jeder veröffentlichte Artikel von mindestens zwei Personen gelesen und für gut befunden werden muss. Auf diese Weise entsteht ein System redaktioneller Qualitätssicherung von Nachrichten, das etwa unter Bloggern meist nicht existiert.

Außerhalb der Redaktionen leisten sich größere Medien Korrespondenten, um selbst aus anderen Regionen in Deutschland, Europa oder der Welt berichten zu können. Schließlich haben alle Redaktionen den Dienst mindestens einer Nachrichtenagentur abonniert (in Deutschland üblicherweise die dpa[30]), der einen gemeinsamen Grundstock an Nachrichten aus aller Welt liefert. Generell orientieren sich Journalisten in ihrer Themenauswahl und Berichterstattung stark an Meinungsführer-Medien (Wilke 1999). Das sind recherchestarke Nachrichtenangebote mit großer publizistischer Ausstrahlung (v. a. Bild-Zeitung, Tagesschau, Spiegel, Zeit, Süddeutsche Zeitung und Frankfurter Allgemeine Zeitung), die häufig von anderen Medien zitiert werden. Zudem existiert unter Journalisten bei der Arbeit eine starke Ko-Orientierung; man schaut, was die Kollegen in der eigenen Redaktion und außerhalb so machen und passt sich mehr oder weniger an. Last not least weisen viele Journalisten einen ähnlichen soziokulturellen Hintergrund mit akademischer Ausbildung, gehobener Mittelschicht und häufig linker bzw. grüner Orientierung auf (Weischenberg et al. 2006). Das hat ihnen schon vor Jahrzehnten den Vorwurf einer ‚entfremdeten Elite‘ eingebracht, deren Berichterstattung hinsichtlich Themenauswahl, Darstellung und Kommentierung

---

29 Emily Bell im Interview mit Michael Marti: Zeitungen sind zäh. Sie sterben langsam. Tagesanzeiger.ch vom 01.11.2016. http://www.tagesanzeiger.ch/wirtschaft/konjunktur/zeitungen-sind-zaeh-sie-sterben-langsam/story/18115145.

30 Die dpa Deutsche Presse-Agentur GmbH ist die derzeit größte Presseagentur Deutschlands mit Zentralredaktion in Berlin.

‚konsonant' sei (Noelle-Neumann 1982). Ko-Orientierung und ähnlicher sozio-kultureller Hintergrund haben zwei Effekte: Erstens tragen sie tatsächlich zu einer gewissen Konsonanz der journalistischen Berichterstattung bei (Rössler 2006). Der Vorwurf, die Medien würden alle dasselbe schreiben, ist nicht völlig von der Hand zu weisen, auch wenn es keine Absprachen zwischen Medien im größeren Stil gibt. Zweitens sichert die starke gegenseitige Beobachtung unter Journalisten die Einhaltung der grundlegenden Qualitätskriterien und journalistischen Standesregeln (Fälschungen, Plagiate und sonstige rechtliche und ethische Verstöße). Gravierende Verstöße einzelner Journalisten sprechen sich in der Branche schnell herum und gefährden ihre journalistische Karriere nachhaltig.

Ferner wachen unabhängige Institutionen darüber, dass die Nachrichtenqualität in der Praxis eingehalten wird und machen Verstöße öffentlich. Hierzu gehören neben dem Medienjournalismus in Fernsehen und Radio (z. B. NDR-Zapp), in Qualitätszeitungen (z. B. SZ-Medienseite) und Branchen-Medien (z. B. Meedia) auch die sogenannten Media Watch-Blogs (v. a. bildblog.de). Eine Rolle spielen daneben auch der Deutsche Presserat als journalistisches Selbstkontrollorgan mit dem vor Jahrzehnten beschlossenen und seither überwachten Pressekodex[31] sowie durchaus (selbst)kritische Institutionen wie der Deutsche Journalistenbund, das Netzwerk Recherche und die akademische Journalismusforschung.

Angehende Journalisten erlernen die Kriterien für Nachrichtenqualität in der akademischen und praktischen Berufsausbildung sowie im redaktionellen Alltag. Die Zusammenarbeit von erfahrenen und weniger erfahrenen Journalisten ist das wirksamste Instrument der Qualitätssicherung. Dabei erwerben sie zwei grundlegende Fähigkeiten: Sach- und Fachkompetenz. Unter *Sachkompetenz* versteht man das Wissen über die Gegenstände der Berichterstattung und die relevanten Akteure. *Fachkompetenz* umfasst alle Fähigkeiten, die nötig sind, um dem Publikum die relevanten Aspekte eines Themas korrekt, verständlich und unterhaltsam zu vermitteln. Journalisten sind üblicherweise hauptberuflich, zumindest aber nebenberuflich tätig, d. h. sie sind von einer angemessenen Bezahlung abhängig, um ihren Lebensunterhalt finanzieren zu können. Sie können deshalb in ihrer Tätigkeit nicht ausschließlich ihren persönlichen Neigungen folgen oder sich von ihren politischen Einstellungen leiten lassen. Stattdessen halten sie sich mehr oder weniger an die redaktionelle Linie des Mediums, bei dem sie arbeiten. Das bedeutet freilich nicht, dass persönliche Einstellungen keinen Einfluss auf die journalistische Arbeit haben. Das Spannungsverhältnis zwischen individuellen Einstellungen einerseits und der redaktionellen Linie andererseits unterstützt letztlich auch die

---

31 Siehe http://www.presserat.de/pressekodex.

journalistische Qualitätssicherung, da extreme Verzerrungen durch diese Art von Checks and Balances ausgeglichen werden.

Ausgewogenheit durch ökonomische Zwänge

Was hat es mit der redaktionellen Linie von Nachrichtenmedien auf sich? Wie politisch einseitig berichten Medien und welchen Wert legen sie auf journalistische Qualität? Hier hilft ein Blick auf die ökonomische Situation journalistischer Medien weiter. Alle Printmedien und ihre Onlineableger sowie private TV- und Radioangebote werden von gewinnorientierten Wirtschaftsunternehmen geführt. Sie müssen sich refinanzieren, d. h. die Kosten – der größte Posten ist dabei die Redaktion – müssen durch Erlöse gedeckt sein. Auf der Erlösseite stehen die Zahlungsbereitschaft des Publikums (bei Printmedien und Pay-TV) und die Werbeeinnahmen (bei allen Mediengattungen).

Dieses System hat einen entscheidenden Vorteil: Journalistische Medien werden nicht von den Objekten ihrer Berichterstattung finanziert, also von Politikern, Parteien oder anderen Interessensvertretern. Der ökonomischen Unabhängigkeit und damit Neutralität gegenüber politischen Kräften steht eine ökonomische Abhängigkeit vom Publikum gegenüber, denn nur mit einem hinreichend großen und zahlungsbereiten Publikum können Medien Werbe- und Verkaufserlöse erzielen (vgl. Neuberger et al. 2014: 17). Dadurch werden sie geradezu zu einer politisch neutralen und objektiven, ‚vermittelnden Fremddarstellung' (Neuberger et al. 2009: 21) von gesellschaftsrelevanten Ereignissen und Themen gezwungen. Mit anderen Worten: Ein journalistisches Medium, das auffallend einseitig berichtet oder wiederholt durch fragwürdige Berichterstattung auffällt, schädigt sich selbst und ist auf Dauer nicht wirtschaftlich. Es wird früher oder später nicht nur sein Publikum verlieren, sondern auch die finanziell noch wichtigeren Werbeeinnahmen. Der Verlust an Werbeeinnahmen kann auf drei Wegen passieren:

1. Sinkende Publikumsreichweiten führen generell zu sinkenden Werbeeinnahmen pro Werbeplatz, weil Werbetreibende nicht für den Abdruck oder die Ausstrahlung ihres Werbemittels bezahlen, sondern für dessen Kontakt mit möglichst vielen Konsumenten.
2. Je höher gebildet und einkommensstärker das Publikum eines Medium ist, desto interessanter ist es für werbetreibende Unternehmen, weil mit dem Einkommen die finanziellen Möglichkeiten und die Konsumbereitschaft steigen. Medien mit einem solchen Publikum erzielen deshalb höhere Werbeeinnahmen pro Kontakt. Da ein höher gebildetes Publikumssegment tendenziell höhere Ansprüche an

die journalistische Qualität hat, bringt eine einseitige oder fragwürdige Berichterstattung das Risiko mit sich, eben dieses werbeattraktive Segment und damit
Werbeerlöse zu verlieren.

3. Werbetreibende achten beim Kauf von Werbeflächen auf das redaktionelle Umfeld, innerhalb dessen ihre Werbung dem Publikum präsentiert wird. Denn es
ist empirisch nachgewiesen, dass der inhaltliche Kontext einer Werbung deren
Wahrnehmung durch das Publikum positiv oder negativ beeinflusst (Mattenklott
2016). Im Extremfall bedeutet das, dass das Image eines Produkts, das in einem
fragwürdigen oder einseitigen Umfeld beworben wird, von diesem Kontext
negativ beeinflusst wird. Aus diesem Grund wünschen sich Werbetreibende
grundsätzlich ein sauberes und neutrales Werbeumfeld – das gilt zumindest für
große Unternehmensmarken und Markenartikel. Ein Medium, das dauerhaft
polarisiert oder im Ruf eines zweifelhaften Journalismus steht, riskiert damit
Werbeerlöse[32].

Die Konsequenzen liegen auf der Hand: Je schwieriger die finanzielle Situation
journalistischer Medienangebote ist und je höher ihre Abhängigkeit von Werbe-
und Verkaufserlösen, desto weniger können sie sich eine klare politische Tendenz
leisten, weil sie um jeden Leser, Zuhörer oder Zuschauer kämpfen müssen. Die
Sparzwänge in vielen Redaktionen haben zudem ihre Abhängigkeit von Nachrichtenagenturen erhöht. Vor allem Print- und Online-Medien bestücken einen
nennenswerten Teil ihrer Berichterstattung mit Agenturmeldungen (Wilke 2000).
Dass es wiederum aus ökonomischen Gründen mit der dpa nur noch eine einzige
deutsche Full-Service-Nachrichtenagentur gibt, gleicht die redaktionellen Linien
zusätzlich an. Gerade für viele kleinere Zeitungen und ihre Online-Angebote gilt
überspitzt formuliert: Wer eine eigene Meinung haben will, muss sich erst einmal
einen Redakteur leisten können, der diese formuliert.

Das Resultat der Abhängigkeit von Reichweiten und Werbeerlösen sind *Mainstream-Medien*. Sie orientieren sich am Mehrheitsgeschmack der Gesellschaft, eben
am Mainstream. In diesem Zuge haben sich auch die überregionalen Zeitungen,
die früher alle ein recht klares politisches Profil hatten, in ihren redaktionellen
Linien angenähert (Reinemann & Baugut 2014). Das gilt natürlich auch für ihre
Online-Ausgaben. Trotzdem bleiben politische Färbungen. Die Frankfurter All-

---

32 Der Leser fragt sich vielleicht, wie es um die Werbeerlöse der Bild-Zeitung und von bild.de
steht, denen man zweifellos fragwürdigen Journalismus attestieren kann. Tatsächlich
weisen beide eher geringe Werbeeinnahmen pro Kontakt (Tausender-Kontakt-Preis) auf,
die sich auch aus der unterdurchschnittlichen Bildungs- und Einkommenssituation ihrer
Leser ergeben. Sie kompensieren das allerdings mit ihren riesigen Publikumsreichweiten.

gemeine Zeitung, die Welt, der Focus oder die Bild-Zeitung gelten als konservative Printmedien, während der Spiegel, die Zeit, die Süddeutsche Zeitung oder die taz eher links oder liberal sind. Bei den regionalen Zeitungen und ihren Online-Ausgaben sind die politischen Linien meist noch weniger deutlich. Gerade im ländlichen Raum existiert oft nur eine Zeitungsredaktion; man spricht von ‚Ein-Zeitungs-Kreisen'. Da diese für alle Bürger in einer Region berichten, also für jeden Geschmack schreiben müssen, können sie sich keine ausgeprägte Blattlinie leisten. Nun ist die Gesamtauflage der regionalen Zeitungen seit jeher ungleich höher als die der überregionalen Titel. Somit informiert(e) sich die Mehrheit der Zeitungsleser in Deutschland – 2015 waren es noch 33 Prozent aller Bürger (Engel & Breunig 2015: 313) – dort überwiegend unparteilich.

Der Vorwurf, die Mainstream-Medien würden alle ähnlich berichten, hat in Deutschland durchaus eine gewisse Berechtigung. Das allerdings als Indikator für einen von der Politik abhängigen Journalismus zu betrachten, geht an der Sache vorbei. Journalistische Medien sind aus ökonomischen Gründen gezwungen, sich am Mainstream-Geschmack der Bürger zu orientieren. Solange die Mehrheit der Bürger politische Unabhängigkeit und gemäßigte Blattlinien erwartet und durch den Kauf bzw. die Nutzung dieser Medien ökonomisch honoriert, wird sich das nicht ändern.

In den USA bietet sich traditionell ein anderes Bild. Zeitungen spielen dort eine weit geringere Rolle und Public Television als Pendant zu unserem öffentlich-rechtlichen Rundfunk fristet ein Nischendasein. Stattdessen dominieren kommerzielle TV-Networks den Nachrichtenmarkt, die sich entlang politischer Linien profiliert haben. Diese Spezialisierung ist bei einem weitaus größeren Markt wie dem US-amerikanischen – anders als in Deutschland – ökonomisch möglich. Fox News bedient konservative Anhänger der Republikaner, CNN News die Gegenseite der eher linken Demokraten (Tewksbury & Rittenberg 2012: 140). Trotz des auch dort bestehenden Anspruchs auf eine unabhängige und ausgewogene Berichterstattung gelten besonders die Fox News in ihrer Themenauswahl, Faktendarstellung und Kommentierung als politisch einseitig. Diese journalistische Polarisierung der Fernsehnachrichten repräsentiert die generelle Polarisierung der US-Gesellschaft zwischen Demokraten und Republikanern bzw. den noch konservativeren Tea Party-Anhängern (zur Polarisierung ausführlicher in Kapitel IV). Wir wollen hoffen, dass die Entwicklung in Deutschland in dieser Hinsicht nicht allzu sehr an der US-amerikanischen orientiert.

Ausgewogenheit durch öffentlichen Auftrag

Die Situation des öffentlich-rechtlichen Rundfunks bei uns ist gänzlich anders. Er hat den öffentlichen Auftrag, unabhängig und ausgewogen zu berichten. Um das sicherzustellen, finanzieren sich die ARD-Anstalten, das ZDF, arte, 3sat sowie der Deutschlandfunk und Deutschlandradio Kultur zum größten Teil aus dem Rundfunkbeitrag, den jeder deutsche Haushalt bezahlt.[33] Allerdings entscheiden über die Höhe des Rundfunkbeitrags letztlich die Ministerpräsidenten der Bundesländer. Deshalb wird seit jeher und in letzter Zeit verstärkt der Vorwurf einer staatlichen Lenkung erhoben. Auch dass in den Fernseh- und Rundfunkräten als interne Aufsichtsorgane neben Vertretern gesellschaftsrelevanter Gruppen (Gewerkschaften, Arbeitgeberverbände, Kirchen, Sozial- und Umweltverbände usw.) auch Parteipolitiker sitzen, wird immer wieder als Indiz staatlicher Beeinflussung angeführt. Tatsächlich gibt es politische Einflussnahme. Seit Jahrzehnten wird über den ‚Rotfunk' im Norden (NDR) und Westen (WDR) der alten Bundesrepublik und den allzu konservativen Bayerischen Rundfunk gestritten, den in den letzten Jahren der Mitteldeutsche Rundfunk in Sachen Regierungsnähe überholt hat. Vor allem die Besetzung von Führungspositionen ist ein gängiges Instrument politischer Einflussnahme: Die Absetzung des ZDF-Chefredakteurs Nikolaus Brender 2010 auf Betreiben von CDU-Politikern wurde in der Öffentlichkeit ausführlich kritisiert und hat auf Veranlassung des Bundesverfassungsgerichts 2014 sogar zu einer weniger politiknahen Zusammensetzung des ZDF-Fernsehrats geführt.[34]

Die Beispiele zeigen aber auch, wie viel Beachtung solche Fälle in der Öffentlichkeit finden. Das macht einen politischen Durchgriff auf die journalistische Arbeit beim öffentlich-rechtlichen Rundfunk in Deutschland nahezu unmöglich – zumindest solange es in den Parlamenten, Regierungen und Gerichten keine erdrückende Mehrheit einer einzigen Partei gibt. Solange sich die Medienpolitiker der Parteien gegenseitig belauern und um den Einfluss der eigenen Seite mit den jeweils anderen Seiten kämpfen, ist der öffentlich-rechtliche Rundfunk im Großen und Ganzen ein Garant für freien und unabhängigen Journalismus. Entsprechend berichten die öffentlich-rechtlichen Nachrichtensendungen in Fernsehen und Radio weitgehend ausgewogen und pluralistisch. Gilt bei den Nachrichten und Nachrichtenmagazinen (Tagesthemen, heute journal und regionale Nachrichten) das Prinzip der sendungsinternen Ausgewogenheit, sind politischen TV-Magazine

---

33 Aus den Rundfunkbeiträgen aller deutschen Bürger fließen ca. acht Milliarden Euro in die öffentlich-rechtlichen Radio- und TV-Anstalten (www.kef-online.de); davon allerdings nur ein Teil in deren Nachrichtenabteilungen.

34 Vgl. https://de.wikipedia.org/wiki/Nikolaus_Brender.

und Satiresendungen eigene politische Linien erlaubt. Diese sind oft seit Jahren unverändert und bekannt – Kontraste, Report Mainz, die Heute Show, Die Anstalt usw. sind eindeutig links, Report München, Brisant und der Kabarettist Dieter Nuhr gelten als konservativ. Die von öffentlich-rechtlichen Rundfunkanstalten geforderte Ausgewogenheit und Binnenpluralität wird durch die Mischung linker wie konservativer Formate gewährleistet, die in der Summe das (verfassungsgemäße) Meinungsspektrum repräsentieren.

Zwischenfazit: Nachrichten sind öffentlich verfügbare Informationen mit dem Anspruch auf Wahrheit, Aktualität und politische Relevanz. Sie sind in journalistischen Darstellungsformen aufbereitet und erscheinen in integrierten Nachrichtenangeboten. Journalistische Strukturen und Routinen, ökonomische Zwänge, öffentlicher Auftrag sowie kritische Beobachter sichern die journalistische Qualität der meisten deutschen Nachrichtenmedien. Neben Wahrheit, Aktualität und Relevanz sind die wichtigsten Qualitätskriterien: Unabhängigkeit und Ausgewogenheit, Vielfalt, Verständlichkeit und Unterhaltsamkeit. Unter Online-Bedingungen gewinnt neben dem Community Management vor allem das Qualitätskriterium *Ordnung* an Bedeutung: Denn nur journalistische Nachrichtenmedien liefern ihrem Publikum einen wohlgeordneten Überblick über das aktuelle Nachrichtengeschehen und ordnen Ereignisse und Themen in einen Gesamtzusammenhang ein.

Bürgerjournalismus und alternative Medien

Medien, die das Qualitätskriterium der Ausgewogenheit für sich ablehnen und bewusst Nachrichten mit einer bestimmten politischen Stoßrichtung veröffentlichen, heißen im Englischen ‚partisan media‘. Im deutschen Sprachraum hat sich der Begriff ‚alternative Medien‘ etabliert. Parteiische bzw. alternative Medien haben durchaus ihre Berechtigung, aber sie fallen nach allgemeinem Verständnis nicht unter das Konzept Journalismus. Dieses Verständnis findet sich auch in einer mittlerweile fast schon historischen Unterscheidung der Münchener Zeitungswissenschaft wieder (Wagner 1989). Diese definiert den Journalismus als neutrales Vermittlungssystem des „Zeitgesprächs der Gesellschaft". Wer seine eigene Meinung veröffentlicht, tut das hingegen als Publizist. Damit sind alternative Medien Teil der Publizistik, so wie auch Buchautoren oder Filmregisseure, sie erbringen aber keine journalistische Vermittlungsleistung. Das gilt auch für den so genannten PR-Journalismus, also für Mitgliedermagazine (z. B. ADAC Motorwelt, DB mobil oder Apothekenumschau), bezahlte Themenbeilagen in Zeitungen oder sogenannte Advertorials, also redaktionelle Beiträge mit nicht offenkundig werblichem Inhalt. Immer wenn Akteure journalistische Arbeitstechniken und Darstellungsformen einsetzen, um ihre eigenen Interessen zu vertreten, ist das *kein* Journalismus (zum schwierigen Verhältnis zwischen Journalismus und PR vgl. einführend Schweiger 2013). Wie auch der PR-Journalismus verbreiten alternative Medien Informationen mit Nachrichten-Charakter. Ihre Urheber sind keine neutralen journalistischen Vermittler, sondern politisch motivierte Bürger, die publizistisch ihre eigene Meinung vertreten. Wie wir sehen werden, tun sie das unter anderen ökonomischen und strukturellen Bedingungen als journalistische Redaktionen.

Historischer Hintergrund

Bürger, die selbst Informationen publizieren, sind an und für sich nichts Neues. Die ersten Pressemedien im 17. Jahrhundert wurden von Druckern oder Lehrern erstellt, die als journalistische Laien von der Nachrichtensammlung über das Schreiben bis zum Druck alle Arbeitsschritte selbst erledigten. Erst danach entwickelte sich durch die Ausdifferenzierung der Berufsrollen der professionelle, arbeitsteilige, unabhängige und gewinnorientierte Journalismus (Altmeppen 1999). Mit der endgültigen Professionalisierung des Journalismus und der auch technisch bedingten Explosion der Zeitungs- und Zeitschriftenauflagen im 19. Jahrhundert entstand die moderne Massenpresse (siehe auch Stöber 2014). Sie lebte davon, das Bedürfnis möglichst vieler Menschen nach Nachrichten zu erfüllen. Je höher die Auflagen stiegen, desto stärker orientierten sich die Verleger und die Redaktionen am Geschmack der Massen. Dennoch war während der Weimarer Republik der Pressemarkt so groß, dass für nahezu jede politische Position eine *Parteizeitung* existierte (Pürer & Raabe 2007: 66f.). Die Parteizeitungen waren weder neutral noch wollten sie objektiv berichten, sie waren also keine journalistischen, sondern publizistische Medien. Ihr Anspruch bestand darin, die politischen Positionen einer Partei in der breiten Öffentlichkeit zu bewerben (Propaganda), die Anhänger der eigenen Partei in ihrer Meinung zu bestärken und zu politischem Engagement zu bewegen (Agitation) sowie ihre politischen Aktivitäten organisatorisch zu unterstützen (Organisation).[35] Damit standen in dieser Zeit publikumsorientierte, politisch neutrale journalistische Medien einer Parteipresse mit publizistischem

---

35 Diese drei Anforderungen hat Lenin in seinen Grundprinzipien einer sozialistischen Presse formuliert (Weischenberg 1998: 110). Sie lassen sich aber inhaltlich auf die Parteipresse anderer politischer Richtungen übertragen.

Anspruch gegenüber. Im Dritten Reich wurde dann bekanntlich jegliche Presse-, Meinungs- und Informationsfreiheit abgeschafft, die verbliebenen Medien waren ausschließlich nationalsozialistische Parteimedien.

Nach dem zweiten Weltkrieg entstand in Westdeutschland unter dem Einfluss der Alliierten und als Reaktion auf den Medienmissbrauch durch die Nazis eine völlig neue Presselandschaft. Sie zeichnete sich durch das weitgehende Fehlen explizit parteiischer Medien aus. Alle deutschen Printnachrichten verstehen sich seither als Vertreter eines politisch unabhängigen und überparteilichen Journalismus. Dass der Axel-Springer-Verlag Jahre lang die Überwindung der deutschen Teilung als explizites politisches Ziel angab[36], galt in diesem Umfeld beinahe schon als Provokation. In der DDR hingegen gab es nach sowjetischem Vorbild und der Lenin'schen Pressekonzeption wieder eine staatlich regulierte und kontrollierte Publizistik (Holzweißig 1989).

Zurück nach Westdeutschland: Im Zuge der linken Studentenproteste in den 1960er-Jahren und der Friedens-, Umwelt- und Anti-Kernkraft-Bewegung in den 1970er- und 1980er-Jahren wuchs dort das Bedürfnis vieler Bürger, eigene Nachrichten mit eindeutiger politischer Positionierung zu lesen oder zu produzieren. Man hatte das Gefühl, dass das eigene (linke) Milieu, die eigene Perspektive oder Meinung oder auch die eigene Region in den großen Nachrichtenmedien unzureichend repräsentiert oder gar unterdrückt wurde. Gleichzeitig wollte man eigene parteiische Medien haben, um die eigene Bewegung besser zu mobilisieren und zu koordinieren. So wurden nicht-kommerzielle Nachrichtenmedien mit meist geringen Auflagen gegründet. Die Macher waren meist Überzeugungstäter, die in ihrer Freizeit viel persönliches Engagement und teilweise auch Geld in ihre Medien investierten, denen es aber oft an journalistischen Fähigkeiten mangelte. Es entstand der Begriff der ‚Gegenöffentlichkeit' (ausführlich Wimmer 2007). Der Begriff macht deutlich, dass es neben der dominierenden Öffentlichkeit der Mainstream-Medien, der Öffentlichkeit der großen Volksparteien und der scheinbar alles beherrschenden kapitalistischen Konzerne – in linker Diktion spricht man von Hegemonie – eine Gegenöffentlichkeit mit alternativen Lebensentwürfen gibt. Auch in den letzten Jahren der DDR gab es alternative Medien – oft im Umfeld der Bürger- und Friedensbewegung und mit Unterstützung lokaler Kirchengemeinden. Diese Zeitungen und Flugblätter wurden wegen der eingeschränkten Meinungs- und Pressefreiheit häufig anonym verfasst und verbreitet.[37]

---

36 Sven Felix Kellerhoff: Warum Axel Springer unbeirrt für die Einheit stritt. Welt.de vom 26.02.2016. http://www.welt.de/regionales/berlin/article736903/Warum-Axel-Springer-unbeirrt-fuer-die-Einheit-stritt.html.

37 Siehe http://www.jugendopposition.de/index.php?id=1448.

In den 1990er-Jahren konnten sich nur noch wenige alternative Medien in West- und Ostdeutschland halten. Der Niedergang alternativer Medien liegt in der politisch-gesellschaftlichen Großwetterlage dieser Zeit begründet. Er ist aber sicher auch durch die mangelnde journalistische Qualität und starke Publikumsorientierung vieler alternativer Medien zu erklären. Einige wenige Titel haben sich seither professionalisiert, ihren parteiischen Anspruch aufgegeben oder zumindest abgeschwächt und können sich bis heute wirtschaftlich tragen. Beispiele sind diverse Stadtmagazine und die taz.[38] Auch auf der rechten bzw. rechtsextremen Seite des politischen Spektrums gab es vereinzelte alternative Printmedien wie die (mittlerweile eingestellte) Nationalzeitung. Die generell rückläufigen Printauflagen der letzten Jahre haben die Überlebensaussichten alternativer Pressetitel vollends unwahrscheinlich gemacht.[39]

Bürgerjournalismus vs. alternative Medien online

Dann kam das Internet und mit ihm die Möglichkeit, Nachrichten mit minimalen technischen und finanziellen Mitteln zu produzieren und an ein beliebig großes Publikum zu verbreiten. Seit den frühen 2000er-Jahren können einzelne Bürger oder kleine Gruppen ohne größere Programmierkenntnisse Blogs oder Websites mit eigenen Nachrichten in Text- und Bildform erstellen. Seither führen Tausende Bürger als Hobby – mehr oder weniger professionell – nachrichtenähnliche Blogs mit eher geringen Reichweiten, die sich meist meinungsbetont zu Themen äußern, die sie persönlich beschäftigen. Wenig später wurden Audio- und Videoblogs möglich und populär. Das Ergebnis ist bekannt: Einige wenige YouTuber wie Gronkh oder BibisBeautyPalace erreichen heute mit meist unpolitischen Gaming-, Comedy-, Beauty-, oder Fashion-PodCasts ein jugendliches Millionenpublikum.[40] Doch es gibt auch Videoblogger wie LeFloyd oder Rayk Anders, die politisch relevante und aktuelle Nachrichten produzieren, dabei aber bewusst von den gewohnten Darstellungsformen des klassischen Journalismus abweichen. Gleichzeitig gestatten viele journalistische Nachrichten-Portale ihren Nutzern, eigene Beiträge, Kommentare,

---

38 Die taz hat zwar ihre linksalternative Identität behalten und wird weiterhin als Genossenschaft geführt; sie gilt heute aber als politisch unabhängiges Nachrichtenmedium mit linken Kommentaren.

39 Eine der wenigen Zeitungen mit steigende, wenn auch weiterhin überschaubaren Auflage ist die rechtskonservative Junge Freiheit; sie verkaufte 2014 laut eigener Angabe ca. 22.000 Exemplare (http://assets.jungefreiheit.de/2013/12/Mediadaten_2014_Netz.pdf).

40 Vgl. das YouTuber-Ranking auf http://meedia.de/2015/09/04/ranking-die-50-populaersten-youtuber-in-deutschland/.

Fotos oder Videos auf ihren Plattformen zu veröffentlichen (zum User-Generated Content vgl. Schweiger & Quiring 2007). Zeit Online veröffentlicht regelmäßig ‚Leserartikel' und Bild-Online überweist „Leser-Reportern" sogar Geld für veröffentlichte Fotos. Das bietet Bürgern die Möglichkeit, unter journalistischer Obhut selbst journalistisch tätig zu werden.

In der Journalismusforschung entwickelte sich in den 2000er-Jahren eine leidenschaftliche Debatte über diese alternativen Nachrichtenformen. Begriffe wie ‚Bürgerjournalismus', ‚Graswurzel-Journalismus', ‚Laienjournalismus', oder ‚partizipativer Journalismus' machten die Runde (Überblick bei Engesser 2013). Die Begriffe betonten die damals dominierende, idealistische Vorstellung, dass ‚normale Bürger' mit ihren Kompetenzen und Lebenserfahrungen, mit ihren Vorstellungen, Wünschen und Interessen ‚von unten' ein Gegengewicht gegen die Berichterstattung der etablierten journalistischen Medien ‚von oben' bilden, eben ‚Graswurzel-Journalismus'. Es war von Anfang an klar und erwünscht, dass der ‚Bürgerjournalismus' keine neutralen, faktenbasierten Nachrichten auf der Grundlage von journalistischer Unabhängigkeit, Professionalität, Qualitätssicherung usw. liefert. Sondern dass hier Bürger ohne wirtschaftliche Interessen eigene politische Interessen artikulieren – so wie man es von den alternativen Medien der Gegenöffentlichkeit kannte. Tabelle 3 stellt die geläufigen Definitionskriterien für klassischen Journalismus und alternativen Bürgerjournalismus gegenüber.

Im Zuge der Begeisterung für die Möglichkeiten des Bürgerjournalismus ist das Konzept der ‚alternativen Medien' zumindest im deutschsprachigen Raum weitgehend aus der kommunikationswissenschaftlichen Debatte verschwunden. Auch wenn beide Begriffe im Wesentlichen dasselbe meinen, so betonen sie doch unterschiedliche Aspekte:

Alternative Medien stehen für eine *Gegenöffentlichkeit* zu Mainstream-Medien, etablierten Parteien und politischen Institutionen. Sie wollen Interessen durchsetzen und sind gekennzeichnet durch Kritik am Mainstream, einen Fokus auf oppositionelle oder radikale Politik, das Aufgreifen vernachlässigter Themen, marginalisierter Gruppen und sozialer Bewegungen (Rauch 2015: 126). Sie berichten auch deshalb nicht ausgewogen und neutral, um der vermeintlichen Meinungsdominanz der Mainstream-Medien etwas entgegenzusetzen. Auf der deutschen Website von Russia Today, das als Instrument russischer Staats-PR gelten kann, heißt es explizit: „Mit dem deutschsprachigen Programm von RT wird einem einseitigen und oft interessengetriebenen Medien-Mainstream ein Gegenstandpunkt gesetzt."[41] Entsprechend beziehen sich alternative Medien häufig auf Mainstream-Berichte und analysieren bzw. interpretieren diese kritisch (Bruns 2009: 119). Daraus ist mit

---

41   Auszug aus „RT Deutsch – Wer sind wir?" unter http://www.rtdeutsch.com/uber-uns/.

Tab. 3 Klassischer Journalismus und Bürgerjournalismus im Vergleich

	Klassischer Journalismus (Mainstream-Medien)	Bürgerjournalismus (Alternative Medien)
Produktion		
Finanzierung	Refinanzierung durch Werbe- und Publikumserlöse	häufig keine Refinanzierung oder Finanzierung durch politische Sympathisanten
Abhängigkeit von Publikum und Werbung	hoch	geringer
Redaktion	arbeitsteilig und hierarchisch organisiert	häufig Ein-Personen-Redaktion oder loser Zusammenschluss von Autoren
Journalistische Professionalität	Journalismus als Beruf; hohe Sach-/Fachkompetenz	häufig als Hobby; Sachkompetenz oft hoch, Fachkompetenz unterschiedlich
Qualitätssicherung	Qualitätssicherung in der Redaktion, durch ökonomischen Druck und die Überwachung unabhängiger Institutionen	keine bzw. nur externe Qualitätssicherung durch Publikumsfeedback
Nachrichtenangebot		
Eigener Anspruch	Neutralität und Objektivität (in faktenbetonten Darstellungsformen)	meist: Gegenöffentlichkeit, kritisch gegenüber Regierenden, Eliten und Mainstream-Medien
Periodizität	regelmäßige Erscheinungsweise als Gesamtangebot	häufig unregelmäßige Erscheinungsweise von Einzelbeiträgen (Blog)
Universalität	breite Themenpalette	häufig enges Themenspektrum; persönliche oder Fachthemen
Publizität	hohe Reichweiten und öffentliche Beachtung	häufig geringe Reichweiten
Nachrichtenbeitrag		
politische Relevanz	hoch; dabei Orientierung an gesamter Bevölkerung	unterschiedlich; dabei häufig Orientierung an individueller Relevanz
Aktualität	hoch	unterschiedlich
Dominierende Darstellungsform	faktenbetont	meinungsbetont

Quelle: Eigene Darstellung

den Media Watch-Blogs sogar ein neues und hilfreiches Medien-Genre entstanden. Angebote wie bildblog.de beobachten große journalistische Medien und decken Fehler ihrer Berichterstattung und andere Unzulänglichkeiten auf. Teilweise finden sich in alternativen Medien auch verschwörungstheoretische Deutungen von Ereignissen, die die Darstellungen der Mainstream-Medien und ihre Deutungshoheit der gesellschaftlichen Realität grundsätzlich in Frage stellen (Tsfati & Ariely 2014: 763). Das Konzept der alternativen Medien stellt somit politische Inhalte und eine von den Mainstream-Medien grundsätzlich abweichende Positionierung in den Mittelpunkt.

Bürgerjournalismus fußt auf der Vorstellung von *Bürgern* bzw. journalistischen Laien als nicht-professionellen Verfassern von Nachrichten. Diese müssen keineswegs alternativ sein, sich gegen einen wie auch immer gearteten Mainstream oder ein politisches System richten. Der Begriff des partizipativen Journalismus suggeriert ja gerade das Bild von Bürgern, die sich innerhalb des politischen Systems am öffentlichen Diskurs beteiligen. Was die Kommunikationswissenschaft unter dem Konzept des Bürgerjournalismus interessiert, ja begeistert hat, waren also nicht die Inhalte. Im Mittelpunkt standen Bürger als neue Urheber und die damit verbundenen flexibleren und dezentralen Produktionsprozesse und -strukturen, bei denen wie im Beispiel Wikipedia sogar die Qualitätssicherung der Beiträge auf die Bürger als ‚Crowd' ausgelagert wird (vgl. z. B. Bruns 2005). Legt man die oben genannten Definitionskriterien für Journalismus zu Grunde (arbeitsteilige Zusammenarbeit professioneller Journalisten mit wirtschaftlichen Interessen), sind bürgergenerierte Inhalte eindeutig *kein* Journalismus, auch wenn der Begriff Bürgerjournalismus das nahelegt.

Rechtsalternative Medien online

In den vergangenen Jahren und vor allem zuletzt im Meinungskampf rund um die Flüchtlingspolitik hat sich das öffentliche Interesse verstärkt *alternativen Medien* und deren Systemkritik zugewandt – jetzt mit Fokus auf die rechtsalternative Seite.[42] Die Namen dieser Online-Medien sind wohl den meisten Bürgern der politischen Mitte unbekannt. In den Milieus rund um Pegida und die AfD, die das politische

---

42 Z. B. Markus Linden: Die Stimmen des digitalen Untergrunds. NZZ.ch vom 10.10.2015. http://www.nzz.ch/feuilleton/medien/die-stimmen-des-digitalen-untergrunds-1.18627359.

System der Bundesrepublik Deutschland und die dazugehörige ‚Systempresse‘[43] in
Frage stellen, sind die Deutschen Wirtschafts Nachrichten (DWN), RT Deutsch,
Junge Freiheit, Epoch Times usw. dagegen Stars.

Rechtsalternative Angebote machen selten Angaben zu ihren Reichweiten.
Wohl aber gibt es Schätzungen zu ihrer viralen Verbreitung in Facebook, Twitter
und Google. Der Medienblog 10000flies.de ermittelt monatlich mit Hilfe der of-
fiziellen Schnittstellen der genannten SNS die Likes, Shares, Comments, Tweets
und +1s deutschsprachiger Nachrichten-Websites und erstellt daraus die Top 50
der Social-Media-News-Charts. Im Gesamtjahr 2015 waren dort sieben Angebote
verzeichnet, die man als rechtsalternativ bezeichnen kann (siehe Tabelle 4). Linksalternative Angebote mit vergleichbaren Reichweiten in den sozialen Medien
finden sich dort derzeit nicht. Erwähnenswert ist noch mimikama.at auf Platz 28.
Das ist der Blog eines österreichischen Vereins, der sich als „zentrale Anlaufstelle
für Internetuser, die verdächtige Internetinhalte melden möchten" die „Bekämpfung von Internetmissbrauch" auf die Fahnen geschrieben hat. mimikama ist eine
Art ‚Social Media Watch-Blog‘ und klärt mit beachtlichem Erfolg die unzähligen
Falschmeldungen auf, die nicht selten von rechtsalternativen Medien stammen
und sich viral verbreiten.

Die rechtsalternativen Websites liegen zwischen Rang 17 und 50. Damit dominieren sie sicher nicht die breite deutsche Öffentlichkeit. Sie haben sich aber
als relevante Informationsquellen etabliert haben, die zumindest in bestimmten
politischen Milieus eine ernst zu nehmende Meinungsmacht bilden. Auf jeden Fall
überragen die neuen alternativen Medien ihre gedruckten Vorgänger und frühere
Online-Angebote in punkto Reichweite deutlich. Davon zeugen auch politische
Video-Kanäle wie KenFM. Dort veröffentlicht der ehemalige TV-Journalist Ken
Jebsen systemkritische und verschwörungstheoretische Kommentare, Interviews und
Features, die auf YouTube teilweise mehrere hunderttausend Abrufe verzeichnen.

---

43 Ähnlich dem Begriff der ‚Lügenpresse‘ verwendet. Siehe: „Lügenpresse", „Abendland" und
    „Volksverräter". Das Vokabular der Pegida. Deutschlandfunk.de vom 08.01.2015. http://
    www.deutschlandfunk.de/vokabular-der-pegida-luegenpresse-abendland-und.1818.
    de.html?dram:article_id=308087.

Tab. 4   Alternative Medienangebote mit der höchsten Social Media-Verbreitung 2015
(10000flies.de)

Platz	Medium	Eigene Anmerkungen
17	Deutsche Wirtschafts-Nachrichten	Plattform zwischen klassischem Journalismus und Verschwörungstheorien – wirtschaftliche Lage und Unabhängigkeit trotz schwedischer Verlagsbeteiligung zweifelhaft
23	SputnikNews	Russisches Angebot in deutscher Sprache; eigener Anspruch laut Website: „Sputnik berichtet über das, worüber andere schweigen. Sputnik füllt eine einzigartige Nische als alternative Nachrichtenquelle und Radiosender."
24	RT Deutsch	Deutschsprachige Ausgabe von Russia Today; intensive Kritik an USA, EU und etablierten deutschen Parteien
25	Junge Freiheit	Überregionale deutsche Wochenzeitung und Website zwischen Neokonservatismus und Rechtsextremismus
35	Epoch Times	Deutschsprachige Wochenzeitung und Website chinesischer Falun Gong-Aktivisten mit Hauptsitz in New York; u. a. intensive Berichterstattung über kriminelle Flüchtlinge
49	Netzplanet	Pseudo-Nachrichten-Website ohne Impressum; berichtet fast ausschließlich über kriminelle Flüchtlinge und Islamisten
50	Kopp Online	Nachrichten-Website des Kopp-Verlags, der seit Jahrzehnten kriegsverherrlichende und verschwörungstheoretische Bücher publiziert; zuletzt wachsender Erfolg mit system- und medienkritischen Büchern (u. a. die extrem erfolgreichen Bände von Udo Ulfkotte[44])

Quelle: http://www.10000flies.de/blog/die-likemedien-top-50-des-jahres-2015-bild-bleibt-vorn-focus-von-7-auf-2/ (25.07.2016).

Die Anmerkungen zu den einzelnen Angeboten in Tabelle 4 unterstreichen, dass man hier tatsächlich besser von alternativen Angeboten sprechen sollte als von Bürgerjournalismus. Denn während die Grenzen zwischen professionellem, redaktionellem Journalismus einerseits und Bürgerjournalismus andererseits einigermaßen klar sind (Tabelle 3 oben), verschwimmen sie bei diesen Online-Angeboten.

---

44 Der ehemalige FAZ-Redakteur (1986 bis 2003) veröffentlichte zuletzt die alarmistischen und inhaltlich teils fragwürdigen Bücher „Gekaufte Journalisten. Wie Politiker, Geheimdienste und Hochfinanz Deutschlands Massenmedien lenken." (2014), „Mekka Deutschland: Die stille Islamisierung" und „Die Asyl-Industrie. Wie Politiker, Journalisten und Sozialverbände von der Flüchtlingswelle profitieren." (beide 2015).

Storz (2015) hat verschiedene rechtsalternative Akteure analysiert[45] und beschreibt ihre Angebote als „technisch-organisatorisch professionell hergestellte interessengeleitete Publizistik, die von vornherein festgelegte politische Ziele verfolgt" (S. 25). An vielen alternativen Angeboten sind professionelle Journalisten beteiligt, die in journalistischen Routinen arbeitsteilig zusammenarbeiten. Compact, ein monatlich erscheinendes Printmagazin mit Website und Video-Kanal (Compact-online.de), nennt etwa im Impressum folgende Rollen mit dazugehörigen Namen: Chefredakteur, Chef vom Dienst, Assistenz Chefredakteur, Art Director, Layout und Bildbearbeitung, Online-Redakteur. Ob diese wirklich alle in vollem Umfang mitarbeiten, oder ob man hier den Eindruck einer größeren, hierarchisch organisierten Redaktion zu vermitteln versucht, muss offen bleiben. Es fällt zumindest auf, dass in Compact – wie in anderen alternativen Medien – viele Texte vom Chefredakteur persönlich stammen. Dennoch sind zumindest die großen Alternativmedien sicherlich keine Ein-Personen-Blogs, wie man es beim Bürgerjournalismus erwartet. Häufig findet man auch personelle Überschneidungen zwischen den einzelnen Medien. Das legt die Vermutung nahe, dass die Akteure der rechtsalternativen Szene miteinander vernetzt sind und manche Angebote aus ein und derselben Quelle stammen. Doch auch das ist keine Besonderheit alternativer Medien. Auch im klassischen Journalismus liest man immer wieder dieselben Namen – sei es, weil Medien Material von Nachrichtenagenturen verwenden, sei es, weil freie Journalisten oder Korrespondenten für mehrere Redaktionen arbeiten. Wir können soweit festhalten: Heute verfügen zumindest größere alternative Medien genau wie der klassische Journalismus über arbeitsteilige Redaktionen, in denen professionelle Journalisten zusammenarbeiten. Alternative Nachrichten kommen auf den ersten Blick wie journalistische Beiträge daher, indem sie die gewohnten Darstellungsformen einhalten.

Inhaltlich unterscheiden sich rechtsalternative Angebote jedoch von journalistischen Medien. Das Qualitätskriterium Wahrhaftigkeit/Richtigkeit steht zur Disposition, wenn es das politische Kalkül erfordert. Entsprechend häufig sind Lügen und Halbwahrheiten, so dass man hier bestensfalls von Pseudo-Nachrichten sprechen kann. Abbildung 1 zeigt eine typische Pseudo-Nachricht aus dem rechtsalternativen Blog Politically Incorrect. Hier wird suggeriert, der Schokoladenhersteller Lindt & Sprüngli würde die ‚Islamisierung des Abendlands' mit vorauseilendem Gehorsam vorantreiben, indem er einen neuen, ‚orientalischen' Adventskalender auf den Markt bringt. Wie das Unternehmen daraufhin bekanntgab, hatte dieses Motiv bereits seit Jahren existiert und war vorher noch nie auf Kritik gestoßen.

---

45 Das waren im Einzelnen der Kopp-Verlag, der Video-Journalist Ken Jebsen, die Mediengruppe ‚Compact' sowie die Organisatoren der ‚Montagsmahnwachen'.

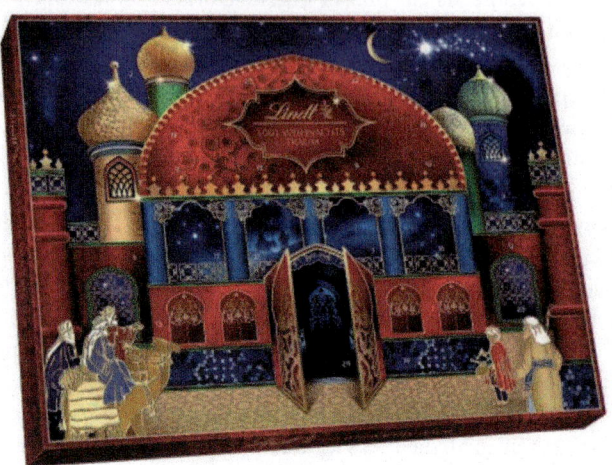

Lindt islamisiert den Advent

Der Advent ist die Vorbereitungszeit auf Heilig Abend, wir feiern den Geburtstag Jesu Christi. Christliche Kinder überall auf der Welt fiebern diesem Tag entgegen. Seit dem 19. Jahrhundert soll der Adventskalender das Warten erleichtern – früher nur als Zählinstrument, dann mit kleinen Bildchen oder Spielsachen, heute vielfach mit Süßigkeiten. Am 24. ist das Türchen am größten, wartet doch dahinter das Christkind. Nun müssen wir aber, gemäß der europaweiten Islampropaganda, täglich und in allen Lebensbereichen auf die Islamisierung vorbereitet werden. Das geht über Konsum und entsprechende Werbemöglichkeiten ganz besonders leicht. Der Schweizer Schokoladenhersteller Lindt & Sprüngli dient sich den neuen Herren über Europa auch zur Weihnachtszeit schon mal an. Der „Orientalische Adventskalender 1001 Nacht", den es mit edlen Pralinen mit und ohne Alkohol gibt, gewöhnt die Kinder 24 Tage lang an islamisches Flair. Und am Heiligabend gelangen die Kleinen dann nicht in die Kirche oder zur Krippe des Jesuskindes – nein, da wird das Tor zur Moschee weit geöffnet. Danke, Lindt! *(Isg)*

Abb. 1   Beispiel einer Pseudo-Nachricht
Quelle: www.pi-news.net vom 02.12.2015

Rechtsalternative Angebote verstoßen zudem häufig gegen die Qualitätskriterien Aktualität, Relevanz und Themenvielfalt (Universalität). Das zeigt sich wieder am Beispiel Compact. Das Magazin berichtet rein interessensgeleitet und konzentriert sich auf wenige Themen, die zu diesen politischen Zielen passen: die Ukraine-Krise, die Gefahr des Islamismus, die Abhängigkeit Deutschlands von den USA, der moralische, sittliche und kulturelle Verfall westeuropäischer Demokratien und die Ablehnung von EU und Euro (Storz 2015: 19ff.).

Ein weiterer Unterschied zum klassischen Journalismus betrifft die *wirtschaftliche Seite*. Viele alternative Medien heben ihre nicht-kommerzielle Ausrichtung hervor (2015, S. 126). Das dient zweifellos der Glaubwürdigkeit bei ihrem Publikum, denn es lässt Unbestechlichkeit vermuten. Dennoch muss jedes Medienangebot, das sich längerfristig halten will, seine Kosten in irgendeiner Weise decken. Das gilt natürlich auch für alternative Medien. Allerdings ist selten ersichtlich, welche Kosten ein Angebot hat und wie es diese trägt. Dabei sind unterschiedliche wirtschaftliche Strategien denkbar. Zur Erinnerung: Journalistische Medien finanzieren sich hauptsächlich über Publikums- und Werbeerlöse. Da alternative Medien wie die meisten Online-Angebote für ihre Nutzer kostenlos sind, fehlen Publikumserlöse. Bei den Werbeerlösen sieht es nicht viel besser aus: Zwar wird in Alternativmedien Werbung geschaltet. Diese stammt jedoch meist von Personen und kleineren Organisationen mit demselben ideologischen Hintergrund (Verlage, Parteien, NGOs usw.). Die weitaus höherpreisigen Anzeigen namhafter Unternehmen, größerer Institutionen aus der gesellschaftlichen Mitte oder Markenartikelwerbung fehlen. Diese dürftige Erlössituation lässt sich durch zwei Strategien bzw. deren Kombination auffangen:

Strategie 1: Alternative Medien funktionieren mit minimalen journalistischen Ressourcen. Darstellungsformen, die eine aufwändige Produktion und journalistische Recherche sowie Qualitätssicherung erfordern, sind kaum möglich. Da das Publikum vermutlich weniger Wert auf gesicherte Fakten denn auf eindeutige Meinungsäußerungen und dazu passende 'Schocker-Meldungen' legt, fallen entsprechende Mängel nicht weiter ins Gewicht. Das gilt zumindest, solange die Angebote einigermaßen professionell aussehen – eine Anforderung, die sich bei textbasierten Online-Angeboten auch mit geringen Budgets erfüllen lässt.

Strategie 2: Alternative Medien mit höherem journalistischen und gestalterischen Anspruch finanzieren sich in nennenswertem Umfang über Zuwendungen politischer Sympathisanten oder Institutionen. Im Fall der russischstämmigen Nachrichtenangebote SputnikNews und RT Deutsch scheint der Nachweis einer Finanzierung durch den Kreml gesichert, auch wenn ein entsprechender Hinweis im Impressum oder andernorts fehlt.[46] Die ,Deutschen Wirtschafts-Nachrichten' sind wohl direkt aus den ,Deutsch-Russischen Wirtschaftsnachrichten' hervorgegangen,[47] weshalb auch hier eine russische Finanzierung vorstellbar ist. Der Hintergrund der weltweit verbreiteten und auch in Deutschland erfolgreichen Epoch Times ist dagegen vollständig undurchschaubar. Sie wurde wohl von Anhängern der aus China stammenden, dort aber verbotenen Falun Gong-Heilsbewegung in den USA gegründet. Ob diese das Medium unterstützen oder ob es sich allein aus Werbeeinnahmen finanziert, wie von der Geschäftsführung behauptet[48], ist zumindest fraglich.

Das sind nur einige Beispiele, bei denen sich Spekulationen über mögliche Finanzierungsquellen aufdrängen. Wie viele der Angebote reine Hobby-Produkte ohne nennenswerte Finanzierung sind (Strategie 1), wie viele von Dritten aus welchen Gründen gefördert werden und welche Formen monetärer und nicht-monetärer Unterstützung existieren (Strategie 2), ist unbekannt. Damit ignorieren die meisten alternativen Medien eine Anforderung, die die Öffentlichkeit in einer rechtsstaatlichen Demokratie zurecht an alle Akteure in Politik, Gesellschaft und Medien richtet: die Transparenz finanzieller Abhängigkeiten. Das ist insofern bemerkenswert, als gerade Alternativmedien den journalistischen Nachrichtenmedien vorwerfen, von der ,Regierung' oder dem ,Staat' politisch und finanziell abhängig zu sein und gesteuert zu werden. Im Fall privater Medien stimmt das definitiv nicht: Kein privates Medium bekommt eine staatliche finanzielle Unterstützung, die über gängige Instrumente der Wirtschaftsförderung hinausgeht. Der öffentlich-rechtliche Rundfunk wird weit überwiegend über die Rundfunkbeiträge der Bürger bezahlt (siehe oben). Doch hier ist in demokratisch legitimierten Gesetzen und Verordnungen eindeutig geregelt, wie hoch diese Beiträge ausfallen und wofür sie eingesetzt werden. Über die Finanzierung des öffentlich-rechtlichen Rundfunks, seine Funktionserfüllung und vereinzelte Beeinflussungsversuche durch Politiker kann man trefflich streiten (z. B. Herles 2015). Trotzdem ist zu hoffen, dass gerade die üppige Finanzierung den öffentlich-rechtlichen Rundfunk gegenüber Beeinflussungsversuchen politischer Interessen immunisiert.

---

46 Vgl. etwa Dmitrij Kapitelman: Putin mit Hitler verteidigen. Taz.de vom 16.12.2014. http://www.taz.de/!5026022/.

47 Vgl. https://de.wikipedia.org/wiki/Michael_Maier_(Journalist)

48 Vgl. Brigitte Batz: Klicks mit Kritik an Flüchtlingspolitik. Deutschlandfunk.de vom 05.12.2015. http://www.deutschlandfunk.de/epoch-times-klicks-mit-kritik-an-fluecht-lingspolitik.761.de.html?dram:article_id=338942.

Zwischenfazit: Seit jeher betreiben Bürger eigene Medienangebote, meist um ihre persönlichen Interessen in der Öffentlichkeit zu vertreten. Die technischen Möglichkeiten des Internet haben die Produktion und weitere Verbreitung alternativer Angebote immens vereinfacht. Dieser sogenannte Bürgerjournalismus – die Bezeichnung als ‚Journalismus' ist eigentlich falsch – wurde in der Online-Welt anfangs als Ergänzung und Gegengewicht zum Mainstream-Journalismus begrüßt. In den letzten Jahren sind jedoch unzählige alternative Angebote entstanden, die teils professionell produziert werden, häufig professionell wirken und erhebliche Reichweiten aufweisen. Ihre Beiträge kursieren vor allem in den sozialen Medien. Die meisten Angebote bewegen sich am rechten Rand des politischen Spektrums. Sie sind fast immer systemkritisch, oft rassistisch und beinhalten nicht selten Fälschungen, Lügen und Halbwahrheiten, um ihren politischen Zielen Nachdruck zu verleihen.

Soziale Medien und öffentliche Bürgerkommunikation

Soziale Medien und verwandte Techniken wie die Kommentarfunktion auf Nachrichten-Portalen bergen ein großes demokratietheoretisches Potenzial: Sie ermöglichen Laien den interaktiven Dialog mit Journalisten und politischen Akteuren auf Augenhöhe. Bürger sind nicht mehr ausschließlich aufnehmendes Publikum, sondern können unmittelbar und ohne Wechsel des Mediums bzw. Kanals auf Medieninhalte reagieren, sie weitergeben oder selbst eigene Inhalte veröffentlichen und damit als Kommunikatoren auftreten. Damit wird der Traum, den Berthold Brecht schon um 1930 in seiner berühmten Radiotheorie entwickelt hat, technisch möglich: „Der Rundfunk ist aus einem Distributionsapparat in einen Kommunikationsapparat zu verwandeln. Der Rundfunk wäre der denkbar großartigste Kommunikationsapparat des öffentlichen Lebens, ein ungeheures Kanalsystem, das heißt, er wäre es, wenn er es verstünde, nicht nur auszusenden, sondern auch zu empfangen, also den Zuhörer nicht nur hören, sondern auch sprechen zu machen und ihn nicht zu isolieren, sondern ihn in Beziehung zu setzen."[49] Das Internet bzw. soziale Medien sind zweifellos ein solches ‚ungeheures Kanalsystem'.

Die damit verbundenen Erwartungen wurden bereits in den späten 1990er-Jahren euphorisch beschrieben (Überblick bei Emmer & Wolling 2010). Über allem schwebte die Hoffnung, dass die Bürger die technischen Möglichkeiten auch tat-

---

49 Auszug aus seiner Rede „Der Rundfunk als Kommunikationsapparat" online verfügbar unter http://www.medienkunstnetz.de/quellentext/8/

sächlich nutzen. Dass sie sich am öffentlichen Diskurs beteiligen, in Diskussionen ihre eigenen Positionen und Argumente zum Ausdruck bringen und damit die Sichtweise von Journalisten und politischen Akteuren ergänzen. Tatsächlich werden Nachrichtenbeiträge großer Online-Medien oft hundert- oder gar tausendfach von Nutzern kommentiert und auf Facebook unzählige Male geliket oder geteilt. Doch was bedeutet das? Setzen sich hier wirklich Bürger und Journalisten ‚in Beziehung zueinander', um bei Brecht zu bleiben? Bringt das die Demokratie wirklich voran? Oder haben wir es mit einer riesigen Menge an Bürger-Statements zu tun, die sich nur selten zu einer echten Diskussion entwickeln, aber immerhin im Netz von anderen Bürgern gelesen werden und sie in ihrer Meinungsbildung beeinflussen?

Die Vorstellung eines Diskurses unter Bürgern wurde maßgeblich von Jürgen Habermas (2001) geprägt. Sein Ansatz einer diskursiven Öffentlichkeit wird in nahezu jedem Beitrag zur politischen Öffentlichkeit im Internet zitiert. Erstmals in seinem Buch „Strukturwandel der Öffentlichkeit" von 1962 argumentiert er, dass in einer funktionierenden Demokratie die Legitimität politischer Entscheidungen nicht nur durch freie Wahlen gewährleistet wird, sondern auch durch öffentliche Diskurse. Das Buch beschreibt die historische Entstehung einer diskutierenden Bürgerschaft in Europa im 17. und 18. Jahrhundert. Diese dient Habermas als Blaupause für eine ideale Diskurs-Öffentlichkeit. Sie besteht aus freien Bürgern, die an öffentlichen Orten und in den Medien zusammenkommen, um über gesellschaftsrelevante Probleme zu diskutieren. Dieser Diskurs findet nach Regeln statt, die sich auf den Zugang zur Diskussion (Input), ihren Ablauf (Throughput) und ihr Resultat (Outcome) beziehen (in Anlehnung an Wessler 2008):

- *Zugang/Input*: Alle politisch Interessierten und Informierten können ohne Standes- oder Machtunterschiede teilnehmen (offener Zugang). Sie dürfen ohne Tabu alle relevanten Themen (thematische Offenheit) diskutieren; alle Argumente und Meinungen dürfen zur Sprache kommen (Meinungsoffenheit). Auf diese Weise wird die Vielfalt aller existierenden Perspektiven, Argumente und Meinungen gesammelt. Der Redeanteil der Diskutanten bzw. die Aufmerksamkeit, die ihnen im Diskurs zukommt, hängt nicht von ihrer Stellung oder ihrer Macht ab (herrschaftsfreier Diskurs), sondern allein von der Qualität der Argumente.
- *Ablauf/Throughput*: Die Diskussion ist auf aufrichtige Verständigung und Beratschlagung im Sinne einer gründlichen politischen Erwägung ausgerichtet: Die Diskutanten bleiben beim aktuell gewählten Thema; sie lenken nicht ab. Sie begründen ihre Forderungen durch schlüssige und widerspruchsfreie Argumente. Strategische Kommunikations-Tricks wie Halbwahrheiten oder andere Manipulationsversuche sind nicht zulässig (Rationalität). Die Diskursteilnehmer versuchen sich gegenseitig zu überzeugen, hören einander offen zu und lassen

sich von besseren Argumenten der Anderen überzeugen (Reflexivität). Sie gehen höflich und in angemessener Sprache miteinander um und vermeiden persönliche Angriffe, denn das könnte Diskutanten einschüchtern und zum Verstummen bringen und relevante Positionen und Argumenten unterdrücken.

• *Outcome*: Am Ende einer Diskussion steht zumindest ein gemeinsamer Wissenszuwachs – die Teilnehmer haben etwas voneinander gelernt. Im Idealfall sind sie zu einem Konsens gelangt. Zumindest aber haben sie verstanden, wo die Gründe für ihren Dissens liegen. Zudem dient eine Diskussion nicht nur ihren Teilnehmern, sondern auch Zuhörern oder späteren Lesern als Grundlage für deren eigene politische Meinungsbildung.

Habermas (2001) beklagt bereits 1962, dass das Mediensystem dieses Diskursideal kaum unterstützt. Zunächst zeichnen sich journalistische Medien durch eine beschränkte Kapazität für Input aus: Sie erlauben einer nur geringen Zahl von Themen, Akteuren, Positionen und Argumenten den Zugang zur Öffentlichkeit. In dieser Beschränkung jedoch liegt auch ihre Stärke: Als Gatekeeper entscheiden sie, was wirklich wichtig ist, und sichern dieser Auswahl an Themen, Akteuren, Positionen und Argumenten größtmögliche Publikumsreichweiten und öffentliche Aufmerksamkeit (Agenda-Setting). Der in den Medien abgebildete Diskurs ist somit ein reduziertes und vereinfachtes Abbild aller stattfindenden Diskussionen, und erst diese Reduktion von Komplexität ermöglicht eine erfolgreiche Vermittlung politischer Inhalte an die Bürger. Das Problem aus Habermas' Sicht ist aber, dass im Kapitalismus der Zugang zu den Medien ,vermachtet' ist. Vor allem die ökonomische Abhängigkeit der Medien, von der in diesem Kapitel bereits die Rede war, gefährdet den chancengleichen Zugang aller Meinungen und Argumente: Ob es ein Akteur in die Medien schafft und wie ausführlich er zu Wort kommt, hängt weniger davon ab, wie bedeutend oder sinnvoll die Argumente sind, als vielmehr von seiner ökonomischen und kommunikativen Macht. In den Medien kommen also überwiegend Akteure mit wirtschaftlicher oder politischer Macht, hohen Werbe- und PR-Budgets oder prominente Sprecher zu Wort. Diese Kritik am Medien-Mainstream wurde wie gesagt 1962 formuliert! Man kann sich vorstellen, dass Habermas damit eine willkommene und durchaus überzeugende Legitimationsgrundlage für die in den Folgejahren aufkommenden (links-)alternativen Medien lieferte. Und man muss zugeben: Habermas' Medienkritik stimmt heute noch mehr als damals. Je mehr Stellen in den Redaktionen gekürzt werden, desto weniger Zeit haben Journalisten, auch randständige Akteure zu befragen und Meinungen einzuholen, die vorher kein Gehör gefunden hatten. Desto eher schaffen es perfekt vorbereitete und publikumsattraktive PR-Inhalte in die Nachrichten (Pressemeldungen, Fotos, fertig produzierte Radio- oder TV-Beiträge). Je höher die Werbeabhängigkeit, desto eher lassen sich Medien auf sogenannte Koppelgeschäfte ein, bei denen beispielsweise ein guter Werbekunde von einem Medium durch freundliche redaktionelle Beiträge gewonnen oder gehalten wird. Oder das Medium verzichtet auf kritische Beiträge über den Werbekunden (Schweiger 2013: 55). Und je höher die Abhängigkeit von Reichweiten, desto mehr achten Journalisten auf massenattraktive Inhalte mit Promis, Skandalen, Sex & Crime. Komplexe politische Argumentationen interessieren den Großteil des Publikums nicht – seien sie noch so gesellschaftsrelevant und rational.

Führt man diese Überlegungen weiter, so ist das Internet „der denkbar großartigste Kommunikationsapparat des öffentlichen Lebens" (Brecht), denn es kann zwei Schwächen der journalismusvermittelten Öffentlichkeit beheben: Es bietet erstens eine *in punkto Kapazität unbegrenzte und leistungsfähige Kommunikationsinfrastruktur.* Hier kommen auch jene Themen, Akteure, Meinungen und Argumente zum Zug, die es nicht in die Medien geschafft haben – das allerdings meist zum Preis einer geringeren öffentlichen Aufmerksamkeit. Das Phänomen lässt sich in einer sogenannten Longtail-Verteilung abbilden: Wenige Angebote – darunter viele Nachrichtenmedien – haben viele Nutzer und maximale Publizität, während es unzählige andere auf nur geringe Reichweiten bringen. Das Internet stellt zweitens eine *Diskurs-Plattform* dar, auf der professionelle politische Akteure, Journalisten und Bürger ohne Standesunterschiede miteinander in Dialog treten können. Damit ist es tatsächlich die Verwirklichung von Habermas' Ideal einer diskursiven Öffentlichkeit – zumindest potenziell. Habermas (2008) greift diese Hoffnung selbst auf:

> „Das World Wide Web scheint (…) die Schwächen des anonymen und asymmetrischen Charakters der Massenkommunikation auszugleichen, indem es den Wiedereinzug interaktiver und deliberativer Elemente in den unreglementierten Austausch zwischen Partnern zulässt, die virtuell, aber auf gleicher Augenhöhe miteinander kommunizieren. Tatsächlich hat ja das Internet (…) auch die historisch versunkene Gestalt eines egalitären Publikums von schreibenden und lesenden Konversationsteilnehmern und Briefpartnern wiederbelebt." (S. 161)

Einige Zeilen weiter verwirft er diese Hoffnung allerdings:

> „Dieses Publikum zerfällt im virtuellen Raum in eine riesige Anzahl von zersplitterten, durch Spezialinteressen zusammengehaltenen Zufallsgruppen. Auf diese Weise scheinen die bestehenden nationalen Öffentlichkeiten eher unterminiert zu werden. Das Web liefert die Hardware für die Enträumlichung einer verdichteten und beschleunigten Kommunikation, aber von sich aus kann es der zentrifugalen Kraft nichts entgegensetzen. Vorerst fehlen im virtuellen Raum die funktionalen Äquivalente für die Öffentlichkeitsstrukturen, die die dezentralisierten Botschaften wieder auffangen, selegieren und in redigierter Form synthetisieren." (S. 162).

Er meint damit, dass das Internet eine ideale Diskurs-Plattform wäre, wenn es gelänge, unterschiedliche Gruppen und Meinungen zu einer gemeinsamen Diskussion zu bewegen und die menschliche Neigung zur Abgrenzung und Polarisierung zu überwinden. Und er betont implizit die Bedeutung des Journalismus: Welche andere ‚Öffentlichkeitsstruktur' sollte die „dezentralisierten Botschaften wieder auffangen, selegieren und in redigierter Form synthetisieren" wenn nicht Nachrichtenmedien?

Demokratisches Potenzial von Online-Diskursen

Mehrere Studien haben in den letzten Jahren versucht, das demokratische Potenzial von Online-Diskursen zu bestimmen. Meist unter Rückgriff auf die vorhin erläuterten Regeln bezüglich Input, Throughput und Outcome wurde die Beteiligung und Diskussionsqualität (‚Deliberativeness') in politischen Communities, Diskussionsforen, in Nutzerkommentaren oder auf Facebook bzw. Twitter analysiert. Die Befunde für Deutschland und den deutschsprachigen Raum waren meist ernüchternd.

- Nur ein geringer Anteil der Bürger beteiligt sich aktiv an Online-Diskursen (z. B. Jungnickel & Schweiger 2014; Send & Schildhauer 2014).
- Diejenigen, die teilnehmen, repräsentieren, wie wir bereits gesehen haben, nicht die Gesamtbevölkerung (z. B. Haas 2015). Sie sind häufiger männlich und weisen eine andere Persönlichkeitsstruktur auf (offener, extravertierter und persönlichkeitsstärker). Welchen Einfluss die formale Bildung hat, ist nicht ganz klar. Mehreren Studien zufolge sind aktive Diskussionsteilnehmer eher leicht unterdurchschnittlich gebildet (Jers 2012; Ziegele et al. 2013; Jungnickel & Schweiger 2014); die Partizipationsstudie 2014 (Send und Schildhauer 2014) findet hingegen, dass die Diskussionsbereitschaft mit der formalen Bildung steigt. Zur politischen Orientierung von Online-Diskutanten liegen keine verallgemeinerbaren Befunde vor.
- Diskussionen finden oft unter Gleichgesinnten statt, die sich gegenseitig überwiegend zustimmen oder einander bestärken. Kontroverse Diskussionen hingegen, in denen sich ein größeres Meinungsspektrum zusammenfindet, kommen seltener vor (Freelon 2010).
- Gelegentlich schaukeln sich Teilnehmer gleicher oder ähnlicher Meinung gegenseitig auf; dann kann es zu sogenannten Shitstorms gegen Unternehmen, Politiker und andere Akteure kommen (vgl. Salzborn 2015). Dort geht es gar nicht mehr um Argumente, sondern nur noch um persönliches Dampfablassen und gemeinsames Pöbeln.

- Die argumentative Qualität der meisten Diskussionen, die Höflichkeit und das dialogische Aufeinandereingehen lassen zu wünschen übrig. Das gilt für Facebook und Twitter noch mehr als für Nutzerkommentare auf Nachrichten-Websites (Schweiger 2014; Freelon 2015).
- Die Diskursqualität variiert je nach Umfeld, Milieu bzw. politischer Orientierung. Beispielsweise ist das Niveau auf der Facebook-Seite des österreichischen Rechtspopulisten HC Strache deutlich niedriger als auf den Facebook-Seiten anderer Politiker (Russmann 2015).
- Die Diskursqualität sinkt mit der moralischen Ladung eines Themas und der Stärke eines weltanschaulichen Konflikts. Je polarisierender ein Thema, desto wahrscheinlicher werden beispielsweise Diskussionen, in denen es an gegenseitigem Respekt und argumentativer Tiefe mangelt (Steiner 2004; Bächtiger & Hangartner 2010). Andererseits finden sich online auch viele produktive und hilfreiche Diskussionen zu fachlichen Themen (z. B. zu Computer- oder Wissenschaftsthemen). Sobald aber weltanschauliche Überzeugungen ins Spiel kommen, und sei es nur die Frage, was besser sei – Apple oder Windows, Auto- oder Radfahren, sich vegan ernähren oder Fleisch essen – sinkt die Deliberativeness.
- Online-Diskussionen enden so gut wie nie im Konsens (Schweiger 2014). Das liegt u. a. daran, dass sich auch im Internet Diskussionsteilnehmer selten von den Argumenten der anderen überzeugen lassen, wie es Habermas fordert.

Weil wir gerade bei den enttäuschen Hoffnungen sind: Häufig wurde die Erwartung formuliert, das Internet als umfassende Informations- und Diskurs-Plattform würde das Interesse der Bürger an politischen Themen erhöhen, sie zu einem aktiveren Umgang damit mobilisieren und letztlich zu politischem Engagement ermutigen. Nach vielen Studien wissen wir heute, dass sich auch diese Hoffnung kaum erfüllt. Es sind wie gehabt eher Bürger mit ohnehin überdurchschnittlichem politischem Interesse, die sich online über Politik informieren und an politischen Debatten beteiligen (Boulianne 2009; Emmer et al. 2011; Haas 2015; Kunz & Esser 2015). Eine Ausnahme von dieser Regel scheint es jedoch zu geben: In den Jahren 2002 bis 2009 haben Ilmenauer Kommunikationswissenschaftler in sieben Befragungswellen den Zusammenhang von aktiver und passiver Internetnutzung und politischem Engagement in Deutschland untersucht und sind auf einen bemerkenswerten Befund gestoßen: In einer Bevölkerungsgruppe hat die Internetnutzung zu mehr Gesprächen über Politik geführt, nämlich bei Menschen mit geringerer Bildung (Seifert 2012). Wir kommen darauf zurück.

Demokratische Normverstöße, Enthemmung und Radikalisierung

Online-Kommunikation zwischen Bürgern zeichnet sich nicht nur durch eine mangelhafte Diskurskultur und eine teilweise enttäuschte Hoffnung auf politische Mobilisierung aus. Seit den 1990er-Jahren sind zudem häufige und teilweise eklatante Verstöße gegen grundsätzliche Normen des menschlichen Umgangs miteinander bekannt. Daran ändern auch Verhaltensregeln wie die oft diskutierte Netiquette (ein Kunstwort zusammengesetzt aus den Begriffen Netz und Etikette) nichts. Nicht nur einzelne Trolle verhalten sich asozial, provozieren andere und versuchen Diskussionen zu verhindern. Oft kommt es zu regelrechten Zusammenrottungen enthemmter Onliner, die in Shitstorms ihrem Ärger, Frust oder einfach ihrer Lust am gemeinsamen Pöbeln freien Lauf lassen. Auch das Phänomen Cybermobbing passt in diesen Zusammenhang.

Die Sozialpsychologie liefert einige Theorien, die ein solch enthemmtes Verhalten erklären (Überblick bei Walther 2011). Im Mittelpunkt steht das menschliche Verhalten in Gruppen: Individuen sind grundsätzlich bestrebt, mit ihrem sozialen Umfeld konfliktfrei und in Harmonie zu leben. Sobald sie merken, dass sie sich mit ihrer Meinung oder ihrem Verhalten vom Umfeld unterscheiden und Sanktionen befürchten, versuchen sie sich anzupassen. Die Furcht vor sozialer Ausgrenzung oder Isolation verstärkt die menschliche Tendenz zu konformistischem Verhalten (ausführlicher in Kapitel IV). Das ist freilich nicht immer so. Im Internet gelten teilweise andere Regeln.

Viele soziale Gruppen, z. B. in Diskussionsforen, auf Facebook-Seiten oder in den Kommentarbereichen von YouTube oder Nachrichten-Websites, existieren nur zufällig und für einen begrenzten Zeitraum. Man spricht von einer Encounter- bzw. Begegnungs-Öffentlichkeit (z. B. Schweiger & Weihermüller 2008). Die Teilnehmer einer Encounter-Öffentlichkeit kennen einander häufig nicht, sie müssen nicht länger miteinander auskommen oder gar zusammenleben. Das verringert die Isolationsfurcht. Die Gruppenmitglieder haben online nur begrenzte Informationen übereinander: die Äußerungen, die andere tätigen, und auf den meisten SNS ihre Nutzer-Profile. Nutzer können ihr Profil als nach außen sichtbare Identität so gestalten, wie sie von den anderen gesehen werden möchten. Sie können den Eindruck, den andere von ihnen bekommen, ‚managen'; deshalb spricht man von *Identitäts-* oder *Impression-Management* (vgl. Döring 2010). Das schließt auch die Möglichkeit zur Anonymität (Person bleibt online und offline anonym) und zur Pseudonymität (Person hat eine wiedererkennbare Online-Identität, die aber nicht mit der tatsächlichen Offline-Identität verknüpft ist) ein. In der Konsequenz wissen die Mitglieder einer Gruppe wenig übereinander bzw. nur das, was ihnen die anderen bewusst zeigen. Die meisten Posts und Kommentare in den sozialen

Medien sind Texte. Die Mitglieder sehen und hören einander nicht. Damit fehlen ihnen Hinweise, die über den reinen Text hinausgehen (z. B. Ironie oder Zweifel in der Stimme), und nonverbale Informationen (Gestik und Mimik des Sprechers, Aussehen, Kleidung, körperliche Nähe zum Zuhörer usw.). Der Leser einer Aussage hat also nur wenige Informationen, die ihm beim Verstehen und bei der Einordnung einer Aussage helfen können (Information Richness Theory, Daft & Lengel 1984).

Die Folgen der Anonymität und der eingeschränkten sozio-emotionalen Hinweisen sind offensichtlich: Wer gegen Verhaltensregeln in einer Online-Gruppe verstößt, hat wenig zu befürchten. Er oder sie kann sofort wieder verschwinden, kann unerkannt bleiben, und es drohen keine längerfristigen Konsequenzen. Vor allem muss man den anderen beim Pöbeln oder Lügen nicht in die Augen schauen. Das enthemmt – eine Wirkung, die die Sozialpsychologie *Online-Enthemmungseffekt* (Online Disinhibition Effect, Suler 2005) nennt.

Online existieren nicht nur zufällige und vorübergehende Konstellationen von Menschen. Viele Online-Gemeinschaften bzw. Communities bilden sich längerfristig, weil ihre Mitglieder gemeinsame Interessen oder Einstellungen teilen, z. B. Fans bestimmter Marken, Stars oder Sportvereine sind oder gemeinsame weltanschauliche Ziele verfolgen. Hier erklärt die SIDE-Theorie (Social Identity and Deindividuation, Spears & Lea 1994), warum es besonders online zu Verstößen gegen gesellschaftliche Normen kommen kann. Sie geht davon aus, dass Menschen in Gemeinschaften neben ihrer individuellen Identität („Wer bin ich? Wie unterschiede ich mich von anderen?") eine kollektive, soziale Identität entwickeln („Wie unterscheidet sich diese Gruppe von anderen Gruppen?"). Welche der beiden Identitäten und der damit verbundenen Normen das Verhalten einer Person bestimmt, hängt von den jeweiligen Bedingungen ab. Fehlen sozio-emotionale Hinweise zu den individuellen Identitäten der anderen Gruppenmitglieder, weil man sie online nicht hört oder sieht, tritt die Gruppenidentität in den Vordergrund. Das verstärkt sich, wenn die Mitglieder die Gruppenidentität in ihren Profilen betonen, etwa durch verbindende Symbole oder Themen. Auf diese Weise nehmen Community-Mitglieder die anderen weniger als Individuen wahr, sondern überwiegend als Teil der Gruppe und ihrer Identität. Die Gruppe wird gleichsam entindividualisiert, daher der Begriff ‚Deindividuation' im Namen der Theorie. Die Identitäten der Individuen und ihre Verhaltensnormen treten in den Hintergrund, die Verhaltensnormen der Community dominieren. Nun neigen Gruppen generell dazu, sich von anderen Gruppen durch ablehnende Stereotype abzugrenzen („Die sind doch alle so…"). Entsprechend geht mit zunehmender Dominanz der Gruppenidentität die wachsende Neigung zur Stereotypisierung von Fremdgruppen, also solchen Gruppen, denen man sich nicht zugehörig fühlt, einher[50]. So verstärkt sich in verschiedenen Meinungslagern die Wagenburgmentalität, die man in den sozialen Medien häufig beklagt und z. B. bei der deutschen Flüchtlingsdebatte beobachten kann.[51]

Was passiert, wenn in einer Gemeinschaft Normen existieren, die demokratische Werte und Spielregeln ablehnen, einen Verstoß gegen sie erlauben oder sogar für nötig erachten? Das lässt sich beispielsweise bei Pegida beobachten. Zur Gruppenidentität der rechtspopulistischen Organisation gehört es, die Rechtmäßigkeit der gewählten Regierung, die Pressefreiheit und das staatliche Gewaltmonopol anzuzweifeln, und – aufgrund der vermeintlichen nationalen Notsituation – Gewalt gegen Islamisten und Flüchtlinge zu akzeptieren. Die SIDE-Theorie sagt in diesem Fall voraus, dass die Community-Mitglieder gemäß der Gruppenidentität zu radikalem Verhalten neigen und Zweifel, die sie als Individuen durchaus haben mögen, hintanstellen. Es kommt zur Radikalisierung der Gruppe. Dasselbe Muster hat Gustave Le Bon (1982) vor über hundert Jahren für Massenversammlungen beschrieben. Auch dort tritt das Individuum in den Hintergrund, die Gruppenidentität überstrahlt alles. Die Deindividualisierung und Radikalisierung der Pegida-Community wird also nicht nur online (auf der Facebook-Seite und andernorts) gefördert, sondern auch bei den regelmäßigen Demonstrationen.

Wie sich Rechtsextreme in Online-Communities gegenseitig weiter radikalisieren und bis zur Gewaltanwendung aufschaukeln, beschreibt ein Zeit-Artikel[52] zum sozialen Hintergrund von Brandstiftungen gegen Flüchtlingsheime anschaulich. Er kommt zu dem Fazit:

„Das Beispiel der Freitaler Bürgerwehr zeigt, wie sich die rechte Szene gewandelt hat. Mitgliedschaft durch Mitmachen genügt ihr, Vereine braucht sie nicht. Viele extrem rechte Zirkel organisieren sich heute in geschlossenen Facebook-Gruppen oder WhatsApp-Chats, losen Netzen, die schwer zu greifen sind. (…) Der klassische Anführer ist dabei überflüssig, seine Funktion erfüllt der Hass-Diskurs in den Onlinecommunitys. Dort finden sich zahllose Wortführer, die zur Gewalt aufrufen. Man muss sie nicht einmal persönlich kennen, um ihren Appellen zu folgen. Einzelne

---

50   Das Phänomen konnte Tajfel in seinen berühmten Minimalgruppen-Experimenten nachweisen (vgl. v. a. Tajfel et al. 1971).

51   Siehe dazu Markus C. Schulte von Drach: Vom Vorurteil zur Fremdenfeindlichkeit. Süddeutsche.de vom 10.12.2014. http://www.sueddeutsche.de/politik/fluechtlinge-in-deutschland-vom-vorurteil-zur-fremdenfeindlichkeit-1.2251706.

52   Kai Biermann, Philip Faigle, Astrid Geisler, Karsten Polke-Majewski, Hannes Soltau, Julian Stahnke, Tilman Steffen und Sascha Venohr: Der Terror der anderen. Zeit.de vom 23.02.2016. http://www.zeit.de/politik/deutschland/2016-02/rassismus-gewalt-notunterkuenfte-gefluechtete-rechter-terror/komplettansicht.

können sich völlig ohne persönlichen Kontakt zur Szene radikalisieren, alle Inhalte der Ideologie finden sie bei YouTube, Facebook oder in anderen Foren."

Dieser Überblick soll genügen, um die derzeit leider wenig realistische Hoffnung zu hinterfragen, das Internet sei eine ideale Plattform für deliberative Diskussionen politischer Themen. Deshalb werden sich die zwei folgenden Kapitel auf zwei ‚handfeste' Funktionen sozialer Medien konzentrieren: die Verbreitung politischer Inhalte und Nachrichten in der Bevölkerung (Kapitel III) und deren Bedeutung bei der individuellen und gesellschaftlichen Meinungsbildung (Kapitel IV). Wie wir sehen werden, machen sich auch dort Enthemmung, Normverstöße und Radikalisierung bemerkbar.

Öffentliche Bürgerkommunikation

Bevor wir jedoch zur Verbreitung von Inhalten online kommen, ist eine begriffliche Klärung nötig. Bisher war von sozialen Medien die Rede. Damit ist landläufig die Infrastruktur gemeint, über die Bürger miteinander kommunizieren bzw. Nachrichten kommentieren und weitergeben. Allerdings ist die Gleichsetzung von technischer Infrastruktur (soziale Medien) und den Urhebern von Inhalten (Bürger bzw. Laien) irreführend: Denn erstens kommunizieren in den sozialen Medien nicht nur Bürger, sondern auch eine Vielzahl anderer Akteure: journalistische wie alternative Medien, Unternehmen, Institutionen und Interessensgruppen. Und Bürger kommunizieren nicht nur in den sozialen Medien. Zweitens kommunizieren Bürger auch auf klassischen Nachrichten-Portalen miteinander, genauer: in den dortigen Kommentarbereichen oder Diskussionsforen. Sind Nachrichten-Portale damit auch soziale Medien? In der Tat lassen sich soziale Medien kaum mehr vom Rest des Internets abgrenzen. Nahezu jede Website und jedes Online-Game ermöglicht User-Generated Content und sozial-interaktive Kommunikation. Das traditionelle Web 1.0 als Instrument einseitiger Massenkommunikation an ein passives Publikum gibt es kaum mehr. Damit verlieren auch die Begriffe Web 2.0, Social Web bzw. soziale Medien an Bedeutung. Was aber unverändert als Informationsquelle existiert und abgrenzbar bleibt, sind öffentliche Aussagen von Bürgern im Internet.

Überblickt man die kommunikationswissenschaftliche Literatur hierzu, fällt zweierlei auf: Erstens existiert eine Fülle unterschiedlicher Begriffe, die sich auf das Phänomen beziehen, nämlich auf Bürger, die politisch relevante Aussagen online veröffentlichen, bewerten oder weitergeben. Zweitens sind alle Begriffe für unseren Zusammenhang entweder zu weit oder zu eng gefasst. Ein einschlägiger Begriff hat sich bislang nicht etabliert.

- Das Konzept des öffentlichen Diskurses nach Habermas ist für unsere Zwecke unbrauchbar, da zu weit gefasst. Zum einen unterscheidet es nicht zwischen Bürgern und professionellen Akteuren (Journalismus, Interessensvertretern) als Urhebern von Aussagen. Zum anderen vermischt das Konzept massenmedial vermittelte Diskurse unter professionellen Akteuren, die es schon immer gibt, und Diskussionen unter Bürgern, wie sie im Internet ständig stattfinden.

- Der Begriff der *Anschlusskommunikation* bezeichnet die interpersonale Kommunikation unter Mediennutzern, die sich inhaltlich auf zuvor rezipierte massenmediale Inhalte beziehen (vgl. Nuernbergk 2013; Ziegele 2016). Für uns ist der Begriff ungeeignet, weil es hier um alle Formen interpersonaler Online-Kommunikation gehen soll, unabhängig vom Bezugsobjekt oder Anlass.

- Die Begriffe *Interaktivität* und *User-generated Content* (z. B. Quiring & Schweiger 2006; Schweiger & Quiring 2007) rücken die Fähigkeit von Online-Angeboten ins Zentrum, durch ihre technischen Eigenschaften auch Laien-Nutzern einen interaktiven Austausch zu ermöglichen bzw. sie dazu anzuregen – und den so entstandenen User-Generated Content medienökonomisch zu nutzen. Ob dieser Austausch gesellschaftliche von Bedeutung ist, spielt allerdings keine Rolle.

- Emmer, Vowe & Wolling (2011: 27) unterscheiden *interpersonale* und *Partizipationskommunikation*. Während der erste Begriff alle Formen von Gesprächen zwischen Bürgern und Politikern meint, gelten alle weitergehenden Aktivitäten wie Demonstrationen, Unterschriftensammlungen und Online-Nutzerkommentare als Partizipationskommunikation. Im Folgenden soll es um beide Varianten aktiver Kommunikation von Bürgern im Internet gehen; eine Unterscheidung zwischen interpersonaler und Partizipationskommunikation ist definitorisch schwierig und nicht nötig.

- Aus der Journalismusforschung stammen die bereits angesprochenen Begriffe *partizipativer Journalismus* oder *Bürgerjournalismus*. Die Begriffe mögen im weitesten Sinn auf Blogger zutreffen, die selbstständig gesellschaftsrelevante Inhalte produzieren und veröffentlichen, auch wenn sie das nicht arbeitsteilig in einer Redaktion tun. Jedoch das Liken, Teilen oder Kommentieren von Nachrichtenbeiträgen als Bürgerjournalismus zu bezeichnen, erscheint mir vollends irreführend. Niemand wäre früher auf die Idee gekommen, klassische Feedback-Möglichkeiten, wie Leserbriefe oder Zuhörer-/Zuschauer-Anrufe als Bürgerjournalismus zu bezeichnen.

- Hier erscheint der offenere Begriff der *Laienkommunikation* zunächst geeigneter (z. B. Neuberger 2009) – allerdings ist er schwer abgrenzbar. Nach welchen Kriterien und in welchem Bereich gilt ein Kommunikator als Laie oder – das ist wohl das Gegenkonzept – als Professioneller? Meist meint Laienkommunikation Laienjournalismus, also Aussagen nicht-professioneller Journalisten. Was aber, wenn sich ein professioneller Journalist zu einem Thema als Privatperson äußert? Oder wenn Profis aus anderen Feldern, z. B. Politiker, Wirtschaftswissenschaftler oder Fußballtrainer, die selten den Status eines professionellen Journalisten für sich beanspruchen, Gastbeiträge für Medien verfassen? Wichtiger als die Professionalität scheint mir die Rolle zu sein, in der eine Person kommuniziert; dazu später mehr. Dem Begriff der Laienkommunikation fehlt schließlich auch ein Hinweis darauf, dass hier gesellschaftsrelevante Aussagen öffentlich verbreitet und wahrgenommen werden (sollen).

Der letzte Satz spricht einen wesentlichen Aspekt von Online-Kommunikation an: den der Öffentlichkeit. Unter Offline-Bedingungen ist interpersonale Kommunikation in der Regel nicht öffentlich: Ein Gespräch zwischen zwei oder mehr Personen verlässt diesen Personenkreis nicht, sieht man einmal davon ab, dass Dritte das Gespräch belauschen könnten. Dasselbe gilt für E-Mails, nicht-öffentliche Chats, WhatsApp-, SnapChat- oder Facebook-Nachrichten. Die Kommunikation bleibt somit privat, auch wenn der Inhalt öffentlichkeitsrelevant sein mag. Anders verhält es sich in Diskussionsforen, Kommentarbereichen von Nachrichten-Portalen und Facebook-Posts: Hier diskutieren ebenfalls Laien miteinander; sie tun das aber in der Öffentlichkeit. Ihre Aussagen werden über den Gesprächszeitpunkt hinaus archiviert, sie können von Dritten wahrgenommen, weitergegeben und damit öffentlich werden. Oft ist gar nicht klar, an wen eine Aussage eigentlich gerichtet ist. Diese Mischung aus interpersonaler und potenziell öffentlicher Kommunikation wurde bereits mehrfach analysiert und mit Begriffen wie *interpersonal-öffentliche Kommunikation* (Brosius & Haas 2011) oder *mass-personal communication* (O'Sullivan 2009) belegt.

Um Aussagen politisch aktiver Bürger als Informationsquelle eindeutig abzugrenzen, verwende ich den Begriff der *öffentlichen Bürgerkommunikation (öBK)*. Diese umfasst sämtliche *öffentlichen Aussagen* von Urhebern, die diese *selbstständig* in ihrer *Rolle als Bürger* und *nicht als Repräsentant einer Organisation* artikulieren. Sie umfasst alle *Themen*, die das Gemeinwesen im weitesten Sinn betreffen und politische Maßnahmen erfordern können.

• Öffentlich meint hierbei, dass eine Aussage zumindest theoretisch von allen Bürgern rezipiert und weitergegeben werden kann und potenziell eine breite Öffentlichkeit erreicht. Dabei spielt der Verbreitungskanal der Aussage keine Rolle: öBK kann online wie offline stattfinden. Beispiel für Offline-öBK sind Bürgerfernsehen oder radio, die es in vielen Regionen seit den 1980er-Jahren gibt, oder Flugblätter von Bürgerinitiativen. In der Folge soll es nur um öBK online gehen.

- Das Kriterium der *selbstständigen Artikulation* meint, dass Bürgeräußerungen nur dann als öBK gelten, wenn sie ohne inhaltliche Auswahl oder Einflussnahme durch Dritte zustande kommen. Darunter fallen Aussagen bzw. Kommentare auf privaten Websites oder Blogs, in Diskussionsforen, Konsumentenportalen, Upload-Portalen (z. B. Instagram, YouTube), in den Kommentarbereichen von Nachrichtenportalen[53], auf Facebook-Fanseiten von Medien oder anderen Organisationen. Auch Aussagen, die über das persönliche Twitter-, Facebook- oder Xing-Profil verbreitet werden, gelten als öBK. Ausgeschlossen hingegen sind Aussagen von Bürgern, die in der redaktionellen Berichterstattung wiedergegeben werden (z. B. bei Fallbeispielen/Vox Pops). Dasselbe gilt für die Verbreitung von Bürgeraussagen (Testimonials), etwa in der Wahlwerbung oder Parteien-PR.

- Unter einer *Rolle* verstehe ich den sozialen Hintergrund von Urhebern, den diese in ihren Aussagen explizit oder implizit zum Ausdruck bringen. Aussagen, welche ein Urheber erkennbar als Repräsentant einer Organisation[54] – gleich, ob Wirtschaftsunternehmen, staatliche oder nicht-staatliche Organisation – tätigt, sind keine öBK. Weist ein Urheber explizit darauf hin, sich als Privatperson zu äußern, gilt das als öBK, auch wenn die Person eigentlich Repräsentant einer Organisation ist. Damit gelten private Facebook-Einträge oder Tweets von Journalisten, Politikern, Prominenten oder Wirtschaftsvertretern als öBK. Äußert sich ein Wirtschaftsvertreter hingegen auf der Website oder Facebook-Fanseite seines Unternehmens, gilt das nicht als öBK, auch wenn er von einer ‚persönlichen Botschaft' spricht, da hier die Rolle durch die Wahl des Kommunikationskanals eindeutig signalisiert wird. Die Art, Größe und öffentliche Relevanz der Organisation spielt keine Rolle: Auch Äußerungen des Kassenwarts eines Taubenzüchtervereins gelten nicht als öBK, solange diese Rolle erkennbar ist. Natürlich sind auch Aussagen klassischer Nachrichtenmedien keine öBK, da Journalisten Repräsentanten ihrer Medienorganisation sind. Schwieriger wird es bei Blogs und Websites: Gelegentlich ist nicht zu erkennen, ob ein Angebot (a) von einer Privatperson, (b) einer Privatperson als Repräsentant einer Organisation oder (c) von einer Gruppe von Personen und damit einer Organisation betrieben wird. Es gibt Fälle, in denen eine Person ohne echten Organisationshintergrund so

---

53 Bekanntlich werden Nutzerkommentare auf Nachrichtenportalen kontrolliert und bei Bedarf gekürzt und gelöscht (vgl. z. B. Domingo et al. 2008). Diese Kontrolle bezieht sich aber in der Regel auf Verstöße gegen Recht und Netiquette; eine inhaltlich begründete Auswahl oder Überarbeitung findet nicht statt, so dass man weiterhin von selbstständiger Artikulation sprechen kann.

54 Unter Organisation verstehe ich nach Szyszka (2006: 209-210) ein „soziales Gebilde, zu dem sich Personen als kooperative Akteure zusammenschließen, um mittels Nutzung gemeinsamer Ressourcen übergeordnete Interessen dauerhaft zu realisieren".

tut, als ob eine größere Institution oder eine eng vernetzte Community hinter ihrer Website stünde; dieser Verdacht drängt sich auch bei einigen Alternativmedien auf. In anderen Fällen versuchen große Organisationen den Eindruck eines privaten Blogs einer Einzelperson zu vermitteln, da diese grundsätzlich glaubwürdiger eingestuft werden als Corporate Blogs (Zerfass & Bogosyan 2007).

- öBK liegt schließlich nur dann vor, wenn *gesellschafts- und politikrelevante Themen* angesprochen werden. Alle privaten Aussagen sowie Beauty-, Kochrezepte- oder die meisten Branchen-Blogs fallen damit aus der Betrachtung.

Zwischenfazit: Das Internet bietet nahezu allen Bürgern ideale Möglichkeiten, ihre Meinung öffentlich zu äußern und mit anderen Bürgern sowie politischen Akteuren zu diskutieren. Allerdings wurden die anfangs großen Hoffnungen auf herrschaftsfreie und rationale Diskurse (Deliberation) online enttäuscht, denn die Diskursfähigkeit der meisten Bürger scheint begrenzt. Deshalb haben sich Öffentlichkeit und Wissenschaft zuletzt hauptsächlich mit negativen Phänomenen befasst: Hasskommentare, Shitstorms und andere demokratische Normverstöße. Sozialpsychologische Theorien erklären, warum gerade Normverstöße in der öffentlichen Bürgerkommunikation online verbreitet sind und wie sich dort Stereotype von anderen Gruppen, Ethnien oder Religionen verstärken.

Informieren und Informiertheit online

Im vorherigen Kapitel haben wir die Angebotsseite betrachtet. Journalistische Nachrichten, alternative Medien und öffentliche Bürgerkommunikation können als die wesentlichen Quellen politischer Informationen gelten. In diesem Kapitel wenden wir uns der Publikums- bzw. Nutzerseite zu und fragen, wie Bürger Informationsquellen wahrnehmen, beurteilen, auswählen, nutzen und weitergeben. Dabei werden einige Besonderheiten zutage treten, die die Befürchtung nähren, dass das Internet unter den aktuellen Bedingungen die Informiertheit und Diskursfähigkeit der Bevölkerung tatsächlich schwächt.

Vertrauen in Journalismus und Qualitätswahrnehmung

Trotz aller berechtigter Kritik sind journalistische Medien die einzige unabhängige Informationsquelle, die Bürgern aktuelle Nachrichten und politische Informationen mit dem Anspruch auf Wahrheit, Ausgewogenheit und Vielfalt bietet – und darüber hinaus einen integrierten Nachrichtenüberblick ermöglicht. Das ist in einer komplexen Welt und in Anbetracht der Überflutung mit kleinteiligen Informationen – besonders in den sozialen Medien, aber nicht nur dort – von großer Bedeutung. Entsprechend besorgniserregend ist der im ersten Kapitel skizzierte Bedeutungsverlust von Nachrichtenmedien. Damit verbunden ist nicht nur eine zurückgehende Nutzung, sondern auch die derzeitige Vertrauenskrise des Journalismus.

Vertrauenskrise des Journalismus

In einer repräsentativen Bevölkerungsumfrage in der Wochenzeitung Die Zeit im Jahr 2015 meinten 60 Prozent der Befragten, „weniger bis gar kein Vertrauen" in die Medien zu haben. 28 Prozent gaben an, ihr Vertrauen in die politische Berichterstattung sei gesunken, nur zwei Prozent sprachen von einem Anstieg (Hamann 2015). Eine andere Umfrage ermittelte 2016 nicht minder beunruhigende Zahlen (Bayerischer Rundfunk 2016):

- 55 Prozent der Befragten stimmten der Aussage „Ich glaube, dass in den Medien häufig absichtlich die Unwahrheit gesagt wird" zu.[55]
- 60 Prozent sagten, die Nachrichtenmedien „blenden berechtigte Meinungen aus, die sie für unerwünscht halten" und
- 51 Prozent beklagten, die Nachrichtenmedien „schenken Menschen wie mir zu wenig Gehör".

Die Befragten hielten besonders – und nicht ganz zu Unrecht – Boulevardzeitungen und den privaten Rundfunk für wenig glaubwürdig. Der öffentlich-rechtliche Rundfunk (Fernsehen und Radio), Tageszeitungen und – mit Einschränkungen – Wochenzeitungen/Magazine schnitten besser ab. Die nötige „Unabhängigkeit von politischen und wirtschaftlichen Interessen" wurde allerdings keiner Mediengattung wirklich zugetraut. Am besten schnitten hier wieder die Öffentlich-Rechtlichen und die Tageszeitungen ab. Doch selbst das öffentlich-rechtliche Fernsehen galt nur bei 46 Prozent der Befragten als voll und ganz bzw. weitgehend unabhängig; bei Tageszeitungen lag dieser Wert bei 44 Prozent und bei den Boulevardzeitungen als Schlusslicht bei 22 Prozent. Viele Bürger meinen also zu beobachten, dass Journalisten, Politiker und Wirtschaftslenker unter einer Decke stecken. Das äußert sich auch in beunruhigenden 60 Prozent der Befragten, die meinten, „dass den Nachrichtenmedien vorgeschrieben wird, worüber und auf welche Art sie berichten sollen". Unter den Ostdeutschen stimmten dem sogar 67 Prozent zu.[56] Die Befragten beklagten nicht nur eine Kontrolle der Medien durch fremde Interessen. 55 Prozent glaubten auch, dass die „Nachrichtenmedien mit ihrer Berichterstattung die ‚Mächtigen' im Land, also Staat, Regierung, Wirtschaft, einflussreiche Personen und Interessengruppen stützen." Die Daten der BR-Studie legen also die Diagnose nahe, dass der Vertrauensverlust vieler Bürger nicht nur journalistische Medien betrifft, sondern die Eliten im Allgemeinen. Was vor Jahrzehnten als

---

55 Die Prozentzahlen weisen jeweils den Anteil derjenigen aus, die auf einer vierteiligen Antwortskala ‚trifft völlig zu' oder ‚trifft eher zu' angekreuzt haben.

56 In Ostdeutschland ist laut der Studie das Misstrauen gegenüber den ansonsten eher positiv bewerteten öffentlich-rechtlichen Angeboten und Tageszeitungen besonders groß. Hier wirken eindeutig die negativen Erfahrungen mit den gelenkten Staats- und Parteimedien im DDR-Sozialismus nach.

Medien- und Politikverdrossenheit angefangen hat, scheint mittlerweile zur umfassenden Eliten- oder gar Systemverdrossenheit geworden zu sein. Diese schlägt sich in Leserzuschriften und Kommentaren mit übelsten Beschimpfungen bis hin zu Morddrohungen gegenüber Journalisten nieder (Hamann 2015).

Die Vertrauenskrise des Journalismus scheint sich in Deutschland gerade 2015 und damit im Jahr der beginnenden Flüchtlingsdebatte und des Aufkommens rechtspopulistischer Kräfte (AfD, Pegida) verschärft zu haben. Das legen zumindest die jährlichen Umfragen des Reuters Institute Digital News Report nahe: 2015 gaben noch 60 Prozent der dort befragten Deutschen an, den Nachrichten meist zu vertrauen („trust most news most of the time"). Das Ergebnis 2016 signalisiert eine auffallende Verschlechterung auf 52 Prozent. Fragt man noch etwas detaillierter, wie das erstmals 2016 geschah, sieht das Bild noch düsterer aus: Nur 47 Prozent sagten, sie würden Nachrichtenorganisationen vertrauen. Die Berufsbezeichnung ‚Journalismus' scheint gar vielen zum Reizwort geworden zu sein; gerade einmal 40 Prozent vertrauen dem Journalismus. Diese Werte sind kein Sonderfall. Vergleicht man Deutschland mit anderen Ländern, zerschlägt sich die Hoffnung auf eine baldige Besserung schnell. Denn international sieht es 2016 noch düsterer aus (Newman et al. 2016): Im Gegensatz zu den 52 Prozent, die in Deutschland Nachrichten vertrauen, liegt das Medienvertrauen in den USA, wo viele gesellschaftliche Entwicklungen bekanntlich früher einsetzen, bei gruseligen 33 Prozent. Auch bei unseren europäischen Nachbarn grassiert das Misstrauen: In Großbritannien vertrauen nur noch 50 Prozent den Nachrichten; Spanien (47 Prozent), Italien (42 Prozent) und Frankreich (32 Prozent) liegen noch darunter. Genau diesen Ländern sind das Internet und soziale Medien bereits heute wichtigere Informationsquellen als hierzulande (ebd.). Das bestätigt die Annahme, dass wir es nicht etwa mit einer politischen Besonderheit in Deutschland zu tun haben, sondern mit den Folgen eines tiefgreifenden medialen Strukturwandels, den wir uns in diesem Kapitel noch genauer ansehen werden.

Wie entsteht Vertrauen in Nachrichten und Medienmarken?

Die Vertrauenskrise trifft den Journalismus mitten ins Herz. Denn Nachrichten erfüllen hauptsächlich die Funktion, Bürgern Informationen über die gesellschaftliche Realität zu liefern. Sind diese Informationen nicht wahr, wird Nachrichtennutzung überflüssig.[57] Allerdings liegt hier ein Problem, denn Nachrichten berichten meist

---

57 Eine Ausnahme von dieser Regel sind Nachrichtenangebote, die andere Publikumsbedürfnisse als das nach wahrer Realitätsvermittlung befriedigen. Hier stehen wohl

über Sachverhalte, die nur die wenigsten aus eigener Anschauung kennen. Unser aller Bild von Politikern und Politik jenseits der lokalen Ebene ist durch Medien vermittelt. Entsprechend können Bürger den Wahrheitsgehalt von Nachrichtenbeiträgen nur selten mit ihrer eigenen Primärerfahrung vergleichen. Deshalb gelten Nachrichten als ,Vertrauensgut', d. h. als Produkt, dessen Qualität man nicht selbst überprüfen kann und dem man deshalb vertrauen muss (vgl. Kiefer 2001: 139f.). Immerhin können Bürger Nachrichten in verschiedenen Medien über ein Thema miteinander vergleichen. Wenn sie dabei auf abweichende Darstellungen stoßen, erregt das zu Recht ihr Misstrauen. Doch welche der Darstellungen nun tatsächlich stimmt – sagen wir besser: näher an der Realität ist –, können sie immer noch nicht erkennen.

So wenig Mediennutzer den Wahrheitsgehalt der meisten Nachrichten selbst beurteilen können, so wenig sind sie in der Lage, andere journalistische Qualitätskriterien einzuschätzen. Voigt & Schweiger (2014) legten den Teilnehmern einer Studie jeweils einen Beitrag vor, dessen Qualität hinsichtlich einer von fünf Qualitätskriterien (Unparteilichkeit, Relevanz, Sachgerechtigkeit, Vielfalt, Verständlichkeit) entweder hoch oder äußerst gering war. Die Frage war nun, wie viele Teilnehmer die Nachrichtenqualität korrekt beurteilen würden. Das Ergebnis fiel ernüchternd aus: Gerade einmal 52 Prozent bewerteten die Relevanz des Beitrags zutreffend, d. h. die Version mit hoher Relevanz als (eher oder sehr) relevant bzw. den Artikel mit auffallend wenigen relevanten Aussagen als (sehr oder eher) irrelevant. Bei den anderen vier Dimensionen sah es noch schlechter aus: 50 Prozent beurteilten die Sachgerechtigkeit des Artikels korrekt, 46 Prozent die Unparteilichkeit, 45 Prozent die Vielfalt und lediglich 42 Prozent die Verständlichkeit. In einem weiteren Experiment zeigte sich, dass die Beurteilung der Qualität eines Artikels in einem Nachrichten-Portal sogar von Nutzerkommentaren darunter beeinflusst wird. Allein deren Vorhandensein unter einem Beitrag verschlechtert dessen Bewertung (Prochazka et al. 2016).

Wenn Bürger weder den Wahrheitsgehalt noch die sonstige Qualität von Nachrichtenbeiträgen beurteilen können, müssen sie ihren Urhebern vertrauen bzw. sie für glaubwürdig halten. Wir müssen also unterscheiden zwischen der Glaubwürdigkeit einzelner Nachrichtenbeiträge einerseits und der Glaubwürdigkeit von Medienangeboten oder -marken und deren Machern andererseits. Auch wenn

---

die Motive Unterhaltung und Meinungsbestätigung im Vordergrund. Viele Leser der Bild-Zeitung schätzen deren unterhaltsame Aufmachung und dass sie ihre Meinung bestätigt. An den erlogenen Geschichten, Verdrehungen und Halbwahrheiten stören sie sich kaum, obwohl ihnen der lockere Umgang des Blattes mit der Wahrheit bekannt ist (Brichta 2010; Klingemann & Klingemann 1983)

man landläufig von einer ‚glaubwürdigen Zeitung' oder einem ‚unglaubwürdigen Journalisten' spricht, ist Glaub- bzw. Vertrauenswürdigkeit keine integrale Eigenschaft eines Mediums oder Journalisten. Vielmehr handelt es sich um eine subjektive Zuschreibung durch einzelne Bürger. Sie vertrauen darauf – oder eben nicht –, dass die Journalisten *kompetent* genug sind, um wahr und angemessen zu berichten, und dass sie *vertrauenswürdig* sind, dass sie ihr Publikum also nicht durch falsche oder verzerrte Informationen manipulieren wollen.[58]

Vertrauen oder die Zuschreibung von Glaubwürdigkeit bezieht sich auf verschiedene Ebenen: einzelne Journalisten (auch Moderatoren, Nachrichtensprecher oder Verleger), Medienmarken (z. B. die örtliche Regionalzeitung oder eine bestimmte Nachrichtensendung im Fernsehen), Mediengattungen (Zeitungen, Online-Nachrichten usw.), Mediensysteme (öffentlich-rechtlich versus privatwirtschaftlich) und schließlich der Journalismus als Ganzes. Während der eine Bürger ‚seiner' Zeitung vertraut, glaubt der andere Journalisten gar nichts mehr, wie man an den kursierenden Lügenpresse-Vorwürfen sieht.

Wie aber entsteht oder verändert sich Vertrauen in Medien? Der Vertrauensaufbau ist ein langfristiger Prozess. Wenn Bürger dauerhaft und regelmäßig immer dasselbe Nachrichtenangebot nutzen, entwickeln sie allein dadurch eine Markenloyalität (‚Leser-Blatt-Bindung'). In der Marktpsychologie erklärt man das durch den Mere-Exposure-Effekt: Der bloße wiederholte Kontakt mit einer Marke erhöht das Vertrauen in sie (nach Zajonc 1968). Auch wenn Mediennutzer die Wahrheit und Qualität einzelner Nachrichtenbeiträge kaum beurteilen konnten, entwickelten sie im Lauf der Zeit das Gefühl, einem Medium vertrauen zu können[59]. Natürlich baut sich diese ‚Vertrautheit' nur auf, wenn das Medium dauerhaft eine zumindest ausreichende Nachrichtenqualität liefert und keine groben Qualitätsverstöße begeht. So haben sich über Jahrzehnte die Images glaubwürdiger Medienmarken wie die der Tagesschau oder der Zeit entwickelt. Die Bedeutung von Medienmarken zeigte sich auch in den Experimenten von Voigt & Schweiger (2014). Wurde den Versuchspersonen suggeriert, der Artikel würde aus der Süddeutschen Zeitung stammen, bewerteten sie ihn – unabhängig von der tatsächlichen Qualität – besser als denselben Artikel mit dem Logo der Bild-Zeitung. Diese Effekte fanden sich interessanterweise in allen Bildungsgruppen.

---

58 Die Unterscheidung in Kompetenz und Vertrauenswürdigkeit als Hauptdimensionen der Kommunikatorglaub-würdigkeit stammt von Hovland & Weiss (1951). Man kann sie so auf den Punkt bringen: Wer kompetent ist, *kann* korrekt berichten; wer vertrauenswürdig ist, *will* korrekt berichten.

59 Das zeigt sich beispielsweise daran, dass Bürger in Befragungen persönlich viel genutzte Medientitel besser bewerten als Medien allgemein (Pew Research Center 2012).

Heuristische Informationsverarbeitung

Schauen wir uns die Mechanismen, die bei der Beurteilung journalistischer Qualität und der Zuschreibung von Glaubwürdigkeit relevant werden, etwas genauer an. Wie kommt es, dass Bürger eine Meinung zur Glaubwürdigkeit oder Qualität von Medien haben, deren Hauptprodukt, die Nachrichten, sie kaum beurteilen können? Die Erklärung dafür liegt in einer meist heuristischen Informationsverarbeitung. *Heuristiken* sind kognitive Faustregeln oder Abkürzungen, die Menschen anwenden, wenn sie eine Entscheidung (a) schnell treffen müssen oder wollen und (b) nicht alle relevanten Fakten kennen – man spricht von einer Entscheidung unter Unsicherheit. Goldstein & Gigerenzer (1999) geben ein Beispiel für eine Heuristik, in diesem Fall die Repräsentativitätsheuristik: Die Versuchspersonen einer Studie sollten aus Paaren von Städtenamen eines ihnen wenig bekannten Landes die jeweils größere Stadt herausfinden. In den Fällen, in denen sie den Namen der einen Stadt bereits schon einmal gehört hatten, den der anderen Stadt dagegen nicht, wählten sie fast immer die ihnen bekannte Stadt als die größere aus. Sie unterstellten also, dass man eher von größeren Städten hört als von kleineren – eine Annahme, die oft stimmt, manchmal aber auch nicht. Bei einer heuristischen Entscheidung wenden wir einige wenige Informationen, die auf irgendeine Weise zur Entscheidung passen und die uns gerade in den Sinn kommen (= kognitiv verfügbar sind), auf die Entscheidung an. Während wir bei einer analytischen Entscheidung alle relevanten Informationen als Entscheidungskriterien berücksichtigen und sorgsam gegeneinander abwägen, funktionieren Heuristiken anders: Hier werden bevorzugt leicht verständliche, emotionale, auffällige oder anderweitig hervorstechende Inhalte verwendet (sogenannte Schlüsselreize) sowie Informationen, an die man gerade denkt, meist, weil man zuletzt mit ihnen konfrontiert war (Verfügbarkeitsheuristik).

Heuristiken beschleunigen und vereinfachen Entscheidungen, sind aber fehleranfällig. Eine Variante von Heuristiken, die in die Irre führen, sind *Stereotype* von Ländern, Ethnien, Religionen oder Berufsgruppen. Viele Menschen halten beispielsweise nach den Bankenskandalen der letzten Jahre Banker pauschal für moral- und ehrlose Menschen. Das stimmt sicherlich in einigen Fällen, meistens aber nicht. Das Stereotyp basiert auf einigen wenigen Informationen zu Extremfällen, über die viel berichtet und emotional diskutiert wurde. Sie sind den Bürgern besonders lebendig im Gedächtnis, wenn man sie nach ihrem Bild von Bankern fragt. Andere Informationen, z. B. über ein durchaus vertrauensvolles Verhältnis mit der Hausbank oder ein Bankmitarbeiter in der Bekanntschaft, verblassen dem gegenüber. Auch wenn diese Informationen nur einen kleinen Ausschnitt der Realität repräsentieren, neigen Menschen dazu, allein diese wenigen, womöglich verzerrten Informationen zur Beurteilung heranzuziehen. Dass Informationen, die

Bürger zuletzt aufgenommen haben oder mit denen sie häufig konfrontiert wurden, heuristische Entscheidungen stark prägen, lässt vermuten: Der ständige Kontakt mit teilweise absurden stereotypen Aussagen, wie man sie in den sozialen Medien finden kann (z. B. Flüchtlinge sind kriminell, ‚Gutmenschen' wollen Deutschland vernichten oder die deutsche Bevölkerung austauschen), führt nicht nur zur Entstehung dieser Stereotype in der Bevölkerung, sondern verfestigt und verstärkt sie auch (dazu mehr in Kapitel IV).

Ein erheiterndes Beispiel zur Macht von Stereotypen und Heuristiken stammt aus dem Journalismus. Im Jahr 1911 kam der Österreicher Arthur Schütz auf die Idee, die Leichtgläubigkeit von Journalisten zu testen, indem er pseudowissenschaftliche und inhaltlich unsinnige Beiträge verfasste und an Zeitungsredaktionen schickte. Er wollte herausfinden, ob sich die Redaktionen blenden lassen und die Beiträge abdrucken oder nicht. Der erste Text handelte von einem ‚Grubenhund', ein Begriff, der eigentlich eine Lore im Bergbau bezeichnet. Der Fortgang der Geschichte geht so:

> „Am nächsten Morgen stand in besagter Zeitung ein langer Artikel eines gewissen Dr. Ing. Erich Ritter von Winkler, Assistent der Zentralversuchsanstalt der Ostrau-Karwiner Kohlenbergwerke. Der Beitrag beginnt mit einer wilden Aneinanderreihung von technischem Unsinn. Dann folgt eine erstaunliche Beobachtung: ‚Völlig unerklärlich ist jedoch die Erscheinung, dass mein im Laboratorium schlafender Grubenhund schon eine halbe Stunde vor Beginn des Bebens auffallende Zeichen größter Unruhe gab.'" [60]

Die Journalisten – es waren offensichtlich keine Fachjournalisten – haben sich also bei der Beurteilung eines unbekannten Textes zu einem unbekannten Thema, von dem sie nicht viel verstanden, von heuristischen Schlüsselreizen (ver-)leiten lassen. Nach mehreren derartigen Versuchen kam Schütz zu dem Résumé, ein Bericht werde dann abgedruckt, sobald er nur „im Gewande der Wissenschaft schillere und von einem gut klingenden Namen gekennzeichnet sei" sowie „den ausgefahrenen Gedankenbahnen des Publikums und der Mentalität des Blattes entspreche". Man kann sich diesen Effekt auch bei heutigen Nutzern sozialer Medien gut vorstellen. Dass dabei auch die Übereinstimmung von Informationen mit bestehenden politischen Einstellungen eine Rolle spielt, musste bereits Schütz für antisemitische Journalisten seiner Zeit feststellen:

> „So erschien am 31. Dezember 1922 in der dezidiert antisemitischen Deutschöster-reichischen Tageszeitung der Beitrag eines Dr. Kuno Pointner: ‚Psychoanalyse. Eine notwendige Warnung'. Darin wird die ‚nicht scharf genug zu bekämpfende jüdische Pseudowissenschaft' als ‚zersetzend und zerstörend' gebrandmarkt. ‚Der Entdecker

---

60 Walter Hömberg: Dem Geheimnis auf der Spur. Der Grubenhundzüchter. Süddeutsche Zeitung vom 14.05.2016.

dieser Dogmatik, Freud, ein gewiss nicht unbegabter Nervenarzt, dessen Bedeutung
aber hauptsächlich auf dem Gebiete der kynognostischen Psychotherapie (Heilung
durch seelische Einwirkung) liegt, hat in einer seiner letzten Arbeiten (Arch. f. e.
Sel. 1922) darauf hingewiesen, daß die Neurose (Krankheit des Nervensystems) ihre
Wurzeln neben hereditärer Genese (Überkommen durch Vererbung) hauptsächlich
in der semitischen hysteroid-anagogischen (steigende Geschlechtserregung) Veran-
lagung hat und dem Arier biogenetisch (nach seiner Entwicklung) fremd ist.‘ Die frei
erfundenen abstrusen Fachbegriffe wurden von der Redaktion eilfertig erläutert. Es
handelt sich also um einen journalistisch veredelten Grubenhund.“

Es fällt nicht schwer, sich heute einen Nutzer sozialer Medien oder den Leser eines alternativen Mediums vorzustellen, der einem vergleichbaren Post willfährig
zustimmt und ihn weiterverbreitet. Auch bei der *Hostile-Media-Perception,* einem
ausführlich untersuchten Wahrnehmungseffekt (z. B. Oh et al. 2011), haben wir
es mit einer Heuristik zu tun: Mediennutzer nehmen Nachrichtenbeiträge zu
Themen, zu denen sie sich eine politische Meinung gebildet haben, häufig als unausgewogen wahr, und zwar als ‚feindlich‘ gegen ihre Meinung gerichtet – selbst
wenn die Artikel völlig neutral sind. Das lässt sich experimentell an einem einzigen
Beitrag nachweisen (Vallone et al. 1985): Während konservative Leser dort einen
Linksdrall wahrnehmen, beklagen linke Leser das Gegenteil. Der Vorwurf, dass
Nachrichtenmedien unausgewogen berichten, mag in vielen Fällen berechtigt sein.
Allerdings – so zeigt die Forschung zu diesem Effekt – wird er eben auch bei ausge-
wogener Berichterstattung erhoben. Journalisten selbst berichten in persönlichen
Gesprächen, dass sie zu politisch brisanten Beiträgen oft Leserbeschwerden aus
unterschiedlichen politischen Richtungen bekommen – und das dann als Bestäti-
gung ihrer Ausgewogenheit betrachten. Der Effekt basiert deshalb auf heuristischer
Informationsverarbeitung, weil hier Mediennutzer diejenigen Aussagen in einem
Beitrag, die ihrer eigenen Meinung widersprechen, als besonders auffallend wahrnehmen. ‚Harmlosere‘ Aussagen ignorieren oder vergessen sie. Fragt man sie nach
der Ausgewogenheit des Artikels, basiert dieses Urteil hauptsächlich auf den auf-
fallenden Aspekten – das Medium wird im Ergebnis als feindlich wahrgenommen.
  Stereotype, Grubenhunde und die Hostile-Media-Perception gelten als problematische Effekte heuristischer Meinungsbildung. Doch Heuristiken erklären auch
die Entstehung von Markenimages und Medienvertrauen. Konsumenten verfügen
über unterschiedliche Informationen zu einer Medienmarke. Diese stammen nicht
nur aus persönlichen Nutzungserfahrungen und der Eigendarstellung der Marke
(Werbung, Aufmachung usw.). Auch Erfahrungsberichte und Beurteilungen Dritter,
unter anderem in der öffentlichen Bürgerkommunikation online, sowie journalistische und alternative Berichte über eine Marke prägen das Image. Auch wenn
diese Informationen unvollständig oder widersprüchlich sind, setzen Menschen

ein heuristisches Bild bzw. Image zusammen, das aus den auffälligsten und emotionalsten Informationen besteht, die gerade kognitiv verfügbar sind. So kommen Rezipienten zu heuristisch geprägten Images von Medienmarken, auch wenn sie deren journalistische Qualität kaum beurteilen können, oder zu Vorstellungen über den Journalismus als Berufsstand, auch wenn sie nur wenig über dessen Aufgaben, Abläufe und Hintergründe wissen.

Medienvertrauen basiert also mehr auf Erwartungen, Gefühlen und Hörensagen als auf einem rationalen Abgleich von Mediendarstellung und Realität, der ohnehin kaum möglich ist. So hat sich in (West-)Deutschland seit 1945 über Jahrzehnte ein beträchtliches Vertrauen in Nachrichtenmedien und den Journalismus aufgebaut. Daran konnten einzelne Kontroversen, allen voran die Kritik der 1968er-Generation am Axel-Springer-Verlag und der Skandal um die gefälschten Hitler-Tagebücher im Stern wenig ändern. Im Jahr 2000 bezeichneten noch 70 Prozent der Deutschen das Fernsehen als glaubwürdig (Ridder & Engel 2005: 433). Das war nach dem totalen Missbrauch von Presse, Radio und Film durch den Nationalsozialismus nicht selbstverständlich. Spätestens seit 2015 hingegen ist auffallend häufig von journalistischen Fehlleistungen die Rede. Nicht nur Bürger kritisieren den Journalismus online heftig (Prochazka & Schweiger 2016). Auch alternative Angebote thematisieren das Problem ständig, weil sie damit ihre Relevanz und Legitimation unterstreichen können. Und selbst Nachrichtenmedien berichten und diskutieren intensiv über ihre eigenen Fehler, die Fehler anderer Medien und die Krise des Journalismus (z. B. Hamann 2015). Diese allgemeine Thematisierung einer Glaubwürdigkeitskrise trägt sicherlich zum Vertrauensverlust des Journalismus bei. Der stete Tropfen höhlt bekanntlich den Stein, auch und gerade, wenn das in einem langfristigen Prozess heuristischer Meinungsbildung geschieht. Die Thematisierung der Vertrauenskrise ist aber sicher nicht ihre alleinige Ursache. Daran hat vermutlich auch der tatsächliche Qualitätsrückgang vieler Medien einen Anteil. Trotzdem bleibt festzuhalten: Wenn Bürger, die Qualität von Medien kaum beurteilen können, ständig von journalistischen Fehlern und Manipulationsversuchen hören, verstärkt das die Vertrauenserosion zusätzlich.

Zwischenfazit: Mediennutzer unterstellen seit jeher auch neutralen Nachrichtenbeiträgen, gegen ihre eigene Meinung gerichtet und unausgewogen zu sein (Hostile-Media-Wahrnehmung). Dabei können sie häufig weder den Wahrheitsgehalt noch die Qualität einer Nachricht einschätzen. Dennoch hat sich in der (west-)deutschen Bevölkerung über Jahrzehnte ein Grundvertrauen in den Journalismus und viele Medienmarken etabliert. Dieses Vertrauen ist für die Demokratie existenziell. Denn durch journalistische Medien werden Bürger mit politischen Informationen versorgt, die in der Regel wahr sind und qualitativen Mindestanforderungen entsprechen. Umso beunruhigender ist die Vertrauenskrise, unter der der Journalismus derzeit in Deutschland – wie fast überall auf der Welt – leidet.

Verbreitung, Auswahl und Zugang zu Nachrichten

Ein weiterer Aspekt, der das Vertrauen der Bürger in Nachrichten beeinflusst, ist die schiere Menge und Vielfalt von Online-Informationsquellen und die damit verbundene Unübersichtlichkeit des Angebotes. Das wird besonders deutlich, wenn man die traditionelle journalistische Medienwelt mit der heutigen Situation vergleicht.

Nachrichten online: Menge, Vielfalt, Verbreitung

Die Herstellung und Verbreitung journalistischer Nachrichten war und ist in Fernsehen, Radio und Print kostenintensiv. Deshalb existiert im deutschen Sprachraum eine einigermaßen überschaubare *Menge* von Nachrichtentiteln. Bürger mit hoher Medienkompetenz kennen viele Rundfunksender, Regionalzeitungen und Zeitschriften, haben von den meisten überregionalen Tages- und Wochenzeitungen zumindest schon einmal gehört und kennen die Namen mancher Journalisten. Zwar werden täglich Tausende Nachrichtenbeiträge verbreitet; dennoch kann man selbst heute noch zumindest einen gefühlten Überblick über die wichtigsten überregionalen Politikmeldungen haben. Da nur Nachrichtenmedien mit höheren Publikumsreichweiten finanziell tragfähig sind, orientieren sich die weitaus meisten traditionellen Medien am Mainstream-Geschmack. Allzu exotische Themen und Meinungen findet man dort selten. Die *Vielfalt* an Angeboten, Beiträgen und Urhebern ist in den traditionellen Nachrichtenmedien tatsächlich begrenzt. Diese Übersichtlichkeit der Welt klassischer Nachrichtenmedien hinsichtlich Menge und Vielfalt wird auch durch deren regelmäßige Erscheinungsweise (Periodizität) unterstützt. Dass Zeitungen einmal am Tag oder gar nur wöchentlich erscheinen und auch im Rundfunk maximal stündlich Nachrichten kommen, erleichtert Mediennutzern den Überblick über das Nachrichtenangebot. Auch wenn es überraschen mag: Das ist auch online gar nicht viel anders. Da die weitaus meisten Online-Nachrichten im deutschen Sprachraum von traditionellen Muttermedien stammen, sind Menge und Vielfalt journalistischer Nachrichtenangebote online ähnlich übersichtlich. Allerdings veröffentlichen Online-Angebote neue Beiträge in der Regel sofort nach ihrer Fertigstellung. Sie folgen damit der Erwartung des Publikums nach ständig neuen Inhalten und minutenaktuellen Nachrichten (Aktualitätsdruck). Hatte früher die Bündelung von Beiträgen in regelmäßig erscheinenden Ausgaben für eine gewisse Übersichtlichkeit gesorgt, löst sich dieses Ordnungssystem bei Online-Nachrichten auf.

Weitet man den Blick über die *journalistische* Nachrichtenwelt hinaus, zeigt sich im Internet ein Informationskosmos mit einer gigantischen Menge und Vielfalt politischer Angebote und Inhalte. Neben journalistischen und alternativen Angeboten und öffentlicher Bürgerkommunikation ist nahezu jedes Unternehmen, jede Partei, Institution, Interessensvertretung online und auch in den sozialen Medien vertreten. Alle diese Akteure müssen sich im Gegensatz zu journalistischen Angeboten weder wirtschaftlich selbst tragen, noch sind sie existenziell von Reichweiten abhängig. Sie setzen Online-Kanäle als Public Relations-Instrumente ein und lassen sich das einiges kosten (vgl. etwa Zerfass & Pleil 2015). Deshalb kann man davon ausgehen, dass online – im Verhältnis zu journalistischen Angeboten und Inhalten – ein Vielfaches an gesellschaftsrelevanten, nicht-journalistischen Angeboten und Inhalten existiert. Dass dort bei der riesigen Fülle und Bandbreite an Akteuren auch eine ungleich größere *Vielfalt* zu erwarten ist, versteht sich von selbst.

Schon immer gab es politische Inhalte, die nicht von Journalisten stammten – das war auch vor dem Internet-Zeitalter der Fall. Doch der wesentliche Unterschied zwischen damals und heute liegt in der Verbreitung von Inhalten und dem Zugang: Offline existieren nicht-journalistische Inhalte überwiegend in gedruckter Form; Beispiele sind alternative Zeitungen, Zeitschriften, politische Flugblätter oder Broschüren. Alternative bzw. von Bürgern verantwortete Fernseh- und Radiosender sind rar (Ausnahmen: Bürgerfernsehen, Campus-Radio im Umfeld von Hochschulen). Nun sind ist aber der Druck und die Verbreitung von Printangeboten sowohl aufwändig und teuer als auch vergleichsweise langsam. Nicht-journalistische politische Inhalte erreichen deshalb weder mit Printerzeugnissen noch in politischen Versammlungen wirklich große Reichweiten. Online sieht es komplett anders aus: Hier kann potenziell jeder Inhalt kostenlos und in kurzer Zeit beliebig viele Menschen erreichen. Besonders in sozialen Netzwerken verbreiten sich Links, Texte, Bilder oder Videos oft in Sekundenschnelle. Deshalb stehen Nachrichtenangebote im Internet – anders als in Print und Rundfunk – in *unmittelbarer Konkurrenz* zu alternativen Angeboten, öffentlicher Bürgerkommunikation und der Online-PR politischer Akteure. Donsbach (2011: 125) beschreibt die Konkurrenz zwischen professionellem Journalismus und Pseudo-journalistischen Angeboten so:

> „Allerdings war es noch nie so leicht, die Profis zu imitieren, wie im Internet. Woher die Information stammt, wie gut sie geprüft wurde, wie ausgewogen sie ist – all das

kann, muss aber nicht eine Rolle spielen, um es wie eine Nachricht aussehen zu lassen. Wenn alles optisch mehr oder weniger gleich daher kommt: Woher soll der Nutzer noch wissen, hinter welcher Website ein professionelles Medium steckt, das mit viel Aufwand die richtigen und wichtigen Nachrichten recherchiert hat, und hinter welcher ein verblendeter Blogger oder ein Unternehmen, die einem etwas verkaufen wollen – sei es ein Ideologie oder ein Produkt."

Und die Unterscheidung wird noch komplizierter: Auf Facebook und anderen Social Network Sites steht alles unmittelbar nebeneinander. Und auch die Trefferseiten von Google und sonstigen Suchmaschinen enthalten eine bunte Mischung von Seiten unterschiedlichster Herkunft (Beiler 2010: 377). Da in Aggregatoren alles nur einen Klick entfernt ist und Nutzer von einem Beitrag zum anderen springen können, buhlen dort nicht die *Websites* integrierter Nachrichtenangebote um die Aufmerksamkeit der Nutzer, sondern *einzelne Beiträge* (Seiten oder pages). Unter heutigen Online-Bedingungen muss sich somit nicht Spiegel Online gegen andere Angebote behaupten, sondern jeder einzelne Artikel auf Spiegel Online gegen jeden anderen Beitrag aller anderen Angebote.

Für Bürger ist es gerade in den sozialen Medien kaum mehr möglich auszumachen, woher eine isolierte Information stammt, ob sie Teil eines integrierten Nachrichtenangebots ist und ob es sich um eine echte Nachricht handelt oder nicht. Manche Pseudo-Nachricht basiert zwar auf einer journalistischen Nachricht, löst sich aber auf ihrem viralen Weg durch die sozialen Netzwerke nach dem "Stille-Post"-Prinzip vom ursprünglichen Inhalt. Häufiger beziehen sich Pseudo-Nachrichten auch auf wahre Sachverhalte oder Begebenheiten, stellen sie aber völlig übertrieben dar oder verknüpfen sie mit Unwahrheiten. Das macht es nahezu unmöglich, echte Nachrichten von Pseudo-Nachrichten zu unterscheiden. Ob ein Inhalt somit von Journalisten stammt oder von anderen Informationsquellen, beeinflusst seine Verbreitung in den sozialen Medien und damit seine gesellschaftliche Wirkung kaum mehr. Auch das ist symptomatisch für den Bedeutungsverlust des Journalismus.

Alles das macht es für Bürger nahezu unmöglich, die schier unüberschaubare Menge und Vielfalt an Angeboten zu überblicken und deren Relevanz, Glaubwürdigkeit und sonstige Qualität zu beurteilen, um schließlich bestimmte Angebote oder Inhalte auszuwählen. Eduard Kaeser bringt die Folgen in der Neuen Zürcher Zeitung in einem Artikel mit dem schönen Titel „Googeln statt Wissen. Das postfaktische Zeitalter" auf den Punkt:

„In der digitalen Welt wird es schwieriger, zu überprüfen, was wahr ist und was nicht. Ein Permaregen von Informationen lässt uns fast nichts anderes übrig, als allmählich auf Standards wie Objektivität und Wahrheit zu verzichten."[61]

Kurioserweise stört es Nutzer oft gar nicht, dass sie nicht wissen, ob eine Online-Information stimmt oder nicht. Denn entweder suchen sie nach einer Antwort auf eine konkrete, handlungsrelevante Frage, beispielsweise welches Fahrrad am besten zu ihnen passt. Dann vergleichen sie unterschiedliche Quellen und bilden sich einen Gesamteindruck. Ob eine einzelne Angabe stimmt oder eine bestimmte Quelle glaubwürdig ist, spielt kaum eine Rolle. Nachrichten oder politische Informationen hingegen haben meist keine unmittelbare Entscheidungsrelevanz. Deshalb sind ohnehin keine wirklich negativen Konsequenzen zu befürchten, wenn sie falsch sind (Westphal & Blöbaum 2016). Es wird also nicht nur schwieriger, Standards wie Objektivität und Wahrheit zu erkennen und durchzusetzen – Online-Nutzer gewöhnen sich vermutlich sogar an Verstöße gegen sie.

Vom ganzheitlichen zum granularisierten Nachrichtenkontakt

Die veränderten Zugangsmöglichkeiten gehen mit veränderten *Mediennutzungsgewohnheiten* einher. Integrierte Nachrichtenangebote sind konfektioniert, d. h. jeder Rezipient bekommt dieselbe Auswahl und Zusammenstellung von Beiträgen präsentiert. Das erlaubt es Redaktionen, eine sinnvolle Auswahl und systematisch geordnete Darstellung der aktuell relevanten Nachrichten anzubieten. Das Publikum nutzt dieses Angebot üblicherweise im Ganzen oder zumindest in größeren Teilen: Wer eine Zeitung oder Zeitschrift kauft, liest dort mehrere Artikel; auch Radio- oder Fernsehnachrichten nutzt man üblicherweise am Stück. Dieses Verhalten ist rational: Wenn man für ein Printmedium bezahlt, möchte man diese Investition auch maximal ausnutzen. Auch im Rundfunk wird der Aufwand, nach dem Ansehen oder Anhören eines Beitrags eine andere Sendung zu suchen, oft als zu groß empfunden und man bleibt bei der Sendung. Allgemein gilt: Je größer der finanzielle, zeitliche oder kognitive Aufwand, ein geeignetes Nachrichtenangebot zu finden, desto umfassender wird es rezipiert (Schweiger 2007: 188).

Nachrichtennutzung dient der ‚allgemeinen Weltbeobachtung' (Hasebrink 2016) und erfolgt traditionell ritualisiert: Viele Menschen lesen jeden Morgen ein und dieselbe Tageszeitung, hören tagsüber Radionachrichten und schalten immer

---

61 Eduard Kaeser: Das postfaktische Zeitalter. NZZ.ch vom 22.08.2016. http://www.nzz. ch/meinung/kommentare/googeln-statt-wissen-das-postfaktische-zeitalter-ld.111900.

abends die Tageschau ein. Diese Medien-Loyalität fördern Verlage seit jeher durch preislich attraktive, langfristige Bezahlmodelle: Wer ein Jahres-Abonnement für eine Zeitung, Zeitschrift oder deren Online-Ausgabe abschließt, hat einen hohen Anreiz, diese auch regelmäßig zu nutzen. Bei Nachrichten-Portalen, die überwiegend kostenlos angeboten werden, fehlt ein finanzieller Anreiz zur Treue. Dennoch besuchen viele Bürger regelmäßig ‚ihre' Nachrichten-Website(s), sehen die dortige Startseite durch und lesen Beiträge. Sie tun das aus dem Gefühl heraus, als ‚ordentlicher Bürger' über die tagesaktuellen Geschehnisse informiert sein zu müssen (‚duty to keep informed', McCombs & Poindexter 1983). Bislang sind die meisten Nachrichten-Websites wie auch die traditionellen Medien konfektioniert, d. h. jeder Besucher bekommt dieselben Inhalte angezeigt.

Natürlich haben Zeitungsleser oder die Besucher von Nachrichten-Websites noch nie *alle* Beiträge gelesen. Wohl aber müssen sie für jeden Beitrag selbst entscheiden, ob sie ihn lesen wollen oder nicht. Selbst wenn man keinen einzigen Artikel gründlich rezipiert, bekommt man allein durch das Überfliegen von Überschriften, Lead-/Teasertexten oder Fotos beiläufig einen groben Überblick über die Nachrichtenlage.[62] Außerdem kann man beim Überfliegen eines Gesamtangebots auf Beiträge oder Themen stoßen, nach denen man zwar nicht gesucht hat, die man aber trotzdem interessant findet (Serendipity-Effekt). Beide Phänomene führen zu ‚inzidentellem', also zufälligem, unbeabsichtigtem Lernen.

Nur wer integrierte Nachrichtenangebote *im Ganzen* nutzt, profitiert damit von der Vielfalt der dortigen Berichterstattung und nimmt die wichtigste journalistische Leistung in Anspruch: die Auswahl, systematisch geordnete Darstellung und Einordnung berichtenswerter Ereignisse, Themen und Meinungen durch ein und dieselbe Instanz. Das ermöglicht Mediennutzern einen umfassenden *Nachrichtenüberblick*. In der Demokratie ist es von herausragender Bedeutung, dass möglichst viele Bürger über einen angemessenen *Nachrichtenüberblick* verfügen: Mündige Bürger müssen in ihrer Rolle als Wähler breit informiert sein, um neue politische Probleme und Entscheidungen, die ja jederzeit und unvorbereitet auftauchen können, zumindest ansatzweise zu verstehen.

Ein umfassender Nachrichtenüberblick, zu dem auch die Kenntnis der gemeinsamen Agenda der relevantesten Themen gehört, dient auch der gesellschaftlichen Integration der Bürger (vgl. Vlasic 2004). Er wirkt damit einem Auseinanderfallen der Gesellschaft in separierte Gruppen oder Milieus mit spezifischen Interessen und Kenntnissen entgegen. So wichtig die Spezialisierung von Menschen in der

---

62 Dass das bloße Überfliegen einer Online-Nachrichtenübersicht Nutzer in ihrer Realitätswahrnehmung beeinflusst und zu Agenda-Setting-Effekten führt, ist empirisch nachgewiesen (Bulkow et al. 2012).

Arbeitswelt sein mag – für die Demokratie sind Spezialisierung und das Auseinanderdriften gesellschaftlicher Gruppen bedrohlich. Denn sie lebt von Gemeinsamkeit:
vom gemeinsamen Diskurs, von gemeinsamen Entscheidungen aller Bürger und
einem Minimum an Zusammengehörigkeitsgefühl. Entsprechend ist die Fragmentierung, also die Zersplitterung des Medienpublikums „in viele Teilpublika,
die Unterschiedliches nutzen und nur noch selten zu einem großen Publikum
zusammenkommen" (Holtz-Bacha & Peiser 1999: 41) nicht nur ein Symptom für
ein Auseinanderfallen der Gesellschaft, sondern auch eine Ursache dafür. Eine
Gesellschaft, die nur noch aus Spezialisten besteht, die keine gemeinsamen Interessen und Kenntnisse teilen, driftet auseinander und droht auseinanderzubrechen.

Die ritualisierte und ganzheitliche Nutzung von Tagesschau, Spiegel Online
und sonstigen integrierten Nachrichtenmedien ermöglicht nicht nur einen Nachrichtenüberblick und wirkt damit der Fragmentierung von Publikum und Gesellschaft entgegen. Sie ist auch ein Mittel gegen die menschliche Neigung, Inhalte zu
bevorzugen, die der eigenen Meinung entsprechen, und gegenteilige Meinungen
zu vermeiden. Dazu gleich mehr.

Aggregatoren dagegen *personalisieren* die Präsentation von Nachrichten: Sie
zeigen Bürgern ausgewählte Seiten, die direkt auf ihre Interessen und Einstellungen
zugeschnitten sind. Ihr Erfolg beim Publikum verursacht einen messbaren Rückgang
der regelmäßigen und umfassenden Nutzung ganzheitlicher Nachrichten*angebote*
zugunsten des fallweisen Kontakts mit einzelnen *Beiträgen*. Diese Veränderung bemerken die Anbieter von Nachrichten-Portalen schon lange in ihren Besucherstatistiken
(Logfiles). Bereits 2008 kursierten Zahlen, dass ca. ein Drittel aller Besuche auf Zeit.
de, Welt.de und Focus Online von einer Google-Suche direkt auf einen Beitrag geleitet
wurden.[63] 2015 lag der Anteil von Suchmaschinen-vermittelten Besuchen zwischen
10 (Bild.de) und 30 Prozent (Stern.de und Welt.de) (Schmidt 2015). Die Bedeutung
von Aggregatoren unterstreichen auch Befragungen. In einer internationalen Studie
zur Nachrichtennutzung 2013 gaben 40 Prozent der befragten Deutschen an, Online-Nachrichten hauptsächlich mit Suchmaschinen zu finden, 15 Prozent nannten
Social Network Sites als wichtigste Quelle (Nielsen & Schrøder 2014). Dem stand
eine Minderheit von 32 Prozent gegenüber, die Nachrichten hauptsächlich auf den
Websites bekannter Medienmarken finden. Dieses Muster zeigt sich auch in den USA,
Frankreich, Italien, Japan und Spanien. Lediglich in Dänemark und Großbritannien
hatte eine Mehrheit überwiegend auf Nachrichten-Websites Kontakt mit Nachrichten.
Besonders junge Menschen verlassen sich bei der Nachrichtenrezeption zunehmend
auf Suchmaschinen und soziale Netzwerke (van Eimeren 2015: 3).

---

63 Thomas Mrazek: Wohlwollender Diktator. Onlinejournalismus.de vom 15.09.2008. http://
www.onlinejournalismus.de/2008/09/15/wohlwollender-diktator-google-news-nachrichten/.

Ich nenne das Phänomen *granularisierten Nachrichtenkontakt*.[64] Andernorts ist von ‚News Snacking' die Rede, so z. B. in einer Nutzerbefragung der App ‚News Republic' im Jahr 2013. Die Studie weist in diesem Zusammenhang auf die Bedeutung mobiler Internetnutzung hin und kommt zu einem deutlichen Fazit:

> „Forget news reading. Today, it's all about ‚news snacking,' meaning people are checking the news more often and typically on mobile devices. (...) 73 percent of those surveyed said they use aggregators intensively, up from 33 percent a year ago. Use of branded news applications (such as leading national dailies), on the other hand, decreased from 60 percent to 40 percent in the same period. (...) The report also indicates that people are increasingly checking sites like Facebook and Twitter for news updates; 43 percent of readers now use Facebook to check news, an increase of seven percent from last year."[65]

Der granularisierte Nachrichtenkontakt verstärkt ein weiteres Online-Phänomen, das die politische Informiertheit der Bürger gefährdet: die *Dekontextualisierung* von Inhalten (Hoffjann & Arlt 2015: 135). Im Internet kursieren unzählige isolierte Aussagen, die ursprünglich aus anderen gesellschaftlichen Zusammenhängen stammen. Da der Inhalt einer Botschaft grundsätzlich nur unter Kenntnis seines Entstehungskontextes angemessen einzuordnen ist, besteht auf diese Weise immer die Gefahr einer willentlichen oder unwillentlichen Falschinterpretation. Pörksen & Detel (2012) haben das am Beispiel persönlicher und mündlicher Aussagen beschrieben, etwa von Politikern, die für einen kleinen, überschaubaren Kreis gedacht sind, dessen Mitglieder die Hintergründe der Aussage und ihres Urhebers kennen. Verbreiten sich solche Aussagen aber im Internet und geraten dabei in andere gesellschaftliche Kontexte, werden sie dort nahezu zwangsläufig missverstanden und können von interessierten Kräften instrumentalisiert werden, etwa um den Urheber zu skandalieren.

Dieser Effekt trat beispielsweise im Zuge der Griechenland-Krise auf, als der Vorschlag des deutschen Finanzministers Wolfgang Schäuble, Griechenland solle vorübergehend die Euro-Zone verlassen, in die Öffentlichkeit geriet. Ursprünglich als Verhandlungsargument gedacht – und in diesem Kontext nachvollziehbar –, musste die Aussage im anderen Kontext einer ideologisch aufgeladenen Debatte missverstanden werden. Dekontextualisierung kann auch bei komplexen Analysen zum Problem werden, die sich ursprünglich an ein Fachpublikum richten. Geraten solche Inhalte mit ihrer analytischen Betrachtungsweise und Sprache in andere

---

64 Auch Pariser (2011: 65) erwähnt das Phänomen und spricht von ‚Debundling'.

65 Vgl. http://www.digitaltrends.com/mobile/news-republic-news-survey-2013/attachment/ news-republic-infographic-2013-large/ (15.08.2016).

Zusammenhänge, werden sie dort wahlweise als gefühllos, zynisch, technokratisch oder als naive ‚Gutmenschen'-Phantasie wahrgenommen oder schlichtweg inhaltlich missverstanden. Ein Beispiel: 2014 beschloss das Kreuzberger Bezirksparlament „dass grundsätzlich keine Genehmigungen für Veranstaltungen von Religionsgemeinschaften im öffentlichen Raum erteilt werden". Dahinter stand der Wunsch, öffentliche Veranstaltungen religiöser Gruppen mit fragwürdigen Zielen zu verhindern, ohne eine Seite zu bevorzugen oder zu diskriminieren. Als Folge musste u. a. in Kauf genommen werden, dass Weihnachtsmärkte formal als Wintermärkte anzumelden und zu genehmigen waren. Diese Verwaltungsentscheidung wurde von Bild.de in die Öffentlichkeit und damit einen anderen Kontext gebracht und so dargestellt, als ob in Berlin Weihnachtsmärkte verboten würden, um muslimische Empfindlichkeiten nicht zu verletzen.[66] Schließlich wurde die Nachricht von Pegida als deutsche Kapitulation vor der befürchteten „Islamisierung des Abendlandes" missinterpretiert.[67]

Zwischenfazit: Im Internet ist eine riesige Menge politischer Inhalte jeder Form und Couleur zugänglich. Die daraus resultierende Informationsflut und Unübersichtlichkeit erschwert es Bürgern, journalistische Nachrichten von alternativen Medien, öffentlicher Bürgerkommunikation, politischer Propaganda oder Unternehmens-PR zu unterscheiden. Nachrichten-Aggregatoren wie Suchmaschinen und Social Network Sites sind zwar komfortabel. Doch sie verändern den Zugang zu Inhalten, indem sie Nutzern eine personalisierte Auswahl isolierter und häufig dekontextualisierter Einzelbeiträge präsentieren. Dieser granularisierte Nachrichtenkontakt erschwert die Beurteilung kursierender Informationen. Einen gegenteiligen Effekt erzielen seit jeher integrierte Nachrichtenangebote. Sie werden von vielen Bürgern ganzheitlich und oft auch ritualisiert genutzt. Dabei vermittelt allein das regelmäßige Überfliegen von Schlagzeilen einen umfassenden Nachrichtenüberblick. Das verbessert nicht nur das politische Wissen, sondern trägt auch zur Integration einer sich tendenziell auflösenden Gesellschaft bei. Je stärker sich Bürger über Aggregatoren und je weniger sie sich über integrierte Nachrichtenangebote informieren, desto unvollständiger und bruchstückhafter wird ihr Nachrichtenüberblick.

---

66 Jonas Herrmann, Christian Seidl und Volker Weinl: Haben wir nicht alle Lichter am Baum? Bild.de vom 30.11.2014. http://www.bild.de/news/inland/weihnachtsmarkt/haben-wir-nicht-alle-lichter-am-baum-38772108.bild.html.

67 Sebastian Heiser: Ein Weihnachtsmärchen. Taz.de vom 17.12.2014. http://www.taz.de/!5025974/.

Personalisierung, Filterblase und Netzwerk-Effekte

Während also klassische Nachrichtenmedien ihrem Publikum eine nicht-personalisierte und ganzheitliche Überblicksdarstellung des Tagesgeschehens nahelegen, wirken Aggregatoren genau in die andere Richtung. Schauen wir uns das genauer an.

Personalisierung

Im Internet existieren extrem vielfältige Möglichkeiten zur konkreten *Suche* nach beliebigen Informationen ('Information Seeking'; Überblick bei Schweiger, 2010). Online ist der Aufwand, einen bestimmten Nachrichtenbeitrag oder sonstige politische Inhalte zu finden, minimal: Mittels Suchmaschine lässt sich nahezu jede Information in Sekunden finden und meist kostenlos nutzen. Zwar rezipieren immer noch viele Menschen rituell ,ihre' Online-Nachrichtenangebote – allein schon, weil das den Entscheidungsaufwand bei der Angebotsauswahl reduziert. Dennoch gewinnt neben dem ritualisierten Nachrichtenüberblick die fallweise Suche nach Beiträgen zu einem konkreten Thema an Bedeutung, wie wir gerade anhand von Logfile-Daten gesehen haben. Während journalistische Medien überwiegend über *gesellschaftsrelevante* Neuigkeiten berichten, führt der zunehmende Nachrichtenkontakt über Suchmaschinen zu einem höheren Anteil personalisierter Inhalte, die persönlichen Interessen entsprechen und nicht unbedingt von gesellschaftlicher Bedeutung sind.

Diesen Trend treiben Facebook und andere Social Network Sites auf die Spitze. Sie sind universelle Filter der personalisierten Umweltwahrnehmung und schieben sich als neue Intermediäre (Vermittlungssysteme) zwischen Realität und Publikum. Anders als in Nachrichtenmedien als klassische Intermediäre ist Gesellschaftsrelevanz in SNS kein Auswahlkriterium. Ihre Algorithmen liefern den Nutzern konsequent die Inhalte, die diese *persönlich* interessieren. Diese *Personalisierung* macht sie ja gerade so attraktiv. Neben dem persönlichen Interesse gilt die *Beziehungsstärke* als wichtigstes Selektions- und Ordnungskriterium:[68] SNS zeigen ihren Nutzern Beiträge von anderen Nutzern oder Anbietern, mit denen sie sich in der Vergangenheit verbunden haben (als Facebook-Freund, per Like, +1, Follow usw.). Je häufiger und intensiver sie zuletzt mit diesen interagiert haben, desto eher bekommen sie deren Beiträge zu sehen. Dabei gilt das Verfassen eines Kommentars als intensivere Interaktion als ein bloßes „Gefällt mir". Anders als

---

68   Vgl. DeVito (2016). Die genauen Algorithmen der Plattformen sind unbekannt, allein
     schon, um etwaige Manipulationsversuche durch Dritte zu erschweren.

in Nachrichtenmedien spielen der gesellschaftliche Status einer Quelle und ihre Glaubwürdigkeit keine Rolle, weshalb SNS die Posts guter Freunde solchen von gesellschaftlich relevanten Quellen vorziehen. Zudem unterscheiden SNS bei der Ermittlung der Beziehungsqualität nicht zwischen den eigentlichen Urhebern von Meldungen und Vermittlern, die sie lediglich weiterverbreiten (vgl. Jungnickel & Maireder 2015).[69] Der Journalist Götz Hamann (2015) beschreibt es unter Bezug auf Nachrichten so:

> „In den Sozialen Netzwerken hat sich ein alternativer Nachrichtenkosmos entwickelt, in dem eine andere Vertrauenswährung gilt. Dort ist erst mal unwichtig, ob jemand ein professioneller Journalist ist, das Vertrauen wächst dort anders, es zählt der Glaube an Menschen, denen man auf Facebook oder Twitter folgt und von denen man erwartet, dass sie auf wichtige Ereignisse und interessante Texte hinweisen. In diesen Netzwerken werden Artikel von Journalisten empfohlen und geteilt, sie sind weiterhin die zentrale Informationsquelle, aber ihre Glaubwürdigkeit beziehen sie vor allem von denen, die auf sie verweisen."

Ein weiteres Selektions- und Ordnungskriterium ist die *Aktualität*: Je aktueller eine Meldung zum Zeitpunkt des Aufrufs einer SNS ist, desto eher und auffälliger wird sie angezeigt. Während im Journalismus bei aller Beschleunigung Aktualität immer noch als ‚am selben Tag' oder gar ‚am Vortag' verstanden wird, gilt bei SNS ein rigideres und ausschließlicheres Aktualitätsverständnis auf Sekundenbasis. Entsprechend heben Nachrichtenmedien eine gesellschaftlich relevante Meldung auch am Folgetag hervor, während diese Meldung in SNS längst ‚durch' ist. Die *Zahlungsbereitschaft* von Urhebern ist ein gern übersehenes Kriterium. Bei Facebook beispielsweise müssen Nachrichtenmedien wie alle professionellen Quellen dafür bezahlen, dass ihre Posts möglichst vielen ihrer Fans angezeigt werden. So kommt es zu der absurden Situation, dass Nachrichtenmedien Facebook für die Verbreitung ihrer eigenen Beiträge an ihre eigenen Fans bezahlen.

Bekanntlich sind die etablierten Nachrichtenmedien auch in den SNS präsent, allen voran auf Facebook. Ihre dortigen Fan-Zahlen halten durchaus mit den Reichweiten der Print-Muttermedien und Websites mit: Die New York Times hat knapp 12 Mio. Fans weltweit, Bild 2 Mio. und Spiegel Online immerhin fast 1,2 Mio. Fans (Stand: 15.08.2016). Dennoch entsteht eine ganz andere Nachrichtenauswahl. Erstens speisen die Medienmarken nur noch eine ‚Facebook-taugliche' Auswahl ihrer Nachrichtenbeiträge ein. Zweitens bestimmen die Facebook-Algorithmen

---

69 Facebook modifiziert diese Algorithmen ständig. Mal werden Posts professioneller Kommunikatoren und damit auch von Nachrichtenmedien höher gewichtet, einige Zeit später bekommen private Inhalte wieder mehr Bedeutung. Das alles ändert aber nichts an der geschilderten grundsätzlichen Logik.

darüber, welche dieser Beiträge die Nutzer dann tatsächlich angezeigt bekommen
– und zwar nach den soeben genannten Kriterien Aktualität, Beziehungsqualität
und Zahlungsbereitschaft von Informationsanbietern. Die anderen Beiträge bleiben
unsichtbar. Welche Nachrichten Nutzer letztlich auf Facebook und anderen SNS
sehen, hängt also von den Auswahlentscheidungen der Nachrichtenmedien als
primäre Intermediäre und den SNS als sekundäre Intermediäre ab.

Auch wenn SNS andere Selektionskriterien als journalistische Medien verwenden,
tragen sie mittlerweile als neue Intermediäre eine gesellschaftliche Verantwortung
– eine Situation, die für die jungen und dynamisch gewachsenen IT-Unternehmen
wie Facebook oder Google ungewohnt ist. Die britische Journalismusforscherin
Emily Bell (2015) beschreibt die Situation so:

> „The free press is now controlled by companies whose primary interests are not
> necessarily rooted in strengthening public discourse and democracy. (…) Facebook
> does not see itself as a publisher, it only sees itself as a platform. But once Facebook
> is the world's front page, publishing responsibilities begin to attach themselves to the
> company. The most clear example of this is the process by which Facebook decides
> which news to feature in the feeds of its users. If it only features news which is rec-
> ommended by friends and family, then Facebook's users might miss an important
> event. Does the Facebook news algorithm take into account other factors, like how
> recently the news happened? Does it worry about whether the stories that its users
> are spreading are true? Does it get rid of stories which might be deliberately biased
> or misleading? Does it want to show us stories which are videos before it shows us
> stories which are text? Each decision means reprogramming the algorithm which
> selects types of news stories. Facebook might see this as an engineering task, but
> these simple decisions are also editorial. The Facebook effect spreads beyond simply
> offering a platform and into actually shaping journalism." (S. 88f.)

Filterblase

Dass der personalisierte, interessensgeleitete Zugang zur (Nachrichten-)Welt über
die sozialen Medien mit erheblichen Gefahren für den Einzelnen und die Gesellschaft verbunden ist, hat erstmals Eli Pariser (2011) in seinem vielbeachteten Buch
„The Filter Bubble" beschrieben. Diese *Filterblase* führt dazu, dass SNS-Nutzer
kaum mehr Kontakt mit Akteuren, Themen oder Meinungen haben, die sie nicht
interessieren. Das Problem dabei:

> „Democracy requires citizens to see things from one another's point of view, but
> instead we are more and more enclosed in our own bubbles. Democracy requires a
> reliance on shared facts, instead we're being offered parallel but separate universes."
> (Pariser 2011: 5).

Zweifellos schätzen SNS-Nutzer das maßgeschneiderte Angebot an Beiträgen in ihrem Newsfeed. Trotzdem ist vermutlich vielen nicht klar, dass sie mit jedem spontanen ‚Like' eine Auswahlentscheidung mit langfristiger Wirkung treffen, indem sie das Profil ihrer Filterblase (nach-)justieren. Die Blase selbst und ihre Grenzen bleiben unsichtbar. Man sieht zwar, was man alles angezeigt bekommt. Man weiß aber nicht, was man alles *nicht* sieht. Dass Gesellschaftsrelevanz keine Filterregel ist, ist vermutlich vielen nicht bewusst. Und man kennt die genauen Kriterien nicht, nach denen die Algorithmen funktionieren. Dass Facebook und andere SNS die Algorithmen häufig ändern, ohne das öffentlich bekannt zu machen, macht die Sache nicht besser. Pariser (2011) kommt zu dem überspitzten Fazit: SNS-Nutzer befinden sich in einer individuellen Filterblase, für die sie sich nicht entschieden haben, von der sie nicht wissen, dass sie existiert, und deren Regeln sie nicht kennen (S. 9f.).

Homophilie in Kommunikationsnetzwerken

Die Filterblase wirkt sich auch auf soziale Kontakte aus. Menschen, die sich in SNS miteinander verbinden, bilden sogenannte Kommunikationsnetzwerke. Dort gilt das Prinzip der ‚Homophilie', d.h. die Mitglieder der Netzwerke sind sich in der Regel ähnlich (vgl. McPherson et al. 2001). Wie homogen klassische Kommunikationsnetzwerke in einem Dorf sind, hat Lehmkuhl (2006) untersucht. Er befragte fast alle 632 Einwohner einer niedersächsischen Kleingemeinde zu ihren persönlichen (egozentrierten) Kommunikationsnetzwerken. Wie homogen die Netzwerke waren, zeigte sich bereits beim Alter: Ältere Dorfbewohner hatten weitaus mehr Kontakt zu anderen Dorfbewohnern ihres Alters als zu Jüngeren. Noch stärker war die Homogenität bei der formalen Bildung: 13 Prozent der Befragten gaben an, ausschließlich zu Personen gleicher Bildung Kontakt zu haben; weitere 46 Prozent verkehrten überwiegend innerhalb ihrer Bildungsgruppe.[70] Lehmkuhl resümiert: „Direkte Kontakte zwischen Volksschulabsolventen und mind. Fachabiturienten sind die Ausnahme et vice versa. Damit erweist sich die formale Bildung als ein Merkmal mit erheblicher Segregationskraft, die selbst in einem Dorf durchschlagende Wirkung entfaltet, in dem sich jeder kennt und Bil-

---

70 Eine Netzwerkanalyse von Schenk (1995: 107f.) ermittelte mit einem ähnlichen Vorgehen eine noch stärkere Bildungshomogenität. Mewes (2010) findet in einer Sekundäranalyse des Sozioökonomischen Panels von 2006 mit über 11.000 Befragten, dass Deutsche mit Hochschulreife fast nur mit ihresgleichen befreundet sind, während sich die unteren und mittleren Bildungsgruppen etwas häufiger austauschen.

dungshürden als weniger relevant erscheinen mögen." (S. 149). Wenn bereits auf dem flachen Land die Bildungsgruppen weitgehend unter sich bleiben, wie stark mag die Bildungshomogenität in Online-Netzwerken sein, die auf gemeinsamen Interessen und Einstellungen basieren?

Kommunikationsnetzwerke sind nicht nur hinsichtlich *sozioökonomischer Eigenschaften* (Alter, Bildung, Einkommen, soziales Kapital) homophil, sondern auch in Bezug auf *Werte,* also in weltanschaulichen Vorstellungen oder politischen Einstellungen (Lazarsfeld & Merton 1954). Auf Facebook oder andere SNS übertragen heißt das: Menschen, die dort miteinander verbunden sind, sind sich nicht nur in ihrer Bildung und ihrem sozialen Status ähnlich, sondern weisen oft auch ähnliche Einstellungen auf. Genau das macht ja den Reiz der Filterblase aus: Dass man sich in SNS in einem Kosmos statusähnlicher, gleichgesonnener Menschen mit ähnlichen Interessen bewegen kann (ausführlicher dazu in Kapitel IV). Entsprechend finden sich in den Newsfeeds von SNS-Nutzern überwiegend meinungskonforme Beiträge. Für Facebook (Del Vicario et al. 2015) und Twitter konnte das bereits empirisch belegt werden (Conover et al. 2011, Gruzd & Roy 2014). Die Filterblase ist damit eine wesentliche Ursache für die Abgrenzung bzw. Polarisierung von Gesellschaftsgruppen im Netz.[71]

Die Filterblase betrifft auch Suchmaschinen und hier besonders den weltweiten Marktführer Google. Bei der Beantwortung jeder Suchanfrage berücksichtigt Google eine Fülle personenbezogener Daten – immer mit dem Ziel, Suchergebnisse mit maximaler persönlicher Relevanz zu liefern. Das führt dazu, dass zwei Nutzer, die denselben Suchausdruck eingeben, unterschiedliche Trefferlisten angezeigt bekommen, je nachdem, wo sie sich befinden, was sie in der Vergangenheit gesucht oder gekauft haben, welche Websites sie häufig nutzen usw. usf.

Abbildung 2 illustriert den Effekt am Beispiel einer Google-Suche zweier Personen nach dem Wort „Egypt". Die Trefferlisten legen nahe, dass Daniel Ägypten in der Vergangenheit eher als touristische Destination gesehen hat und Scott sich eher für politische Themen interessiert. Wer sich also zuvor nicht für die arabische Revolution interessiert hat, wird selbst bei einer Google-Suche nach „Ägypten" kaum in Kontakt mit diesem gesellschaftlich hochrelevanten Thema kommen – ohne die Filterblase überhaupt zu bemerken.

---

71 In einem derzeit laufenden Forschungsprojekt an der TU Dresden wird dieses Phänomen treffendend als ‚Augmented Selectivity', also als erweiterte Selektivität bezeichnet; http://algstroeff.iums.eu. Campus (2012: 48) spricht von ‚Balkanisierung', weil sich kleine, unterschiedliche Kulturen voreinander abgrenzen, wie das nach dem Zerfall Jugoslawiens auf dem Balkan geschehen ist.

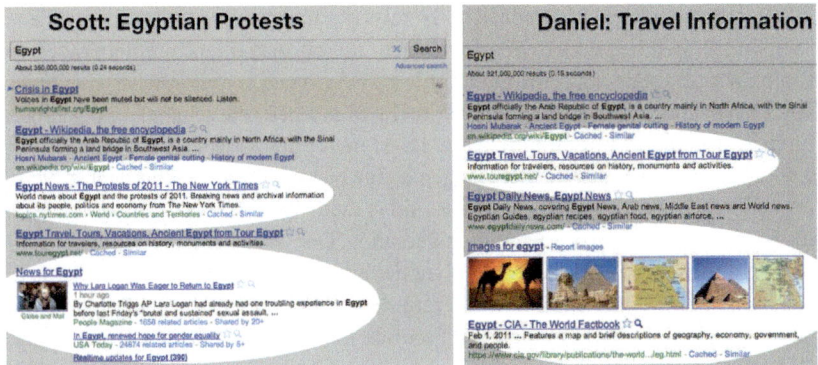

Abb. 2 Beispiel für eine Filterblase in Google

Quelle: http://blog.newswhip.com/wp-content/uploads/2013/02/ComparisonEgypt.png (nicht mehr verfügbar)

Netzwerk-Effekte

So plausibel die Vorstellung einer Filterblase auf den ersten Blick sein mag – es gibt auch gegenteilige Überlegungen. Die erste bezieht sich auf die schiere Menge und Vielfalt an Inhalten im Internet. Auch wenn der individuelle Zugriff darauf zunehmend durch Algorithmen personalisiert sein mag, bleiben immer noch unzählige Gelegenheiten, mit Informationen in Berührung zu kommen, für die man sich zunächst nicht interessiert und nach denen man nicht gesucht hat. Hier kommen einem zunächst journalistische Nachrichtenmedien in den Sinn, deren Anspruch und Leistung ja darin besteht, ihrem Publikum die gesamte Vielfalt von Themen, Argumenten und Meinungen zu zeigen. Je mehr Nachrichtenmedien – offline wie online – eine Person nutzt, desto schwächer wirkt die Filterblase (dazu gleich noch ausführlicher). Auch öffentliche Bürgerkommunikation wirkt tendenziell gegen die Entstehung einer Filterblase. Wenn man beispielweise Nutzerkommentare zu Facebook-Posts von Nachrichtenmedien oder die Kommentarspalten auf ihren Websites durchsieht, findet man dort meist ziemlich schnell Inhalte und Meinungen, die man so nicht gesucht hat. Dasselbe gilt für Diskussionsforen oder Konsumenten-Portale.

Die zweite Überlegung setzt bei der Größe und Beschaffenheit des persönlichen Netzwerks von SNS-Nutzern an. Während Menschen normalerweise mit einer begrenzten Zahl an Personen regelmäßig in direktem und engem Kontakt stehen, hat ein durchschnittlicher Facebook-Nutzer dort 342 Freunde (Wolfram

2013). Offline bestehen persönliche Netzwerke überwiegend aus ‚Strong Ties'. Das sind Beziehungen zwischen Menschen, die oft und intensiv miteinander zu tun haben und sich eng verbunden fühlen. SNS hingegen ermöglichen die Pflege von oberflächlichen Beziehungen mit mehr Menschen, die seltener und weniger intensiv miteinander kommunizieren. Diese nennt man ‚Weak Ties' (Granovetter 1973). Wie bereits angesprochen, neigen kleine Netzwerke dazu, homogen zu sein. Je größer Netzwerke hingegen werden und je mehr Weak Ties sie enthalten, desto unterschiedlicher sind die beteiligten Personen. Der Grad der Homophilie nimmt ab. Persönliche Netzwerke bestehen nicht nur aus *direkten Kontakten*, sondern auch aus *indirekten Kontakten*. Das sind Freunde von Freunden (Verbindung zweiten Grades), Freunde von Freunden von Freunden (Verbindung dritten Grades) usw. Damit potenziert sich der beschriebene Effekt der Netzwerkgröße und heterogenität: Je mehr direkte Freunde man in SNS hat, desto mehr Kontakte n-ten Grades hat man dort. Daraus ergibt sich eine exponentiell steigende Wahrscheinlichkeit von Kontakten mit heterogenen Inhalten.

Beide Überlegungen führen zur selben Konsequenz: Je mehr Informationen eine Person generell im Internet aufnimmt und je mehr Kontakte sie in ihren SNS-Netzwerken hat, desto höher ist die Wahrscheinlichkeit, dass sie mit Inhalten in Kontakt kommt, die nicht ihren persönlichen Interessen entsprechen. Damit stehen sich zwei Annahmen gegenüber:

- Die *Theorie der Filterblase* postuliert, dass Aggregatoren gegenüber der klassischen Mediennutzung zu einem höheren Anteil personalisierter Kontakte beitragen, so dass die Menschen unbemerkt in eine Blase geraten, die ausschließlich ihre eigenen Interessen und Einstellungen wiederspiegelt.
- Die *Netzwerk-Theorie* dagegen geht davon aus, dass persönliche Online-Netzwerke größer und damit automatisch heterogener sind, so dass eine Person über direkte und indirekte Kontakte häufiger mit heterogenen Inhalten konfrontiert wird.

Welcher Effekt wie stark ausfällt, ist individuell unterschiedlich. Es hängt erstens zunächst davon ab, wie intensiv Personen einerseits algorithmenbasierte Aggregatoren nutzen und andererseits Plattformen, die *keine* Netzwerk-Charakteristika aufweisen und deren Inhalte *nicht* durch Algorithmen personalisiert sind, wie das gegenwärtig bei Nachrichten-Portalen und vielen Unterhaltungsmedien der Fall ist.[72] Es hängt ferner von der Größe des individuellen Netzwerks ab. Jüngere Men-

---

72 Allerdings ist davon auszugehen, dass auch journalistische Angebote im Bemühen um ökonomischen Erfolg verstärkt auf Personalisierung setzen werden. Tatsächlich gab es bereits in den 1990er-Jahren Versuche personalisierter Online-Nachrichten (‚Daily

schen haben beispielsweise deutlich mehr Facebook-Freunde als ältere. Während es bei den 15- bis 20-Jährigen dort im Durchschnitt über 400 Freunde sind, liegt die Altersgruppe 50+ bei ca. 100 (Wolfram 2013). Das spricht bei den Jüngeren – mit ihrem größeren und heterogeneren Online-Netzwerk – für einen stärkeren Netzwerk-Effekt. Andererseits bewegen sich ältere Onliner anteilsmäßiger weniger in sozialen Medien; sie sind somit dem Filterblasen-Effekt der SNS weniger ausgesetzt.

Insgesamt liegen derzeit zu wenig empirische Befunde vor, als dass man daraus konkrete Hypothesen zur Stärke des Personalisierungseffekts auf individueller und gesellschaftlicher Ebene ableiten könnte. Was man aber sicherlich festhalten kann, ist, dass die Personalisierung des Nachrichtenkontakts durch Aggregatoren auf jeden Fall stattfindet, diese aber vermutlich nicht so extrem ausfällt, wie von Pariser angenommen. Und: Je einfacher und leistungsstärker die Personalisierungsmöglichkeiten online sind, desto stärker prägen die Interessen und Einstellungen von Bürgern ihre individuellen Nachrichtenkontakte.

Zwischenfazit: Aggregatoren sind universelle Filter der personalisierten Umweltwahrnehmung. SNS und – in geringerem Umfang – auch Suchmaschinen leiten mit Hilfe von Algorithmen aus situativen Auswahlentscheidungen (Likes) ihrer Nutzer automatisierte und langfristig wirksame Selektions-, Sortierungs- und Darstellungsregeln ab. Wie diese Algorithmen genau funktionieren und wie häufig sie verändert werden, ist Nutzern und der Öffentlichkeit unbekannt. Aggregatoren stellen sicher, dass Nutzer möglichst nur mit Personen, Akteuren und aktuellen Inhalten Kontakt haben, für die sie sich interessieren und mit denen sie in enger Beziehung stehen. Gesellschaftsrelevanz ist dabei kein Kriterium. Alle anderen Inhalte werden aus dem Newsfeed oder dem ‚Gesichtsfeld‘ der Nutzer ferngehalten. Sie geraten in *Filterblasen*, die ihre Interessen dauerhaft reproduzieren. Der *Netzwerk-Effekt* wirkt umgekehrt: In SNS sind die persönlichen Netzwerke der meisten Nutzer größer und heterogener als im ‚echten Leben‘. Das erhöht die Wahrscheinlich zufälliger Kontakte mit Themen, Meinungen oder Akteuren, für die man sich nicht unbedingt interessiert. Wie stark Filterblasen- und Netzwerk-Effekte ausfallen, ist individuell unterschiedlich. Es hängt in erster Linie von der Größe des individuellen Netzwerks ab und von dem Anteil, zu

---

Me‘, Negroponte 1995). Diese wurden aber bald wieder eingestellt, hauptsächlich weil sich nur wenige Nutzer bei jedem Besuch anmelden wollten. Heute erlauben fast alle Online-Plattformen eine dauerhafte Anmeldung, und ein Großteil der Nutzer macht davon Gebrauch, z. B. bei Google oder Facebook. Deshalb steht neuen Personalisierungsansätzen im Journalismus eigentlich nichts mehr im Weg.

dem Personen personalisierte Aggregatoren und nicht-personalisierte, integrierte Informationsangebote nutzen.

Politisches Interesse, Einstellungen und Nachrichtenkontakt

Die Personalisierung des Nachrichtenkontakts hat besonders in SNS Folgen für die Informiertheit der Nutzer. Im dortigen Newsfeed stehen gesellschaftsrelevante Inhalte in unmittelbarer Konkurrenz zu privaten und unterhaltenden Treffern oder Posts. Bundestagsdebatten und Flüchtlingselend finden sich direkt neben einem Katzen-Video oder einem Foto der besten Freundin.

Politisches Interesse und Interesse an Nachrichten

Ob und wie oft SNS-Nutzer Nachrichten und politische Inhalte in ihrem Newsfeed zu Gesicht bekommen, hängt natürlich von ihren Interessen und früheren ‚Likes' ab. Eine Analyse der Newsfeeds von mehr als 500 deutschsprachigen Facebook-Nutzern ermittelte für politische Inhalte einen durchschnittlichen Anteil von 14 Prozent (Jungnickel & Maireder 2015). Damit ist aber noch nicht gesagt, dass sie in demselben Maß beachtet wurden. Naturgemäß ziehen persönliche und unterhaltende Inhalte die Aufmerksamkeit stärker auf sich als Politik-Beiträge, zumal bei Facebook der Kontakt mit Freunden und Bekannten ein weitaus wichtigeres Nutzungsmotiv ist als das Lesen oder Ansehen von Nachrichten (PewResearchCenter 2013).

Die Konsequenz kennt jeder Community-Manager auf Facebook: Je kurioser oder unterhaltsamer ein Post, desto häufiger wird er gesehen und geliked. Nun sind auch Nachrichtenmedien auf Likes ihrer Fans angewiesen, weil der Facebook-Algorithmus Posts überwiegend an Fans ausliefert, die zuletzt mit dem Angebot interagiert haben (Likes, Kommentare, Weiterleitungen). Die Medienanbieter haben daraus gelernt und posten ihrerseits weniger Hard News und dafür mehr Soft News (Imhof 2015: 20).[73]

---

73 Bei Twitter verhält es sich im deutschsprachigen Raum übrigens umgekehrt. Hier weisen die Tweets von Nachrichtenmedien einen höheren Hard News-Anteil auf als ihre eigenen Nachrichten-Websites (Eisenegger et al. 2015: 250). Das liegt vermutlich an der anderen Nutzerstruktur auf Twitter, da sich dort weitaus stärker als auf Facebook die gesellschaftliche Elite austauscht (Tippelt & Kupferschmitt 2015).

Mit anderen Worten: Die Zielgruppen und Algorithmen von SNS zwingen den Nachrichtenmedien ihre Logik persönlichen Interesses auf. Damit gilt für die 18 Prozent der deutschen SNS-Nutzer, die dort zumindest selten Nachrichten nutzen – bei den 14- bis 29-jährigen sind das immerhin 32 Prozent (Tippelt & Kupferschmitt 2015): Wer sich bei der Nachrichtennutzung ausschließlich auf SNS-Beiträge von Nachrichtenmedien verlässt, kommt seltener mit gesellschaftsrelevanten Inhalten in Kontakt als die direkten Besucher ihrer Nachrichten-Portale. Nun könnte man hoffen, dass Bürger durch den Kontakt mit einzelnen Nachrichtenbeiträgen auf Facebook und anderen SNS und ihre tägliche Suchmaschinen-Nutzung im Lauf des Tags einen eigenen umfassenden Nachrichtenüberblick entwickeln. Das mag bei politisch Interessierten sogar funktionieren. Allerdings nutzen diese ohnehin meist auch Nachrichtenmedien direkt. Für weniger politisch Interessierte ist es unwahrscheinlich: Erstens googeln sie selten nach politischen oder gesellschaftsrelevanten Inhalten; naturgemäß muss man sich für ein Thema interessieren, damit man danach sucht. Zweitens lenkt die beschriebene Aufmerksamkeitskonkurrenz in den SNS von politischen Inhalten ab. Selbst wenn also journalistische Inhalte mit politischer Relevanz in ihrem Newsfeed erscheinen, werden sie diese oft ignorieren

Dass auf SNS kaum ein integrierter Nachrichtenüberblick möglich ist, betrifft auch die Nachrichtenanbieter selbst: Würden sie alle ihre Facebook-Posts an einem Tag so zusammenstellen, dass sich daraus ein kompletter Nachrichtenüberblick mit gesellschaftlicher Relevanz ergibt, müsste dieser auch unerfreuliche, komplexe oder anstrengende Beiträge enthalten, die das Facebook-Publikum allerdings tendenziell ignoriert. Und selbst wenn Nachrichtenmedien derart gesellschaftsdienlich – und ökonomisch selbstmörderisch – agieren würden, würde der Facebook-Algorithmus ihre Bemühungen zunichtemachen und die ‚schwierigen' Beiträge seltener ausliefern. Damit sinkt die Hoffnung, dass politisch Desinteressierte in SNS zumindest zufällig und in nennenswertem Umfang mit gesellschaftsrelevanten Nachrichten in Kontakt kommen. Das konnte Müller (2016) zumindest für die Altersgruppe der 16- bis 29-Jährigen empirisch bestätigen.

Einstellungen und klassische Nachrichten

Ein Nutzerkommentar auf Zeit.de weist darauf hin, dass alternative Medien zwar einseitig berichten, in der Gesamtheit aller Angebote jedoch das vollständige Spektrum an politischen Meinungen abbilden:

> „Alternativmedien sind wichtig! Die Vorgekaute (sic!) ‚Wahrheiten' der Leitmedien sind gefährlicher, da deren Eigentümer ihre eigenen Interessen verfolgen. Natürlich

stehen auch hinter den Alternativmedien Interessen, aber diese zielen nicht nur in
eine Richtung. Das Spektrum ist wesentlich breiter, (sic!) als das der neoliberalen
Wahrheitsmacher."[74]

Würden Bürger tatsächlich *alle* (Alternativ-)Medien rezipieren, bekämen sie tatsächlich ein maximal vielfältiges und unabhängiges Bild des Nachrichtengeschehens
und des existierenden Meinungsspektrums. Doch das ist allein aus Zeitgründen
kaum möglich – wer hat schon die Zeit, täglich Hunderte journalistischer und
alternativer Angebote zu durchforsten? Die Vorstellung geht aber auch aus einem
anderen Grund an der Realität vorbei: Menschen bevorzugen Nachrichten, die
ihrer politischen Meinung entsprechen, und meiden tendenziell Nachrichten, die
ihrer Weltsicht zuwiderlaufen (ausführlich Donsbach 1991). Das ist der Kernbefund
jahrzehntelanger, intensiver Forschung zum Zusammenhang von politischer Einstellung und Medien- und Nachrichtenauswahl. Die Kommunikationswissenschaft
bezeichnet eine einstellungskonsistente Nachrichtenauswahl als selektive Nutzung
(*Selective Exposure*). Psychologisch wird dieses Verhalten mit der Theorie der kognitiven Dissonanz erklärt (Festinger 1957). Sie besagt, dass Menschen bestrebt
sind, ihr Wissen zu einem Thema und alle damit verknüpften Einstellungen in
Einklang zu bringen und Widersprüche (Dissonanzen) aufzulösen. Das geschieht
entweder durch die aktive Suche nach oder die passive Aufnahme von konsonanten
Informationen – oder aber durch das Vermeiden oder Infragestellen dissonanter
Inhalte. Wer beispielsweise den Islam für eine aggressive und bedrohliche Religion
hält, wird einerseits dazu passende Nachrichten eher rezipieren und andererseits
Beiträge meiden, die diesem Bild widersprechen.

Dass diese Neigung auch online besteht, ist empirisch mehrfach bestätigt (z. B.
Knobloch-Westerwick & Meng 2009; Johnson et al. 2009; Garrett 2009). Z. B. beeinflussen persönliche Parteipräferenzen online nicht nur die Auswahl von ‚harten‘
politischen Nachrichten, sondern auch von Boulevard- oder Promi-Nachrichten
(Iyengar & Hahn 2009). Natürlich nutzen Bürger nicht *ausschließlich* Nachrichten,
die ihrer Meinung entsprechen, und meiden andere *gänzlich*. Das Phänomen bezieht sich lediglich auf eine menschliche Verhaltens*tendenz*, die unter bestimmten
Bedingungen, z. B. bei hohem Themeninteresse, gebrochen werden kann. Gerade
Menschen, deren psychologisches Persönlichkeitsprofil sich durch große Neugier
(‚Sensation Seeking‘, Zuckerman 1979) und Offenheit für Neues (z. B. McCrae &
Costa 1987) auszeichnet, konfrontieren sich häufiger mit anderen Meinungen oder
suchen dezidiert danach. So kommen Onliner unter Normalbedingungen trotz

---

74 Nutzerkommentar auf Zeit.de. http://www.zeit.de/politik/deutschland/2015-10/pegida-dresden-wirtschaft#comments.

einstellungskonsistenter Nachrichtenauswahl durchaus auch mit Argumenten der Gegenseite in Kontakt (Jang 2014).

Politische Einstellungen beeinflussen nicht nur die Auswahl einzelner Beiträge; sie schlagen sich auch auf die Auswahl von Nachrichtenmedien nieder (z. B. Iyengar & Hahn 2009). Nun gibt es in Deutschland, anders als in den USA, kaum journalistische Medien mit einer ausgeprägten politischen Linie; nahezu alle Redaktionen pochen auf ihre politische Unabhängigkeit. Dennoch weisen die meisten eine politische Färbung auf (siehe Kapitel II). Bürger kennen diese Färbung; die Übersichtlichkeit des Marktes traditioneller Nachrichtenmedien erleichtert ihnen den Überblick. Sie wählen die passenden Medien aus, nutzen sie über Jahre hinweg und bauen so eine Markenbindung auf. Natürlich berichten journalistischen Medien auch über Themen und Fakten, die ihrer Färbung nicht zupasskommen; das erfordert schließlich die journalistische Qualitätsmaxime. Es wäre beispielsweise undenkbar, dass die linke taz ihre überwiegend linke Leserschaft vor politisch unerwünschten Berichten zur Ausländerkriminalität verschont. Oder dass die konservative FAZ nicht über den Klimawandel berichtet. Auch wenn sich manche Leser über solcherart missliebige Artikel ärgern oder sie nicht lesen, ist ihre Markenbindung meist so groß, dass sie dem Medium trotz meinungsdissonanter Berichterstattung die Treue halten. Die an sich konsonante politische Linie des Mediums kennend, akzeptieren sie dort auch Beiträge oder Kommentare, die ihrer eigenen Sicht widersprechen. Das ist wegen des Hostile-Media-Effekts sogar recht oft der Fall. Denn dieser bringt es mit sich, dass Rezipienten mit einer ausgeprägten Meinung zu einem Thema einen an sich ausgewogenen Beitrag für ,feindlich' halten. Im Extremfall schreiben sie sich in einem Leserbrief oder Nutzerkommentar den Ärger von der Seele. Was aber, wenn Bürger im ,eigenen' Nachrichtenmedium gehäuft auf Nachrichten und Kommentare stoßen, die ihrer Meinung deutlich widersprechen, und sie aus dem Ärgern nicht mehr herauskommen? Und was passiert, wenn viele Bürger unter Online-Bedingungen keine tiefere Markenbindung zu Nachrichtentiteln entwickeln, die sie dissonante Meldungen dort tolerieren lässt?

Genau hier liegt der Angriffspunkt von Alternativmedien. Sie profilieren sich über eine eindeutige, häufig auch extreme politische Linie, die ihre Nutzer in der Regel teilen. Als ,Gesinnungsmedien' berichten und kommentieren sie meist so eindeutig und einseitig, dass eine Hostile-Media-Wahrnehmung unwahrscheinlich ist. Der Meinungskonsens führt bei den Rezipienten zu einem wohligen Gefühl der Einigkeit. Sicherlich gibt es auch Bürger, die gleichermaßen rechte wie linke Alternativmedien nutzen, um sich einen breiten Meinungs- und Themenüberblick zu verschaffen, allerdings ist diese Art der Mediennutzung wohl eine Ausnahme.

Wir können soweit festhalten: In der traditionellen Nachrichtenwelt kennen Bürger die politische Orientierung vieler Medien. Diese kommt im deutschen

Nachrichtenjournalismus weit gemäßigter zum Ausdruck als bei den polarisierten Nachrichten der US-Networks. Die Bürger schätzen und nutzen Medienangebote, die zu ihrer Weltanschauung passen und ihnen eine ‚Meinungsheimat' bieten. Da sich journalistische Medien grundsätzlich dem Vielfalts- und Ausgewogenheitsgebot verpflichtet fühlen, kommen ihre Rezipienten jedoch zwangsläufig auch mit dissonanten Aussagen in Kontakt. Das gilt zumindest für diejenigen Bürger, die journalistische Nachrichtenangebote ganzheitlich nutzen – egal ob online oder offline. Selbst wenn sie dort meinungskonforme Beiträge bevorzugen, bekommen sie bereits beim Überfliegen von Titelseiten oder Teasern und beim Anlesen von Beiträgen einen Eindruck davon, dass es auch andere Meinungen gibt und dass diese vielleicht sogar in der Gesellschaft weit verbreitet sind (Pariser 2011: 74f.).

Politische Einstellungen und Aggregatoren

Doch welche Rolle spielen politische Einstellungen beim personalisierten und granularisierten Nachrichtenkontakt in Aggregatoren? Zunächst ist festzuhalten: Suchmaschinen und SNS selbst folgen keiner politischen Linie; ihre Algorithmen sind gänzlich unpolitisch und neutral. Facebook empfiehlt im Newsfeed unter dem Label „Weitere geteilte Inhalte" durchaus auch politisch fragwürdige Angebote, wenn sie inhaltlich zu einem angezeigten Post passen. Auf YouTube findet man beispielsweise in großer Zahl Channels und Videos der islamfeindlichen Identitären Bewegung, und auch Google ermöglicht den Zugang zu beliebig vielen fragwürdigen Angeboten und Inhalten.

Wie also hängen politische Einstellungen und Nachrichtenkontakte in *Suchmaschinen* zusammen? Suchmaschinen sind ein klassisches Pull-Angebot. Hierunter versteht man Informationsquellen, auf die ein Nutzer bewusst und auf eigene Initiative zugreifen muss.[75] Sie stellen nur Kontakte mit Inhalten her, für die sich ein Bürger interessiert und nach denen er explizit und bewusst sucht. Natürlich enthalten die Ergebnislisten oft auch unpassende Treffer. Doch das sind technische Unzulänglichkeiten. Die Suchmaschinen-Anbieter arbeiten daran, den Anteil solcher Fehltreffer zu reduzieren, um die Nutzerbedürfnisse noch besser zu erfüllen. Das gilt auch für Suchmaschinen-Werbung (Keyword-Advertising). Auch sie zielt darauf ab, ausschließlich Werbung anzuzeigen, die zu einem Nutzer und den von ihm gesuchten Begriffen passt (Targeting).

---

75 Das Gegenteil sind Push-Kanäle. Diese erreichen Rezipienten ohne deren Zutun oder Wunsch; Beispiele sind E-Mails oder TV-Werbung.

Nun haben vermutlich die meisten Suchanfragen keinen Bezug zu gesellschaftsrelevanten Themen, bei denen politische Einstellungen eine Rolle spielen würden. Dennoch stand 2015 in Deutschland immerhin die Hälfte der zehn meist gegoogelten Begriffe in einem politischen Zusammenhang: „Pegida" (Platz 2), „Paris" (es ging wohl meist um die dortigen Terroranschläge des Islamischen Staates am 13. November 2015 mit über hundert Toten; Platz 5), „Griechenland" (und die dortige Schuldenkrise; Platz 7), „Charlie Hebdo" (eine Pariser Satirezeitschrift, deren Redaktion am 7. Januar 2015 zu großen Teilen durch islamistische Terroristen ermordet wurde; Platz 8) und der verstorbene Ex-Bundeskanzler „Helmut Schmidt" (Platz 9).[76]

Da Suchmaschinen bei jeder Suche optimale, maßgeschneiderte Inhalte liefern wollen, ist ihnen auch Vielfalt als journalistische Qualitätsnorm fremd. Das spricht dafür, dass Suchmaschinen ihren Nutzern tendenziell einstellungskonforme Inhalte liefern und damit selektive Nutzung begünstigen. Beiler (2010) führte eine Reihe typischer Google-Suchen nach Nachrichtenthemen durch und analysierte die Inhalte der Trefferseiten. Er stellte eine geringe Vielfalt gefundener Quellen und Inhalte fest und kommt zu dem Fazit: Suchmaschinen „bereichern […] das Informationsportfolio der Nutzer kaum. Stattdessen können die vielen konsonanten Dubletten ihre Wahrnehmung verzerren." (S. 375).

Nun kann man argumentieren, dass die meisten Suchanfragen und begriffe weltanschaulich neutral sind und entsprechend vielfältige Treffer aus allen politischen Richtungen liefern. Das trifft sicherlich für Suchbegriffe wie „Flüchtling", „Innenpolitik" oder „Klima" zu. Auch wer nach „AfD" sucht, kann das aus unterschiedlichen Motiven tun; er ist deshalb noch kein AfD-Sympathisant. Dennoch hängen viele *Themen* mit politischen Einstellungen zusammen. Anhänger der Grünen werden sich beispielsweise stärker für Umweltthemen interessieren, Sozialdemokraten für soziale Gerechtigkeit, Konservative für Sicherheit usw. Wer nach „Islam Gewalt" oder „Asylnotstand" googelt, tut das vermutlich aus einer anderen Einstellung heraus als jemand, der nach „Islam Kultur" oder „soziale Verantwortung" sucht. In politischen Lagern dominieren auch oft spezifische *Begriffe*. Während die einen von „freier Marktwirtschaft" sprechen, bevorzugen die anderen „Kapitalismus". Wer nach ‚Kapitalismus' googelt, wird häufiger auf kapitalismuskritische Informationsquellen als auf (finanz-)marktliberale Beiträge stoßen. Selbst wenn sie nach demselben Thema suchen, verwenden Nutzer je nach Einstellung verschiedene *Suchbegriffe*: Der eine sucht nach „Lügenpresse", der andere nach „Medienkritik"; der eine nach „Patrioten", der andere nach „Nationalisten" oder „Rassisten"; der eine nach „Klimalüge", der andere nach „Klimaskeptiker". Da Informationsquellen mit

---

76   Siehe den Jahresrückblick 2015 von Google Trends unter https://www.google.de/trends/topcharts#vm=cat&geo=DE&date=2015&cid.

einem vergleichbaren politischen Hintergrund ebenfalls diese Begriffe bevorzugen, sind einstellungskonsonante Nachrichtenkontakte wahrscheinlich. Das geht so weit, dass sich Gruppen durch die Verwendung bestimmter Begriffe, Abkürzungen oder Codes absichtlich und oft unbemerkt vom Rest der Gesellschaft abgrenzen. So nutzen Neonazis nicht nur die Zahlenkombination „88" (für „Heil Hitler"), um sich gegenseitig zu erkennen, sondern auch die politisch weniger eindeutige Forderung nach „Todesstrafe für Kinderschänder".

Wie bereits erwähnt, berücksichtigen auch Suchmaschinen *Nutzerprofile*, um mittels Algorithmen noch passgenauere Treffer zu liefern. Wer also in der Vergangenheit häufig nach politisch einschlägigen Inhalten gesucht und entsprechende Websites besucht hat, wird allein schon deshalb häufiger einstellungskonsonante Inhalte finden – automatisch und ohne es zu merken. Die Wahrscheinlichkeit ist also hoch, dass Suchmaschinen-Nutzer aufgrund ihrer gesuchten Themen, Begriffe und ihrer Nutzerprofile Kontakt mit meinungskonsonanten Informationen bekommen (vgl. die bislang einzige empirische Bestätigung von Knobloch-Westerwick et al. 2015).

Kommen wir zu *Social Network Sites*. Während wir es bei Suchmaschinen mit einzelnen Suchanfragen zu tun haben, die je nach Personenprofil des Suchenden spezifische Trefferlisten zutage fördern, ist die Sache bei SNS komplexer. Hier steht Nutzern ein größeres Repertoire an Aktionen bzw. Auswahlentscheidungen zur Verfügung, die sich teils gegenseitig beeinflussen. Für jede Selektion sind unterschiedlichste Einstellungseffekte denkbar. Am Beispiel Facebook seien die wichtigsten Selektionstypen illustriert:

- *Seitenselektionen*: Nutzer verbinden sich mittels Like dauerhaft mit Facebook-Seiten. Hier gelten die Gesetzmäßigkeiten, die oben für die Auswahl von Medien*angeboten* beschrieben wurden. Deshalb ist mit einer Bevorzugung einstellungskonformer Informationsquellen zu rechnen. Diese Selektion wirkt wie das Abonnement einer Seite im Facebook-Newsfeed und prägt deshalb alle späteren Selektionen und Kontakte dort.
- *Beitragsselektionen*: Im Facebook-Newsfeed schauen sich Nutzer nicht jeden Post gleichermaßen an. Auch hier klicken sie bevorzugt einstellungskonforme Posts an oder interagieren mit ihnen (Liken, Teilen, Kommentieren). Diese erfolgen zwar jeweils einmalig, sie wirken sich jedoch über den Facebook-Algorithmus auf spätere Beitragskontakte aus.
- *Algorithmische Beitragsselektion*: Der Facebook-Algorithmus lernt im Lauf der Zeit, welche Beiträge ein Nutzer bevorzugt anklickt, und erstellt daraus ein sich ständig aktualisierendes Nutzerprofil. Da im Newsfeed eines Nutzers aufgrund der schieren Menge nicht die Beiträge aller abonnierten (gelikten) Facebook-Seiten angezeigt werden, sorgt der Algorithmus dafür, dass dieser

Nutzer in seinem Newsfeed hauptsächlich Beiträge derjenigen Seiten sieht, die er zuletzt angeklickt oder mit denen er interagiert hat. Diese automatischen Selektionen durch das System werden von den Nutzern nicht bewusst veranlasst und oft gar nicht bemerkt. Dennoch wirkt sich der Algorithmus dauerhaft auf ihre späteren Kontakte im Newsfeed aus. Der Algorithmus sorgt also dafür, dass der Newsfeed eines Nutzers überwiegend Inhalte enthält, die seinen bisherigen Seiten- und Beitragsselektionen entsprechen. Da diese tendenziell einstellungskonform erfolgen, verstärkt die dritte, algorithmische Selektion die menschliche Neigung zu einer einstellungskonformen Beitragsauswahl in SNS.

Nutzer interagieren in SNS nicht nur mit Informationsquellen, sondern auch mit anderen Nutzern. Diese verbinden sich ihrerseits mit Informationsquellen und leiten deren Beiträge weiter. Damit kann ein SNS-Nutzer entweder *direkt* mit Nachrichten in Kontakt kommen oder *indirekt* über die Weiterleitung eines Freundes. Wer sich mit politischen Akteuren, journalistischen oder alternativen Medien verbunden hat, bekommt deren Inhalte *direkt* im Newsfeed angezeigt. Hat er sich nicht mit solchen Angeboten verbunden, besteht immer noch die Chance eines indirekten Kontakts über Weiterleitungen von Freunden, Verwandten, Bekannten und Kollegen. Für Facebook lassen sich weitere Formen von Selektionen beschreiben:

• *Freund-Selektion*: Nutzer befreunden sich gemäß dem Homophilie-Prinzip bevorzugt mit anderen Personen, die ähnliche Einstellungen aufweisen.
• *Algorithmische Beitragsselektion*: Die Beiträge und Weiterleitungen dieser Freunde und die sich daraus ergebenden indirekten Kontakte mit Inhalten sind wiederum einstellungskonform. Nutzer sehen in ihren Newsfeeds also nicht nur einstellungskonforme selbst-abonnierte Inhalte, sondern auch einstellungskonforme Weiterleitungen ihrer Facebook-Freunde.

In Anbetracht der Vielfalt der beschriebenen Selektionen und der wechselseitigen Einflüsse ist es kaum möglich, deren Wirkung isoliert zu ermitteln. Dennoch liegen einige Einzelbefunde vor. In der bereits erwähnten Newsfeed-Analyse von Jungnickel & Maireder (2015) zeigte sich, dass weniger als 33 Prozent aller Kontakte, die Facebook-Nutzer mit Posts von Nachrichtenmedien hatten, *direkt* von den Nachrichtenmedien stammten; knapp die Hälfte aller Kontakte wurden *indirekt* von Facebook-Freunden weitergeleitet. Die Studie zeigte ferner: Ob Facebook-Nutzer im Newsfeed angezeigte Beiträge lesen, hängt stärker von ihrer Beziehungsqualität zum Übermittler der Nachricht ab – weniger davon, wer der ursprüngliche Urheber eines Beitrags ist. Dabei ist wiederum das Interesse an Posts, die von Strong Ties stammen, höher als das Interesse an den Posts anderer Übermittler (Weak Ties).

Anders formuliert: Wenn ein Facebook-Nutzer von einem guten Facebook-Freund einen politischen Post weitergeleitet bekommt, wird er diesen eher lesen, als wenn er denselben Post von der Informationsquelle selbst erhält. Es ist also möglich, dass SNS-Nutzer indirekt erhaltene Beiträge eher rezipieren als direkt erhaltene. Das gilt vor allem, wenn sie diese über enge Freunde oder Gesinnungsgenossen bekommen haben. Damit rücken homogene Netzwerke noch enger zusammen, indem sie einstellungskonforme Inhalte untereinander verbreiten.

Die Folge dieser Annahmen ist wieder eine erhöhte Wahrscheinlichkeit von Kontakten mit einstellungskonsistenten Themen, Fakten und Meinungen in SNS. Dass Menschen auch in SNS überwiegend Inhalte rezipieren, die ihrer Einstellung entsprechen, ist sowohl für Facebook (Bakshy et al. 2015; Zollo et al. 2015) als auch für Twitter (Yardi & boyd 2010) empirisch bestätigt. In der Twitter-Sphäre zum Amoklauf von München zeigte sich das in aller Deutlichkeit (von Nordheim 2016). Eine Netzwerkanalyse ermittelte innerhalb der untersuchten 83.594 Tweets zwei „beinahe isolierte Hauptcluster", zwischen denen es nur wenige Verbindungen (retweets und mentions) gab:

> „Im Cluster rund um den Twitter-Account der Polizei München (…) finden sich vor allem klassische Medien (u. a. Spiegel Online, die Tagesschau, Bild, Zeit Online, ZDF heute), viele Journalisten, die privat twitterten und auch einige Politiker. Im zweiten, kleineren Cluster finden sich unter anderem Accounts verschiedener AfD-Ortsgruppen und -Politiker. Der Tweet mit der größten Reichweite in diesem Cluster steht repräsentativ für die dominierenden Frames innerhalb des Clusters: Politik- und Medienversagen werden angeprangert, die Ereignisse werden schnell mit fremdenfeindlichen Deutungsmustern verbunden." (ebd.)

Nun stellt sich allerdings die Frage, zu welchem Anteil sich die selektive Nutzung durch das einstellungsbedingte Auswahlverhalten von Bürgern erklärt, das es so schon immer gegeben hat, und wie groß der Einfluss der Algorithmen ist. Anders gefragt: In welchem Umfang verstärken SNS die menschliche Vorliebe für einstellungskonsistente Inhalte zusätzlich?

Bei Facebook angestellte Forscher (Bakshy et al. 2015) haben die Newsfeeds von zehn Mio. Facebook-Nutzern in den USA analysiert, um herauszufinden, wie viele Kontakte mit einstellungskonformen politischen Inhalten vom Facebook-Algorithmus verursacht wurden (Selektion 3) und wie viele Kontakte innerhalb des eigenen Einstellungslagers die Nutzer selbst zu ‚verantworten hatten' (Selektionen 1, 2, 4 und 5). Das politische Ziel der Studie lag darin, den Grad der Mitverantwortung des Facebook-Algorithmus an der Filterblase zu überprüfen. Sicherlich wunschgemäß fanden die Autoren, dass die persönlichen Einstellungen der Nutzer eher erklärten, welche Beiträge im Newsfeed sie anklickten und welche nicht. Der

Algorithmus (Selektion 3) erhöhte den Anteil angeklickter einstellungskonformer Posts hingegen nur geringfügig: um fünf Prozent bei Konservativen und acht Prozent bei Liberalen.

Dieser Befund liest sich vordergründig wie der Freispruch des Facebook-Algorithmus von der ‚Schuld' an einer Nachrichten-Filterblase. Doch das kann man so nicht sagen: Denn die Filterblase kommt ja nicht allein durch den Algorithmus zustande. Vielmehr wirkt eine Kombination aus menschlichem Verhalten in konkreten Situationen und deren algorithmische Verstetigung. Erst die menschliche Neigung zur Auswahl einstellungskonsistenter Quellen und Inhalte und zum Zusammenschluss in homogenen Netzwerken und deren langfristige Verstärkung durch Algorithmen führen zu einer Filterblase. Dass die meisten Nutzer die Algorithmen nicht kennen und SNS-Anbieter ihre Algorithmen streng geheim halten, macht die Sache noch undurchschaubarer und problematischer. In einem Punkt ist Parisers Alarmismus zu widersprechen: Die Filterblase ist sicher nicht undurchlässig. Nutzer bekommen auf Facebook und anderen SNS auch Inhalte zu sehen, die ihren Einstellungen widersprechen. Insofern ist der Begriff ‚Filterblase' eigentlich zu stark. Das ändert aber nichts daran, dass die Nutzung von SNS als Informationsquellen die Wahrscheinlichkeit einstellungskonformer Kontakte gegenüber der ganzheitlichen Nutzung klassischer Nachrichten erhöht.

Zwischenfazit: Menschen bevorzugen seit jeher Medieninhalte, die sie interessieren und die ihren Einstellungen oder Weltbildern entsprechen (Selective Exposure). Unter Online-Bedingungen hat sich die Nachrichtennutzung nicht nur granularisiert, sondern weiter personalisiert und inhaltlich spezialisiert. Damit sinkt die Wahrscheinlichkeit, dass politisch desinteressierte Bürger in Kontakt mit Nachrichten und sonstigen politischen Inhalten kommen, auf ein Mindestmaß. Gleichzeitig erhöhen Aggregatoren die Wahrscheinlichkeit, mit einstellungskonformen Inhalten und Meinungen in Berührung zu kommen. Ihre Nutzer drohen in eine weltanschauliche Filterblase zu geraten, die überwiegend aus gleichgesinnten Mitbürgern und meinungskonsonanten Inhalten besteht – ein Effekt, den vermutlich nur wenige aktiv angestrebt haben und der vielen nicht bewusst ist.

Konsequenzen

Die bisher beschriebenen, vielfältigen Entwicklungen des Internets hinsichtlich Bekanntheit, Nutzung und Verbreitung von Informationsquellen können zu weitreichenden Konsequenzen führen. So ist ein Rückgang des Nachrichtenüberblicks der Bürger zu befürchten. Dieser kann nicht nur zu einer Einschränkung der politischen Informiertheit beitragen; eine Schwächung der Medienkompetenz ist ebenso wahrscheinlich. Schießlich lässt sich durch die aktuellen Online-Phänomene auch die vielbeklagte Vertrauenskrise des Journalismus zumindest teilweise erklären.

Rückgang des Nachrichtenüberblicks

Aggregatoren führen zu einer Personalisierung von Nachrichtenkontakten. Bürger haben stärker als früher Kontakt mit Inhalten, die sie (a) selbst gesucht haben, für die sie sich (b) interessieren und die (c) ihrer Einstellung entsprechen. Sie leben in einem ‚ptolemäischen Universum' (Pariser 2011: 12). Das ist für den Einzelnen zunächst einmal sehr angenehm, denn:

> „Consuming information that conforms to our ideas of the world is easy and pleasurable; consuming information that challenges us to think in new ways or question our assumptions is frustrating and difficult" (Pariser 2011: 88).

Allerdings ist davon auszugehen, dass die Personalisierung, Fragmentierung und granularisierte Nachrichtennutzung zu einem Rückgang des integrierten Nachrichtenüberblicks führt. Dieser Effekt wird von den meisten Nutzern gar nicht wahrgenommen oder negativ bewertet – sie bekommen ja, was sie suchen und wollen, und werden von vermeintlich irrelevanten oder gar störenden Inhalten weitgehend abgeschirmt. Dennoch besteht die ungeahnte Gefahr der Desinformation. Donsbach (2011: 125) hat den Zusammenhang so beschrieben:

> „Wenn die Nachfrage nach professionellem Journalismus sinkt und zunehmend para-journalistische oder nicht-journalistische Quellen eine Rolle spielen, dann steigt die Wahrscheinlichkeit, dass der Anteil von geprüftem Wissen an allem Wissen der Bürger tendenziell sinkt. Damit kann die Gesellschaft letztlich auch irrationaler und in gewisser Weise auch ideologischer werden, zumindest aber oberflächlicher."

Aus gesellschaftlicher Perspektive ist das aus zwei Gründen Besorgnis erregend. Erstens: Die Demokratie erfordert von den Bürgern zwar keine tiefergehende Expertise, wohl aber eine umfassende Informiertheit über unterschiedliche Probleme und die gesamte Bandbreite an Lösungsvorschlägen. Diese ist aber bedroht, wenn Bürger in den Aggregatoren mehr und mehr Fakten und Meinungsäußerungen finden, diese aber weit überwiegend ihren Einstellungen entsprechen und kein schlüssiges Gesamtbild der gesellschaftlichen Realität mehr ergeben. Zweitens: Je stärker eine Medienumgebung die individuellen Interessen widerspiegelt, desto stärker hängen auch politisches Interesse und politische Informiertheit zusammen. Während politisch Desinteressierte früher immer wieder unbeabsichtigten Kontakt zu verschiedensten politischen Inhalten hatten und gleichsam erzwungenermaßen eine vielfältige Bildung erfahren haben, sinkt die Wahrscheinlichkeit inzidentellen politischen Lernens unter Online-Bedingungen.

Damit verkehrt sich die Hoffnung, dass das Internet mit seiner Fülle an Informations- und Partizipationsangeboten das politische Interesse der Bürger erhöht, ins Gegenteil. Wer sich nicht für Nachrichten interessiert, hat online beste Chancen, bei seinem „Unterhaltungsslalom" (Knobloch 2002) jeglichen Kontakt mit politischen Themen zu vermeiden. Und wer das politische Geschehen selektiv und mit Scheuklappen betrachtet und keinen Nachrichtenüberblick hat, kann ebenfalls kaum erkennen, welche Partei die eigenen Vorstellungen und Bedürfnisse am besten repräsentiert.

Vertrauenskrise des Journalismus

Der Rückgang eines integrierten Nachrichtenüberblicks bei den Intensiv-Nutzern von Aggregatoren ist sicherlich ein Baustein für die Erklärung der Vertrauenskrise des Journalismus in den letzten Jahren. Denn die harmonisch-konsonante Filterblasen-Welt vieler Onliner birgt für Nachrichtenmedien ein Problem: Ihr journalistischer Anspruch, die Vielfalt aller Argumente und Meinungen möglichst ausgewogen darzustellen, stellt für die Bewohner der Filterblase eine regelrechte Zumutung dar: nämlich den Kontakt mit dissonanten Nachrichten und Meinungen, den sie in den sozialen Medien seltener ertragen müssen. Das verstärkt die seit jeher bestehende Wahrnehmung, dass Nachrichtenbeiträge parteiisch und gegen die eigene politische Meinung gerichtet sind, und seien sie auch noch so ausgewogen (Hostile-Media-Wahrnehmung).

Auch die journalistische Neigung zum Negativismus steht im Verdacht, das Vertrauen der Bürger in Nachrichtenmedien zu unterminieren. Kommunikationswissenschaftler vermuten seit Jahrzehnten, dass die Fokussierung der Medien auf Krisen, Konflikte, Skandale und alles andere Negative – nicht nur in der Politik, aber vor allem dort – die Politikverdrossenheit der Bürger fördert. Im Kampf um Reichweiten bauschen Nachrichtenmedien zudem harmlose Sachverhalte auf und dramatisieren sie (Kapitel I). Anfangs ging dieser Vorwurf an das Fernsehen – man sprach von ‚Videomalaise' (Robinson 1976; Holtz-Bacha 1990) –, später an die Medien generell (z. B. Wolling 1999). Heute behaupten Medienschaffende wie der dänische Journalist Ulrik Haagerup (2015) gar, dass „,bad news' die Medien zerstören", und plädieren für konstruktive, lösungsorientierte Nachrichten. Sie sollen die Menschen in ihrer Verunsicherung und Politikverdrossenheit wieder positiv berühren. Und sie sollen das Gefühl vermitteln, dass Politiker nicht nur egoistisch agieren, sondern ständig nach Kompromissen zwischen gegensätzlichen Positionen suchen und diese im politischen Tagesgeschäft meist auch finden.

Wer sich über die Zumutungen überwiegend negativer Nachrichten und häufig dissonanter Meinungen in den journalistischen Medien ärgert, wendet sich verstärkt alternativen Angeboten zu – ein Publikumsverhalten, das man in den USA bereits vor Jahren beobachten konnte (Tsfati & Cappella 2003). In der heutigen Online-Welt stoßen Bürger ständig auf neue und unbekannte alternative Medienangebote. Diese profilieren sich häufig mit Kritik an den journalistischen Medien, positiven Erfolgsmeldungen der eigenen Seite und bestärken die Meinung ihres Publikums. Wer allerdings überwiegend alternative Medien einer politischen Seite nutzt, wird dort kaum einen integrierten und vielfältigen Nachrichtenüberblick bekommen. Dieses Defizit wird, wie gesehen, auch in SNS und Suchmaschinen nicht kompensiert. Und wer über einen nur noch eingeschränkten Nachrichtenüberblick verfügt, ist kaum mehr in der Lage, die mangelnde Glaubwürdigkeit und Qualität vieler Alternativangebote zu erkennen. Viele Nutzer *wollen* wohl auch gar nicht daran zweifeln. Solange die politische Stoßrichtung der alternativen Medien passt, nehmen sie kaum wahr, wie verzerrt, einseitig und unglaubwürdig diese berichten. Dabei mag auch die einfache Sprache eine Rolle spielen, die dort häufig zu finden ist. Denn laut einer aktuellen Befragung gilt eine verständliche Sprache als wichtigste Maßnahme, um „Vertrauen für die Nutzung digitaler Dienste" zu schaffen (Initiative D21 2016: 42). Die populistische und vereinfachende Darstellung in vielen alternativen Medien steht im Kontrast zu journalistischen Darstellungsprinzipien. Denn die Berichterstattung über komplexe Themen schlägt sich zwangsläufig auch in einer komplexeren Sprache nieder, die Rezipienten misstrauisch machen kann. Daran ändert auch die Tatsache nichts, dass Verständlichkeit unter Journalisten als wesentliches journalistisches Qualitätskriterium gilt.

Dass alternative Angebote ausführlich über jede Verfehlung journalistischer Medien berichten – teils wahrheitsgemäß, teils mit Halbwahrheiten[77] – bleibt im Zusammenhang mit der journalistischen Vertrauenskrise sicherlich auch nicht wirkungslos. Das gilt umso mehr, als die journalistischen Medien ihre Verfehlungen – meist diejenigen anderer Redaktionen – selbst ausführlich thematisieren (ausführlich Malik 2004). Der journalistischen Selektionslogik ‚bad news are good news'

---

77 Das belegt beispielsweise ein Beitrag des Medienjournalisten Stefan Niggemeier, der das Buch „Gekaufte Journalisten" des Alternativ-Publizisten Udo Ulfkotte einem Faktencheck unterzogen hat (https://krautreporter.de/46--die-wahrheit-uber-die-lugen-der-journalisten).

folgend, berichten sie traditionell wenig über die positiven Errungenschaften eines freien und unabhängigen Journalismus. Weitaus häufiger befasst sich Medienjournalismus mit Medienskandalen und Verletzungen journalistischer Normen. Auch in der politischen Satire geht es häufig um die Unfähigkeit, Abhängigkeit und den Zynismus von Journalisten. Die ‚heute show‘ und ‚Extra3‘ sind bekannte deutsche Beispiele. Auf diese Weise prägen Nachrichtenmedien das Bild des Journalismus beim Publikum selbst negativ (vgl. empirische Hinweise aus den USA bei Pingree et al. 2013; D'Angelo & Lombard 2008). Die journalistische Vertrauenskrise basiert also nicht nur auf dem Hang zum Negativismus und journalistischem Fehlverhalten, ihrer ständigen Thematisierung in alternativen Medien, sondern auch auf der journalistischen Kritik am eigenen Berufsstand.

Markenloyalität, Algorithmen-Vertrauen und Medienkompetenz

Wie wir gesehen haben, nutzten früher viele Bürger rituell immer dieselben Nachrichtenangebote und entwickelten dadurch eine tiefe Loyalität zu ihren Medienmarken. Unter Online-Bedingungen schwächt sich das ab, Medienmarken verlieren als heuristische Vertrauensanker an Bedeutung. Umberto Eco schreibt dazu: „Bei der Zeitung weiß ich, wer zu mir spricht. Ich weiß, wie ich zu interpretieren habe, was die Süddeutsche Zeitung mir sagt, was die Bild-Zeitung mir sagt. Im Internet weiß ich nie ganz genau, wer zu mir spricht."[78]

Während die Bedeutung journalistischer Medienmarken zurückgeht, gewinnen diejenigen Marken an Bedeutung, mit denen Onliner ständig zu tun haben und mit denen viele von ihnen mittlerweile sehr vertraut sind: die Aggregatoren Google, Facebook, Twitter oder YouTube (vgl. Kantar Media 2016: 62). Zum bloßen Vertrautheitseffekt (Mere-Exposure) kommt vermutlich noch etwas hinzu, was man ‚Algorithmen-Vertrauen‘ nennen kann. Das Misstrauen in journalistische Medien basiert in erster Linie auf der Annahme, dass Journalisten bewusst falsch oder verzerrt berichten, weil sie von den Mächtigen abhängig sind oder gar mit ihnen ‚unter einer Decke stecken‘.[79] Diesem Misstrauen gegen menschliche Manipulationsversuche scheint ein Vertrauen gegen neutrale Algorithmen gegenüberzustehen.

---

78 Umberto Eco: Was vom Tage bleibt. Interview mit der Süddeutschen Zeitung vom 26.09.2015.

79 Das bestätigte sich in einer Inhaltsanalyse von Nutzerkommentaren auf deutschen Nachrichten-Websites (Prochazka & Schweiger 2016). Die meistgenannte Begründung für wahrgenommene Qualitätsmängel im Journalismus ist dessen unterstellte Abhängigkeit von politischen und wirtschaftlichen Eliten.

Eine Studie zum Nachrichtenvertrauen erfasste jüngst die Wahrnehmung von Algorithmen unter Mediennutzern (Kantar Media 2016). Dabei fanden in den USA, Großbritannien, Spanien und Deutschland jeweils zwei qualitative Gruppendiskussionen mit jüngeren (20-34 Jahre) und älteren Personen (35-54 Jahre) statt. Die Mehrheit der Mediennutzer befasste sich gar nicht oder nur ein wenig mit der möglicherweise kritischen Rolle von Algorithmen bei der Auswahl von Inhalten. Stattdessen wurden hauptsächlich die Vorteile der Angebote thematisiert (S. 64). Dabei erwiesen sich die Jüngeren und die technisch Versierten als offener gegenüber Algorithmen.

Für Suchmaschinen ist Algorithmen-Vertrauen recht gut dokumentiert: So klicken Nutzer in den Trefferlisten bevorzugt diejenigen Hyperlinks an, die auf der ersten Ergebnisseite ganz oben platziert sind (Tremel 2010; Haas & Unkel 2015). Sie tun das sicherlich auch aus Bequemlichkeit oder Gedankenlosigkeit (Primacy-Effekt der Linkauswahl, Schweiger 2001). Trotzdem basiert ein solches Verhalten auf einem grundsätzlichen Vertrauen in Suchmaschinen und ihre Algorithmen. Westerwick (2013) konnte empirisch nachweisen, dass Google-Nutzer Hyperlinks oben auf der Trefferliste eine höhere Glaubwürdigkeit attestieren – unabhängig vom konkreten Inhalt. Auch wenn es dazu keine empirischen Befunde gibt, scheint es plausibel, dass auch Facebook und andere SNS von einem solchen Algorithmen-Vertrauen profitieren.

Social Media sind ebenfalls einer erheblichen Veränderungsdynamik unterworfen. Ständig kommen neue Plattformen wie WhatsApp oder Instagram dazu, und ältere wie MySpace, StudiVZ oder Second Life verschwinden wieder.[80] Das erschwert es Bürgern generell, den Überblick zu behalten. Konnten sie sich früher im Lauf der Jahre eine Form von Medienkompetenz aufbauen, die für die überschaubare Welt der traditionellen Print- und Rundfunkangebote ausreichte, klafft heute eine wachsende Lücke zwischen der erforderlichen und vorhandenen Medienkompetenz. Das betrifft vor allem das Medienwissen und die Beurteilungsfähigkeit von Medieninhalten.[81] Es sind sicherlich nicht nur die Älteren, die ‚Digital Immigrants‘, die von den

---

80 Dass der Leser die gewählten Beispiele zum Zeitpunkt der Lektüre vermutlich schon wieder veraltet findet, unterstreicht die Dynamik.

81 Medienkompetenz umfasst mehrere Dimensionen (vgl. etwa Groeben 2004). In diesem Zusammenhang geht es weniger um Nutzungskompetenzen wie z. B. das Finden oder Verstehen von Informationen oder den technisch virtuosen Umgang mit Plattformen. Wichtiger und problematischer erscheinen Medienwissen und Kritikfähigkeit. Sie umfassen Kenntnisse über wirtschaftliche, rechtliche, politische und journalistische Rahmenbedingungen, über die Interessen und Intentionen von Medienanbietern bis hin zu realistischen Vorstellungen über Medienwirkungen. Tatsächlich sind Rezipienten nicht nur mit der Beurteilung von Nachrichtenqualität überfordert; die meisten wissen

ständigen Veränderungen zunehmend überfordert sind. Jüngere Menschen mögen zwar über größere Nutzungskompetenzen der zahllosen Möglichkeiten online verfügen; in der Beurteilung der Glaubwürdigkeit und Qualität von Nachrichten sind sie Älteren jedoch kaum überlegen (Urban & Schweiger 2013).

Folgen unzureichender Medienkompetenz

Im Newsfeed von Facebook und anderen SNS sind Onliner einem täglichen Strom von Posts ausgesetzt, deren Quellen sie irgendwann einmal ‚geliked‘ haben. Doch wie bewusst und mit welchem Kenntnisstand haben sie diese Entscheidungen getroffen? Vermutlich haben manche schnell einmal die Seite der „Neuen Initiative Soziale Marktwirtschaft" gelikt, weil das auch ein Freund getan hat (Stichwort Beziehungsqualität) und weil der Name und der letzte Post ganz vernünftig klangen (Heuristiken). Dass es sich hierbei um eine verdeckte Lobby-Organisation handelt, die „von den Arbeitgeberverbänden der Metall- und Elektro-Industrie finanziert" wird, steht zwar im Impressum der Website, aber wer von den 140.000 Fans hat das schon gelesen? Ein anderer Facebook-Freund mag einen Beitrag von „Kopp Online – Informationen, die Ihnen die Augen öffnen" empfohlen haben, das man ebenfalls liked, obwohl man vielleicht noch nie davon gehört hat. Dass der Kopp-Verlag auch Verschwörungstheorien verbreitet, wissen vermutlich nur wenige. Selbst wenn mancher beim Liken einer Seite noch eine Idee von deren Hintergrund hatte, heißt das noch lange nicht, dass er das auch noch weiß, wenn die Posts später im Facebook-Newsfeed erscheinen. Denn Menschen neigen generell dazu, sich Inhalte zu merken, deren Quellen aber zu vergessen (Sleeper-Effekt, Hovland & Weiss 1951).

Noch schwieriger ist es für SNS-Nutzer, die dort kursierenden Lügen, Halbwahrheiten und Verschwörungstheorien als solche zu identifizieren. Sie stoßen häufig auf unbekannte Angebote bzw. Inhalte, deren Quelle und Hintergrund sie nicht kennen. Wenn man aber weder das Quellmedium einer Information und dessen Glaubwürdigkeit beurteilen kann, noch die Plausibilität der Information selbst, dann ist man Online-Lügen und fragwürdigen Meinungsäußerungen schutzlos ausgeliefert. Die einzig verbleibende Bewertungsheuristik ist der Abgleich der Information mit der eigenen Meinung und den eigenen Erwartungen. Stößt man als Rassist beispielsweise auf einen Bericht über gewalttätige Flüchtlinge, ist man geneigt, diese Information allein aufgrund ihrer Übereinstimmung mit der eigenen

---

beispielsweise auch kaum etwas über die Marktsituation und technische Beschaffenheit von Suchmaschinen (Schweiger 2003).

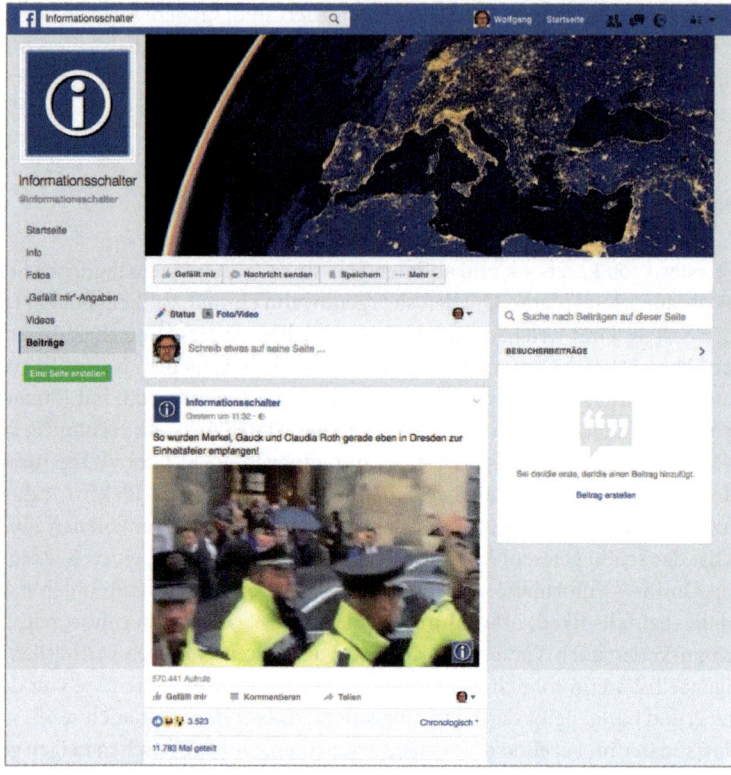

Abb. 3   Beispiel für eine anonyme Facebook-Seite überaus erfolgreichem Video
Eigener Facebook-Screenshot vom 04.10.2016.

Meinung zu glauben – obwohl man nichts über deren Quelle weiß. Nur so lässt
sich beispielsweise ein Phänomen wie die in Abbildung 3 gezeigte Facebook-Seite
,Informationsschalter' erklären. Die komplett anonyme Seite verbreitete am 3.
Oktober 2016 ein Video zu den Protesten bei der Einheitsfeier in Dresden. Das
Video wurde innerhalb von 24 Stunden über 10.000-mal geteilt und mehr als eine
halbe Million mal aufgerufen – obwohl die Seite kein Impressum aufwies, die
Herkunft oder Intention der Urheber unbekannt war und damit die Echtheit des
Videos fraglich sein musste.

Gleichzeitig sind gerade politische Blogs weniger fakten- als meinungsorien-
tiert und neigen zu radikalen Positionen (Imhof 2015: 17). Zudem begünstigen
Nutzerverhalten und Algorithmen in SNS wie Facebook die virale Verbreitung

von extremen, erregenden, schockierenden bis fragwürdigen Botschaften (Bessi et al. 2014). Hierzu passt, dass Nachrichtenfaktoren wie Prominenz, Konflikt und Überraschung bzw. Kuriosität schon immer die Aufmerksamkeit des Publikums erregt und seine Nachrichtenauswahl beeinflusst haben (Eilders 1997). Je mehr Bürger ihr politisches Weltbild über Aggregatoren und dort auftauchende alternative Angebote beziehen, desto eher kommen sie mit extremen Botschaften, Lügen, Halbwahrheiten, Verschwörungstheorien und anderen Manipulationsversuchen in Kontakt. Fehlt Bürgern dann noch der nötige Nachrichtenüberblick, weil sie kaum mehr journalistische Nachrichtenangebote nutzen, sind sie kaum mehr in der Lage, die Qualität und Plausibilität von Aussagen in den sozialen Medien angemessen beurteilen können. Es entsteht ein Teufelskreis, der das Vertrauen in journalistische Nachrichten immer mehr aushöhlt:

1. Je weniger Bürger journalistische Nachrichtenmedien ganzheitlich und ritualisiert nutzen, desto weniger vertrauen sie ihnen. Und umgekehrt: Je weniger sie ihnen vertrauen, desto weniger nutzen sie sie.
2. Das führt zu einer Aushöhlung ihres Nachrichtenüberblicks über politisch relevante Ereignisse und Themen.
3. Je schlechter es um ihren Nachrichtenüberblick bestellt ist, desto weniger können Bürger unbekannte Inhalte kritisch überprüfen und beurteilen. Daran ändert auch eine sehr gute technische Medienkompetenz nichts, wie sie gerade Jüngere oft aufweisen. Die Unfähigkeit, die Quelle und Qualität politischer Inhalte zu beurteilen wird (a) durch die Informationsflut im Internet und (b) die häufig granularisierten Kontakte mit kontextlosen Inhalten in den Trefferlisten von Suchmaschinen und in SNS-Newsfeeds verstärkt.
4. Sinkende Medienkompetenz und schwächere Beurteilungsfähigkeit politischer Inhalte machen Bürger anfälliger dafür, beliebige Inhalte zu glauben – und seien diese noch so fragwürdig. Dieser Effekt verstärkt sich bei einstellungskonformen Inhalten. Das Ergebnis ist Desinformation.
5. Widersprechen die Inhalte, die Bürger in alternativen Medien, SNS und Suchmaschinen finden, systematisch der Berichterstattung journalistischer Medien, untergräbt das ihr Vertrauen in deren Objektivität; die Nachfrage nach alternativen Medienangeboten steigt weiter. Diese bieten in der Regel ein konsistentes Weltbild an, halten sich aber oft nicht an journalistische Qualitätskriterien.

Zwischenfazit: Bürger, die überwiegend in Aggregatoren Kontakt mit Nachrichten haben, finden dort weniger Akteure, Themen, Fakten, und Meinungen, die ihrer Einstellung widersprechen. Durch den granularisierten Kontakt mit Einzelnachrichten sind sie zwar informiert, doch fehlt ihnen ein umfassender und pluraler Nachrichtenüberblick. Oft haben sie Sachverhalte nur oberflächlich erfasst und teilweise falsch verstanden. Diese Desinformation gefährdet ihre Medienkompetenz und macht sie anfälliger für kursierende Fälschungen, Lügen und Halbwahrheiten. Dadurch entstehen Widersprüche zur Berichterstattung journalistischer Medien, deren Anspruch ja gerade darin besteht, unterschiedliche Positionen vollständig und ausgewogen abzubilden. Die Folgen sind ein sinkendes Vertrauen in journalistische Medien mit ihrer häufig meinungsdissonanten Berichterstattung und eine erhöhe Nachfrage nach alternativen Medien. Diese bieten allerdings weder eine umfassende Überblicksorientierung, noch konfrontieren sie ihr Publikum mit dissonanten Inhalten. Es entsteht eine Spirale aus sinkendem Nachrichtenüberblick und Journalismusvertrauen sowie zurückgehender Nachrichtennutzung vieler Bürger.

Öffentliche Meinung und Meinungsbildung online

IV

Nachdem wir uns bislang mit Informationsquellen, Inhalten und ihrer Verbreitung und Nutzung befasst haben, wenden wir uns nun der Meinungsbildung und -artikulation zu. Informierte Bürger sind die erste Anforderung in der Demokratie; im zweiten Schritt müssen sie sich eine politische Meinung bilden. Wie das geschieht und welchen Einfluss Medien, die öffentliche Meinung im Allgemeinen und öffentliche Bürgerkommunikation im Besonderen darauf haben, wird in diesem Kapitel besprochen. Das geschieht unter Rückgriff auf klassische sozialpsychologische und kommunikationswissenschaftliche Theorien und aktuelle Studien, die diese auf die gegenwärtigen Online-Bedingungen anwenden. Bestehende Erklärungslücken werde ich wieder mit eigenen Überlegungen zu schließen versuchen.

Individuelle und öffentliche Meinung

Bevor wir uns mit einem hochkomplexen Phänomen wie der Meinungsbildung in einer Gesellschaft befassen, sind einige Grundlagen zu klären. Zunächst gilt es, die individuelle Meinung von Personen und die öffentliche Meinung auseinanderhalten. Wie sich zeigen wird, ist letztere ein schillerndes Konstrukt mit vielen Facetten. Darum fangen wir mit individuellen Meinungen bzw. Einstellungen an.

Individuelle Meinungen oder Einstellungen

Eine Meinung oder Einstellung ist definitionsgemäß die Bewertung eines Objekts durch eine Person, die diese auf der Basis ihres Wissens über das Objekt und vergleichbare Objekte trifft. Es gibt unterschiedlichste Objekte, zu denen Menschen eine Meinung haben: Personen (Politiker, Moderatoren, Facebook-Freunde usw.),

Personengruppen (z. B. ‚die Politiker', Journalisten, Muslime oder Flüchtlinge), Parteien, Unternehmen und Institutionen (darunter natürlich auch Nachrichtenmedien) sowie politische Forderungen (z. B. Einführung der Todesstrafe, NPD-Verbot, Ausweisung krimineller Ausländer) oder Begründungen für Forderungen (z. B. demoskopischer Wandel, Überfremdung, Klimawandel).

Bei konkreten Bewertungsobjekten (z. B. Personen, Forderungen oder Begründungen) spricht die Forschung meist von einer *Meinung*. Meinungen können sich relativ schnell ändern. Angela Merkel wurde beispielsweise von vielen Bürgern lange positiv bewertet; im Zuge der Flüchtlingsfrage haben jedoch viele ihre Meinung geändert. Bei abstrakteren Bewertungsobjekten wie z. B. dem Umgang mit Immigranten, der freien Marktwirtschaft oder der Todesstrafe spricht man von *Einstellungen*. Diese verändern sich für gewöhnlich seltener. Bei noch abstrakteren Objekten wie Freiheit, Gleichheit, Solidarität oder Frieden ist üblicherweise von langfristigen *Werten* die Rede. Wie bereits diese Beispiele nahelegen, sind die Grenzen zwischen Meinungen, Einstellungen und Werten fließend, weshalb ich die Begriffe Meinung und Einstellung synonym verwende.

Die Forschung unterscheidet drei Einstellungskomponenten, die direkt miteinander verschränkt sind: Wissen, Emotion und Verhalten.

- *Wissenskomponente (Kognition)*: Jede Bewertung eines Bewertungsobjekts basiert gezwungenermaßen auf Wissen darüber. Allerdings verfügen Menschen nicht immer über konkretes Wissen (*Knowledge*). Häufig glauben sie etwas zu wissen (*Belief*), was nicht unbedingt der Realität entsprechen muss. Auch das Wissen über die Meinung anderer bzw. die Wahrnehmung, welche Meinungen in der Bevölkerung dominieren (*Meinungsklimawahrnehmung*), ist Teil der Wissenskomponente.

- *Emotionale Komponente (Affekt)*: Einstellungen und Meinungen sind oft stark emotional geprägt. Man findet einen Politiker sympathisch oder unsympathisch, hält eine Produktmarke für innovativ oder regt sich über ein Problem auf, ohne darüber Genaueres zu wissen oder es begründen zu können (Kognition). Je weniger man weiß oder je unsicherer Wissen ist, desto stärker dominiert das Gefühl. Doch auch wenn Menschen zu einem Objekt über ausreichendes Wissen verfügen, heißt das nicht unbedingt, dass ihre Meinung damit in Einklang steht. Bewertungen basieren selten auf umfassenden Wissensbeständen, die Individuen analytisch, d. h. vollständig und systematisch zueinander in Beziehung setzen. Stattdessen neigen Menschen auch hier zu Heuristiken, die oft stark emotional geprägt sind und meist auf früheren Erlebnissen basieren (Kapitel III). Widersprechen sich Meinung und Wissen, neigen Menschen gemäß der bereits erwähnten Theorie der kognitiven Dissonanz zu einer kuriosen Reaktion: Sie passen nicht unbedingt ihre Meinung dem Wissen an. Sondern sie vermeiden Informationen, die ihrer Meinung widersprechen, oder suchen aktiv nach Inhalten, die ihre Meinung bestätigen. Die Forschung nennt Informationen, die einer Meinung oder bestehenden Informationen widersprechen, ‚dissonant‘; bestätigende Informationen heißen ‚konsonant‘ oder ‚einstellungskonsistent‘. Dass Suchmaschinen und die individuelle Filterblase in SNS die Suche nach und den Kontakt mit konsonanten Inhalten maßgeblich unterstützen, haben wir im letzten Kapitel gesehen.

- *Verhaltenskomponente*: Einstellungen und Meinungen gehen oft mit einem bestimmten Verhalten oder einer Verhaltensabsicht einher: Menschen, die beispielsweise den öffentlich-rechtlichen Rundfunk ablehnen, nutzen ihn in der Regel auch weniger. Allerdings ist die Konsonanz zwischen Bewertung und Verhalten weniger stark als meist angenommen. Der Grund ist einfach: Menschliches Verhalten wird nicht nur von Meinungen geprägt, sondern auch von anderen Faktoren, wie z. B. mangelnder Kenntnis alternativer Handlungsoptionen, von gesellschaftlichen Normen oder Rahmenbedingungen. Ein klassisches Beispiel: Wer den Umweltschutz wichtig findet (Einstellung), verhält sich nicht in allen Belangen umweltbewusst (Verhalten). Man fährt etwa Auto, weil Autofahren als selbstverständlich gilt (Normen) oder weil man keine öffentliche Verbindung hat (Rahmenbedingung) oder weil man nicht weiß, dass es eigentlich eine ganz gute Verbindung gibt (Wissen).[82]

Die Einstellungskomponenten Wissen, Affekt und Verhalten beeinflussen sich wechselseitig, wobei die klassische Vorstellung eines einfachen, kausalen Ablaufs nach dem Muster Wissen → Affekt → Verhalten oft nicht zutrifft. Erstens prägen Affekte die Suche, Auswahl und Aufnahme von Wissen (Affekt → Wissen). Das führt meist zu einer Verstärkung bestehender Einstellungen (Affekt → Wissen → Affekt). Die Verstärkung bestehender Einstellungen hat Klapper bereits 1960 als hauptsächliche Medienwirkung bezeichnet. Zweitens gibt es gar nicht so wenige Situationen, in denen sich Menschen aufgrund externer Ursachen auf eine bestimmte Weise verhalten, ohne eine entsprechende Einstellung entwickelt zu haben: Wer sich beispielsweise in einem Milieu bewegt, in dem ausländerfeindliche Parolen verbreitet sind, kommt auf Facebook häufig mit entsprechenden Aussagen in Kontakt und verbreitet sie aufgrund der Gruppennormen vielleicht sogar selbst, ohne wirklich so zu denken (siehe Kapitel III zur SIDE-Theorie). Nicht zuletzt haben Menschen häufig widersprüchliche Einstellungen oder Bedürfnisse (kognitive Dissonanzen),

---

82   Vgl. einschlägige Einstellungs-Verhaltens-Theorien wie die ‚Theory of Planned Behavior‘ und die ‚Theory of Reasoned Action‘ (vgl. den Überblick bei Rossmann 2011).

die ein gänzlich einstellungskonformes Verhalten ohnehin unmöglich machen. Ein klassisches Beispiel hierfür sind Raucher, die gern rauchen, obwohl sie wissen, dass das gesundheitsschädigend ist.

Öffentliche Meinung und ihre Messung

Bis hierher ist hoffentlich klargeworden, dass die individuelle Meinungsbildung von der Wahrnehmung externer Informationsquellen geprägt wird. Dazu gehört auch die individuelle Meinung anderer, Gruppenmeinungen und Meinungen, die in der gesamten Gesellschaft dominieren. Fangen wir beim letzten Punkt an. Für dominante Meinungen zu gesellschaftsrelevanten Fragen hat sich der Begriff der öffentlichen Meinung etabliert. Häufig findet auch der ideengeschichtlich neutralere Begriff des *Meinungsklimas* Verwendung.

Die öffentliche Meinung wird üblicherweise mittels *demoskopischer Umfragen* empirisch erfasst.[83] Dabei beantworten Bevölkerungsstichproben von tausend oder mehr Teilnehmern Fragen zu ihrer individuellen Einstellung. Die Stichproben müssen repräsentativ sein, d. h. der Gesamtbevölkerung (Grundgesamtheit) strukturell entsprechen. Das überprüft man durch den Vergleich relevanter Variablen in Stichprobe und Grundgesamtheit (Alter, Geschlecht, Bildung, Einkommen, teilweise auch allgemeine Mediennutzung oder politische Präferenzen). Ist das der Fall, gilt die Meinungsverteilung in einer Stichprobe als gültiges Maß für die gesamte öffentliche Meinung. Wie in der Demokratie gilt auch in der Demoskopie das Prinzip ‚one man one vote'. Die Meinung jedes Befragungsteilnehmers geht somit mit demselben Gewicht in die Auswertung ein – unabhängig davon, wie informiert die Person ist, wie sicher sie sich ihrer Antwort ist oder wie konsistent bzw. widersprüchlich ihre Antworten auf unterschiedliche Fragen ausfallen.

Die wesentliche Leistung der Demoskopie liegt darin, Einzelmeinungen von Bürgern zusammenzufassen und als öffentliche Meinung in prägnanten und leicht verständlichen Kennzahlen darzustellen. Das gängige Resultat sind entweder Prozentzahlen (z. B. x Prozent der Deutschen lehnen die Todesstrafe ab) oder Mittelwerte (z. B. die Popularität des Politikers x liegt auf einer Schulnotenskala bei 3,1). Da die Bevölkerungsmeinung in einer Demokratie sowohl für die Bürger selbst als auch

---

83   Ich referiere an dieser Stelle nur die sozialpsychologisch geprägte Vorstellung von öffentlicher Meinung nach Noelle-Neumann (1982). Daneben diskutiert eine breite, soziologisch geprägte Literatur Öffentlichkeit und öffentliche Meinung als öffentlichen Diskurs und damit als ein komplexeres Konstrukt (z. B. Habermas 2001; Neidhardt 1994).

für alle gesellschaftsrelevanten Akteure von Interesse ist, berichten Nachrichtenmedien häufig über Umfrageergebnisse, besonders in Wahlkampfphasen (Raupp
2007). Etwa ein Drittel aller Umfragen wird sogar von Medien selbst beauftragt und
bezahlt (Hardmeier 2000: 370). Zudem publizieren auch Wirtschaftsunternehmen
und Organisationen oft Umfragen, um öffentliche Aufmerksamkeit zu bekommen
und ihre Interessen zu untermauern (Derksen 2014).

In den letzten Jahren ist mit dem *Web-Monitoring* eine zweite Möglichkeit
dazugekommen, öffentliche Meinung *online* zu messen. Die Methode wird in der
gesellschaftswissenschaftlichen Forschung bislang eher selten aufgegriffen, hat in
der praktischen Unternehmenskommunikation aber in kürzester Zeit eminente
Bedeutung erlangt (vgl. etwa Brauckmann 2010). Sie ist schnell erklärt: Im ersten
Schritt durchsuchen Web-Crawler (auch Spider oder Bots genannt) das öffentliche
Internet (inklusive sozialer Medien) nach Seiten zu einem bestimmten Thema oder
Namen und speichern alle Inhalte ab. Dadurch entsteht eine mehr oder weniger
vollständige Sammlung aller online-öffentlichen Aussagen und Bewertungen zu
einem Objekt, die man in einem zweiten Schritt inhaltsanalytisch (manuell oder au-
tomatisiert) kategorisiert (ausführlich Schweiger & Markmiller 2010). Das einfachste
Ergebnis sind Buzz- oder Resonanz-Analysen. Sie beantworten die Frage, wie oft ein
Thema oder Name im Internet genannt wird. Das interpretiert man üblicherweise
als öffentliche Relevanz. Man kann beispielsweise ermitteln, wie häufig einzelne
Politiker online *genannt* werden. Will man wissen, welcher Politiker wie *bewertet*
wird, muss man zusätzlich den journalistischen Tenor aller Aussagen erfassen.

Web-Monitoring weist erhebliche konzeptionelle Unterschiede zur Demoskopie
auf (Schweiger & Weihermüller 2008). Das sind die wichtigsten:

1. Web-Monitoring beobachtet nur die Meinungen von Internet-Nutzern. Zwar
   sind mittlerweile die meisten Deutschen online; dennoch bleiben damit meist
   ältere Offliner von der Erhebung ausgeschlossen.
2. In demoskopischen Umfragen hat jeder Befragte eine Stimme, die Analyseeinheit
   ist also das *Individuum*. Web-Monitoring hingegen erfasst *Aussagen*. Dabei bleibt
   unbekannt, ob eine bestimmte Anzahl von Aussagen von unterschiedlichen Personen stammt, die sich jeweils einmal äußern, oder von einer einzigen Person, die
   ihre Meinung mehrfach verbreitet. Während also eine Umfrage zu dem Befund
   kommen kann, dass x Prozent der Deutschen die Politik der Bundesregierung
   unterstützen, ermittelt Web-Monitoring, dass x aller Aussagen im Internet zur
   Politik der Bundesregierung diese unterstützen. Ein solches Ergebnis ist wenig
   intuitiv. Es lädt geradezu zu Missverständnissen ein, eben weil wir es alle aus
   der Demoskopie gewöhnt sind, ‚Köpfe‘ und nicht etwa Äußerungen zu zählen.

3. Die Demoskopie bildet ausschließlich die Meinungen von Bürgern ab. Web-Monitoring dagegen erfasst Aussagen von Bürgern *und* Inhalte professioneller Akteure, etwa von Unternehmen oder politischen Institutionen. Das liefert einerseits spannende Befunde, weil man nur so die Meinungen unterschiedlicher öffentlicher Sphären unmittelbar miteinander vergleichen kann. Andererseits kann es zu Missverständnissen führen, weil eben mehr als die Bürgermeinung gemessen wird.

4. Demoskopische Studien stellen ihren Teilnehmern auch Fragen zu Themen, zu denen diese sich noch nie öffentlich artikuliert haben, über die sie bisher vielleicht nicht einmal nachgedacht haben. Im Web-Monitoring erhebt man nur Meinungen, die Bürger, Unternehmen oder Institutionen in der Online-Öffentlichkeit getätigt haben. Web-Monitoring misst somit echte öffentliche Meinungen, wenn man ‚meinen‘ im Sinne von ‚sagen‘ versteht. Die Demoskopie fragt dagegen verborgene individuelle Einstellungen ab.[84]

5. Web-Monitoring beobachtet offenes Verhalten (in der Psychologie spricht man von ‚overt behavior’) mit Wirkungspotenzial. Denn Online-Äußerungen können von anderen gelesen werden und diese in ihrer Meinung beeinflussen. Das geschieht nicht nur im politischen Kontext; gut belegt ist die Wirkung von Online-Produktbewertungen von Konsumenten auf andere Konsumenten (Tomorrow Focus Media 2012). Demoskopisch gemessene Meinungen dagegen bleiben oft in den Köpfen der Befragten verborgen und können nicht auf andere wirken.

6. Web-Monitoring ist im Gegensatz zur Demoskopie grundsätzlich in der Lage, online-öffentliche Diskurse zu analysieren. Es kann erfassen, welche Aussagen sich aufeinander beziehen, ob daraus echte (reflektive bzw. interaktive) Diskussionen mit Rede und Gegenrede entstehen und wie diese Diskussionen ablaufen (vgl. den Sammelband von Fraas et al. 2013). Damit lässt sich auch die in Kapitel II angesprochene Qualität von Online-Diskursen (Deliberativeness) messen. Die Umfrageforschung dagegen erlaubt nur einen beschränkten Zugriff auf Diskursverläufe (etwa durch Selbstauskunft der Befragten zum eigenen und wahrgenommenen Diskussionsverhalten).

Ich stelle diese methodischen Unterschiede so ausführlich dar, weil damit ein wesentlicher Aspekt deutlich wird: Öffentliche Meinung, so wie sie sich im Internet darstellt, ist etwas völlig anderes als die öffentliche Meinung, wie sie sich in

---

84 Die Befragten äußern ihre Meinung erst zum Zeitpunkt des Interviews und sie tun es nicht öffentlich, da die Umfrageforschung immer Anonymität zusichert. Deshalb ist der Begriff der öffentlichen Meinung eigentlich irreführend.

Umfragen darstellt. Das gilt nicht nur für das Web-Monitoring als systematische sozialwissenschaftliche Methode, sondern für jeden Blick auf Online-Diskurse: Wer auch immer aus der Verteilung von Aussagen im Internet die Meinungsverteilung in der Bevölkerung ableiten will, riskiert eine verzerrte Wahrnehmung.

Individuelle Meinungsbildung

Wie nun bilden sich Individuen eine Meinung? Meinungsbildung hängt unmittelbar mit der Wahrnehmung externer Quellen zusammen. Auch wenn man das oft nicht wahrhaben will: Die wichtigste Quelle der Meinungsbildung ist die Meinung der Anderen – im direkten Umfeld, in den sozialen Medien und in der öffentlichen Meinung. Würde jeder Mensch völlig frei und unabhängig von Anderen sich seine Meinung bilden und sein Verhalten in keiner Weise an den Erwartungen, Regeln und dem Verhalten der Anderen orientieren – die Gesellschaft wäre ein chaotisches System. Erst ein Mindestmaß an menschlichem Konformismus ermöglicht ein geordnetes menschliches Zusammenleben.

Öffentliche Meinung, Konformismus und soziale Kontrolle

Im Lauf der Zeit haben sich in allen Gesellschaften Gebräuche, Werte und Regeln etabliert, die die meisten Bürger, politischen Akteure und Unternehmen akzeptieren und einhalten. Die Wichtigsten stehen in der Verfassung (z. B. die Menschen und Bürgerrechte), sie werden durch Gesetze (z. B. das Strafgesetz, zivile oder Handelsgesetze) und andere Vorschriften (z. B. die Straßenverkehrsordnung) konkretisiert und durch die Rechtsprechung geschützt und durchgesetzt. Nicht alle Regeln werden gleichermaßen akzeptiert. Beispielsweise zeigen Befragungen, dass das – in nahezu allen Rechtsstaaten existierende – Verbot der Todesstrafe in den Bevölkerungen dieser Länder durchaus umstritten ist (vgl. beispielsweise Ipsos MORI 2007). Manche Regeln wie Parkverbote, Geschwindigkeitsbeschränkungen, das Verbot von Schwarzarbeit und Steuerhinterziehung werden zwar mehrheitlich akzeptiert, Regelbrüche gelten in diesen Fällen aber als ‚Kavaliersdelikt‘, weshalb sie oft nicht eingehalten werden. Hier fallen Legalität und die wahrgenommene Legitimität von Verhalten auseinander. Viele Verhaltensnormen stehen in keinem Gesetz, keiner Vorschrift, werden von keiner Institution geschützt und trotzdem von den meisten eingehalten. In Deutschland gilt das etwa für Pünktlichkeit und Ordnung. Es gilt auch für Tabus, also Regeln, die man nicht nur zu beachten hat, sondern über die man auch nicht sprechen darf. Manche Normen befinden sich in einem Wandlungsprozess, wie z. B. Geschlechterrollen. Andere Normen verändern sich unter neuen Bedingungen; während beispielsweise die meisten Menschen in E-Mails klassische Höflichkeitskonventionen einhalten, scheren sie sich in Online-Diskussionen nicht darum. Natürlich setzt die Beachtung von Verhaltenserwartungen und Regeln deren Kenntnis voraus. Selbst wenn Gesetze und Vorschriften schriftlich fixiert sind, haben sie nur die wenigsten gelesen. Woher kennen also Individuen die gesellschaftlichen Normen, die die meisten von uns einhalten und die unsere Einstellungen maßgeblich prägen? Die Antwort ist leicht: Wir alle beobachten andere Menschen und orientieren uns daran, d. h. wir verhalten uns meist genauso. Das geschieht in unterschiedlichen Varianten.

Banduras' *Theorie des Sozialen Lernens* (1976) beschreibt, wie Kinder und Heranwachsende während ihrer Sozialisation sozial erwünschtes Verhalten erlernen: Sie beobachten ständig Eltern, Großeltern, Lehrer, Gleichaltrige und andere Rollenmodelle und imitieren deren Verhalten in vergleichbaren Situationen, vor allem, wenn ihnen das Verhalten als erfolgreich erscheint. Im Lauf der Jahre entwickeln sie ein breites Repertoire situationsbezogener Verhaltensweisen.[85] Hierbei sind auch Medienfiguren von Bedeutung. Sie sind als ‚Helden' meist extrem erfolgreich und liefern Rollenvorbilder für Situationen, die man im natürlichen Umfeld kaum erlebt, die in anderen Kontexten oder in späteren Lebensphasen aber relevant werden können, z. B. der Umgang mit dem anderen Geschlecht (vgl. Hipeli & Süss 2013).

Auch Erwachsene orientieren sich an anderen. Sie tun das weniger, um Verhaltensmuster zu imitieren; derartige Lernprozesse sind im Erwachsenenalter kaum noch relevant. Vielmehr versuchen sie herauszufinden, welches Verhalten und welche Meinung sie in bestimmten sozialen Konstellationen zeigen können, ohne anzuecken, unangenehm aufzufallen oder sich gar zu isolieren. Noelle-Neumann (1982) spricht deshalb von einer ‚Isolationsfurcht'. Die soziale Wahrnehmung (‚*social perception*') des Individuums richtet sich somit auf die Frage, was die anderen Menschen tun, sagen oder denken und wie sie auf einen Verstoß gegen geltende Normen reagieren würden.

Besteht in einer Gruppe Konsens, ist der *Konformitätsdruck* auf das Individuum am stärksten. Dieser Fall trifft auf allgemein akzeptierte Normen zu. Stehen sich dagegen unterschiedliche Meinungsgruppen gegenüber, muss sich das Individuum entscheiden, welcher Gruppe es sich anschließt. Häufig gibt es eine erkennbare Mehrheit. Wie Asch (1951) mit einem berühmten Verhaltensexperiment zeigte,

---

85 In der sozialpsychologischen Terminologie werden diese als Schemata, Scripts oder Frames bezeichnet (Überblick bei Matthes 2014).

schließen sich viele Menschen in solchen Situationen der Meinungsmehrheit an, sogar wenn sie selbst anders denken.[86]

Wie verhalten sich Menschen bei politischen Konflikten und wie prägt das ihre Meinung? Politische Konflikte kreisen um gesellschaftsrelevante Entscheidungen, bei denen *keine allgemeine* Einigkeit besteht. Häufig lassen sich unterschiedliche Positionen mit gegensätzlichen moralischen Normen begründen, wie man das an der Flüchtlingsdebatte sieht: Während die eine Seite moralische Normen wie Menschenrechte oder globale Solidarität betont, beruft sich die andere auf Sicherheit und Ordnung oder nationale Bürgerrechte. Die gegnerischen Seiten wähnen sich in einem solchen Konflikt nicht nur im Recht, sie fühlen sich geradezu moralisch zur Durchsetzung ihrer Meinung verpflichtet – in der Flüchtlingsdebatte zur Rettung der Nation oder zur Rettung der Humanität. Das macht moralisch aufgeladene Konflikte besonders heftig, und so werden aus Meinungsverschiedenheiten verbitterte Meinungskämpfe. Dabei ist die Zahl der Positionen in den meisten politischen Konflikten überschaubar – häufig stehen sich zwei Meinungslager gegenüber.

In ihrer Theorie der Schweigespirale überträgt Elisabeth Noelle-Neumann (1982) Beobachtungen zum menschlichen Verhalten in sozialen Gruppen auf politische Konflikte, die gesamte Gesellschaft und die öffentliche Meinung. Sie unterstellt, dass jedes Individuum mittels eines ‚*quasi-statistischen Organs*' das *Meinungsklima* in der Bevölkerung wahrnimmt, d. h. erkennt, welche Position in der Mehrheit und welche in der Minderheit ist. Der dadurch empfundene Konformitätsdruck und die Isolationsfurcht veranlassen die meisten Individuen dazu, sich der Mehrheit anzuschießen. Die Vorstellung, dass öffentliche Meinung eine *soziale Kontrolle* auf den Einzelnen ausübt, ist nicht neu. John Locke beschrieb sie bereits 1690 so:

> „Niemand, der die Sitten und Auffassungen seiner Umwelt verletzt, entrinnt der Strafe ihrer Kritik und ihrer Feindseligkeit. (...) Wer überhaupt ein menschenähnliches Wesen hat, bringt es nicht fertig, in einer Welt zu leben, in der ihm seine Mitmenschen – seine Bekannten und die Leute, mit denen er spricht – ständig abweisend und verächtlich begegnen. Diese Last ist zu schwer, als dass ein Mensch es ertragen könnte." (zit. nach Noelle 1966: 14)

Noelle-Neumann definiert öffentliche Meinung weniger dramatisch. Doch auch sie bleibt bei der Vorstellung, dass Konformitätsdruck und Isolationsfurcht Indi-

---

86 In dem Experiment sollte jeweils eine Versuchsperson angeben, welche von drei gezeichneten Linien die längste ist. Gleichzeitig befanden sich mehrere andere Personen im Raum. Diese sollten ebenfalls die Längen der Linien angeben. Da sie vom Versuchsleiter instruiert waren, bezeichneten sie mehrheitlich eine offensichtlich kürzere Linie als die längste. Etwa ein Drittel der Versuchspersonen ließ sich davon derart verunsichern, dass sie sich in ihrer Einschätzung der Mehrheit anpassten.

viduen von abweichendem Verhalten abhalten und damit die ‚soziale Haut' der Gesellschaft bilden:

> „Öffentliche Meinung, das sind Meinungen, Verhaltensweisen, die man in der Öffentlichkeit äußern oder zeigen *muß*, wenn man sich nicht isolieren will; in kontroversen, im Wandel begriffenem Bereichen oder in neu entstandenen Spannungszonen äußern *kann* ohne Gefahr, sich zu isolieren." (Noelle-Neumann 1982: 255)

Dabei bleibt offen, ob sich Individuen der Meinungsmehrheit aus innerer Überzeugung anschließen, ob sie also ihre Einstellung wirklich in Richtung der Mehrheit ändern, oder ob sie nur nach außen hin so tun. Ohnehin erscheint Noelle-Neumann die individuelle Meinungsäußerung wichtiger als der individuelle Meinungs*wandel*. Sie nimmt an, dass Menschen, die sich in der Mehrheit wähnen, ihre Meinung häufiger und deutlicher öffentlich artikulieren. Während die Mehrheit ‚redebereiter' wird, d. h. ihre Bereitschaft zu öffentlicher Bürgerkommunikation steigt, verfällt die Minderheit tendenziell in Schweigen. Es entsteht eine sich verstärkende *Schweigespirale*. Auf diese Weise entwickelt sich ein Maß an Konformität unter – an sich heterogenen – Menschen, das das Funktionieren einer ansonsten chaotischen Gesellschaft erst ermöglicht. Sie diszipliniert nicht nur Bürger und veranlasst sie, sich an gemeinschaftliche Regeln zu halten, sondern auch Politiker, Unternehmen und andere Akteure. Wer sich gegen die dominierende Stimmung in der Bevölkerung wendet, hat mit erheblichem öffentlichen Druck zu rechnen, wie die heftige Kritik an der Flüchtlingspolitik von Angela Merkel eindrucksvoll beweist. Die soziale Kontrolle der öffentlichen Meinung wirkt also gleichermaßen ‚nach oben' auf die Mächtigen und ‚nach unten' auf die Bürger (siehe Abbildung 4).

Aus sozialwissenschaftlicher Sicht ist die Vorstellung plausibel, dass in einer Gesellschaft Gemeinsamkeiten notwendig sind, die widerstreitende Positionen und auseinanderdriftende Schichten und Milieus integrieren und damit letztlich Solidarität ermöglichen. Gleichzeitig haftet ihr aus politischer Sicht etwas Konservatives, wenn nicht gar Reaktionäres an. Denn die Vorstellung eines öffentlichen Konformitätsdrucks widerspricht dem wohl dominierenden Ideal der Moderne: der Einzigartigkeit und Freiheit des Individuums. Es ist kein Zufall, dass die überwiegend linke Studentengeneration der 1968er und ihre Nachfolger mit der bekennenden Konservativen Elisabeth Noelle-Neumann wenig anfangen konnten. Zu sehr schienen ihnen Freiheit, Individualität und Kreativität von der alles gleichmachenden Massenkultur und dem Geschmacks- und Meinungs-Mainstream bedroht (vgl. z. B. Paetzel 2001). Kurioserweise finden wir eine vergleichbare Ablehnung eines gesellschaftlichen Mainstreams und seines öffentlichen Konformitätsdrucks heute besonders im rechtskonservativen Lager. Dort werden die ‚Meinungsdiktatur des Mainstreams' beklagt, die ‚Political Correctness', der ‚Gender-Wahnsinn' und die

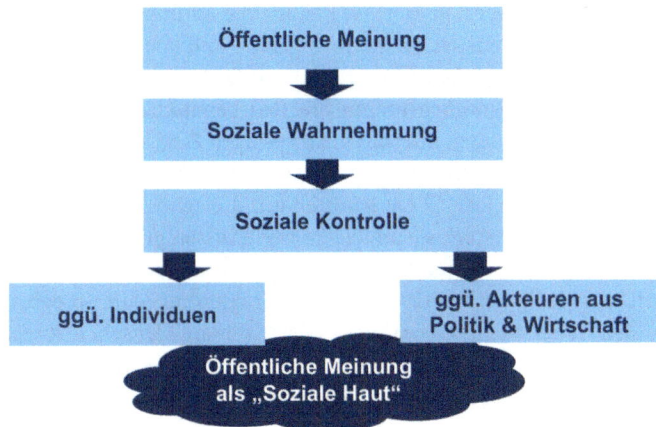

Abb. 4 Öffentliche Meinung und soziale Kontrolle
Eigene Darstellung nach Noelle-Neumann (1982).

‚Systempresse'. Diese würden abweichende Meinungsäußerungen – häufig sind chauvinistische oder rassistische Aussagen gemeint – nicht zulassen. Und eben deshalb seien alternative Medien als Gegenposition zur ‚Meinungsdiktatur des Medien-Mainstreams' und individueller Widerstand in sozialen Medien (‚Das wird man ja wohl noch sagen dürfen!') unerlässlich. Dem steht eindeutig Noelle-Neumanns (konservative?) Definition von öffentlicher Meinung entgegen. Sie bringt klar zum Ausdruck, dass man in einer funktionierenden Gesellschaft eben *nicht* alles sagen darf, weil sonst die ‚soziale Haut' reißt.

Meinungsklima, Redebereitschaft und Meinungsbildung

Der empirische Forschungsstand zur Theorie der Schweigespirale und dem Einfluss der Meinungsklimawahrnehmung auf die Redebereitschaft und Meinungsbildung ist uneinheitlich: Individuen verfügen über eine grundlegende Fähigkeit der *Meinungsklimawahrnehmung*. Allerdings wird diese stark von der eigenen Meinung, dem unmittelbaren sozialen Umfeld und den genutzten Informationsquellen verzerrt. Die daraus resultierenden Wahrnehmungsfehler besprechen wir weiter unten. Ein ähnliches Bild ergibt sich bei der *Redebereitschaft*. Mehrere Studien haben untersucht, ob Individuen, die glauben, mit ihrer Meinung der Mehrheit anzugehören, in der Öffentlichkeit redebereiter sind als Personen, die sich in der

Minderheit wähnen. Glynn et al. (1997) haben die Befunde aus 17 Befragungen in einer Metaanalyse statistisch zusammengefasst und konnten die Annahme in 19 von 25 Einzeltests bestätigen.[87] Allerdings war der statistische Zusammenhang zwischen Meinungsklimawahrnehmung und Redebereitschaft recht klein (r=0,05). Eine Erklärung für diesen überraschend geringen Zusammenhang liegt in der menschlichen Persönlichkeit. Noelle-Neumann (1983) hat selbst eine Persönlichkeitsstärke-Skala entwickelt. Diese ermittelt mit dreizehn Fragen, wie redebereit eine Person ist und wie stark sie andere zu beeinflussen glaubt. Gerhards (1996) erstellte eine empirische Typologie öffentlicher Kommunikationsbereitschaft. Es zeigte sich, dass lediglich vier Prozent der Befragten nur dann redebereit sind, wenn sie sich in der Mehrheit wähnen. Weitaus mehr Menschen sprechen ihre Meinung unabhängig von ihrer Mehrheits- oder Minderheitsposition öffentlich aus (39 Prozent) oder äußern sie gar nicht (31 Prozent). Eine kleine Gruppe von fünf Prozent, Gerhards nannte sie ‚Missionare‘, ist sogar in einer Minderheitsposition besonders redebereit. Von Hayes et al. (2005) stammt eine Persönlichkeitsskala, die die Bereitschaft von Menschen misst, sich in der Minderheit öffentlich zu äußern oder aber in dieser Situation einen Maulkorb zu verpassen (‚Willingness to Self-Censor‘). Die Autoren fanden, dass Personen mit einer größeren Bereitschaft zur Selbst-Zensur in Minderheitensituationen nicht nur weniger konfliktbereit sind, sondern auch ein geringeres Selbstbewusstsein aufweisen, unsicherer sind – auch im sozialen Umgang mit anderen – und im Alltag häufiger negative Emotionen erleben. Vom Konformitätsdruck scheinen somit eher unsichere und frustrierte Menschen betroffen zu sein. Zu möglichen Geschlechterunterschieden fassen Bak & Kessler (2012: 27) den Forschungsstand so zusammen: Während frühere Studien Frauen als beeinflussbarer als Männer beschreiben, finden neuere Untersuchungen das Gegenteil: Männer sind anfälliger für Konformitätsdruck, d. h. sie lassen sich in ihrer Meinungsäußerung stärker von der Zustimmung oder Ablehnung des Umfeldes beeinflussen.

Wie steht es um die Redebereitschaft unter Online-Bedingungen? Vermutlich schwächen die dortige Anonymität und/oder das Fehlen sozio-emotionaler Hinweise zu den Mitdiskutanten (Kapitel II) den Einfluss der Meinungsklimawahrnehmung auf die Redebereitschaft ab. Die Befunde zu Online-Diskussionsforen sind uneinheitlich. Zwei US-Studien analysierten das Teilnehmerverhalten zum Konfliktthema Abtreibung. In der einen Studie posteten die Vertreter in der Mehrheitsposition häufiger einen Beitrag als diejenigen in der Minderheit (Woong Yun

---

87 Die analysierten Studien basierten allesamt auf hypothetischen Selbsteinschätzungen von Befragten. Diese sollten ihre öffentliche Redebereitschaft bei wahrgenommenem konsonanten bzw. dissonanten Meinungsklima beurteilen.

& Park 2011). Die andere Studie fand keinen Unterschied (McDevitt et al. 2003). In Deutschland ermittelte Mayer-Uellner (2003), dass die Redebereitschaft unter Anonymitätsbedingungen weniger vom Meinungsklima beeinflusst wurde als in Diskussionsforen mit einer Identifizierungspflicht.

Nun sind diese Studien alle etwas älter; die Kommunikationsbedingungen in modernen SNS haben sich verändert. In einer aktuellen Studie des Pew Research Centers wurden ca. 1.800 Erwachsene zu den Enthüllungen von Edward Snowden und den NSA-Skandal befragt, ein Thema, das die US-Öffentlichkeit im Untersuchungsjahr 2013 polarisiert hat (Hampton et al. 2014). Die Teilnehmer sollten ihr öffentliches Kommunikationsverhalten in Face-to-Face-Situationen und auf Facebook und Twitter beschreiben, beides Plattformen mit grundsätzlicher Identifizierungspflicht. Untersucht wurde, ob die Befragten ihre Meinung in einem Umfeld mehrheitlich Gleichgesinnter eher äußern als in einem anders gesonnenen Umfeld. Anders als in den genannten Online-Beobachtungsstudien und wieder in Einklang mit den früheren Befragungen zeichnete sich eine Schweigespirale ab: Befragte, deren Umfeld mehrheitlich auf ihrer Seite stand, gaben häufiger an, ihre Meinung zu äußern. Am Arbeitsplatz war die Redebereitschaft gar dreimal so hoch, wenn man sich unter mehrheitlich meinungskonformen Kollegen befand. Auch auf Facebook erhöhte ein konformer Freundeskreis die Bereitschaft, etwas zu posten oder zu kommentieren, um das Zweifache.

Das legt den Schluss nahe, dass die Meinungsklimawahrnehmung die Bereitschaft zur öffentlichen Bürgerkommunikation im Internet ebenso prägt wie die Redebereitschaft offline. Dafür spricht auch der Befund, dass Befragte, die laut Selbstauskunft mit niemandem persönlich über das Thema sprachen, das auch nicht in SNS taten. Dabei gibt es große situative Unterschiede und viele Ausnahmen. Deshalb kann man wenig Allgemeingültiges zu den Bedingungen des Konformitätsdrucks in der öffentlichen Bürgerkommunikation online sagen. Dass die Redebereitschaft gerade bei Männern von einer konsonanten Stimmung im persönlichen Umfeld abhängt, konnten Bak & Kessler (2012: 27) auch für Facebook empirisch nachweisen. Dieser Geschlechterunterschied ist bemerkenswert, da sich mehr Männer aktiv an öffentlicher Bürgerkommunikation beteiligen als Frauen (Kapitel II). Sie schreiben öfter Nutzerkommentare in Nachrichten-Portalen, bloggen, posten, kommentieren und liken häufiger im Zusammenhang mit politischen Themen. Wenn das bei ihnen stärker von einem konformen Umfeld abhängt als bei Frauen, unterstreicht dies einen anderen Befund, den wir bereits kennengelernt haben: Dass online aktive Bürger konfrontative Diskussionen zwischen unterschiedlichen Positionen eher meiden und häufiger konsonanten Meinungen zustimmen. Der Eindruck der vermeintlich vielen streitlustigen Nutzer-Diskussionen auf Nachrichten-Portalen täuscht also en gros.

Dass das wahrgenommene Meinungsklima die *Redebereitschaft* online beeinflusst, heißt nicht unbedingt, dass es auch die dortige *Meinungsbildung* prägt. Doch es ist sehr wahrscheinlich. Denn nach jahrzehntelanger Forschung weiß man, dass die individuelle Meinungsbildung besonders von zwei Faktoren geprägt wird: den persönlichen Einfluss durch andere Personen und den Einfluss der sozialen Umgebung.

Persönlicher Einfluss ('Personal Influence') durch interpersonale Kommunikation, also den persönlichen Austausch mit Personen, die man kennt, löst die deutlichsten Persuasionseffekte aus. Besonders einflussreiche Menschen nennt man Meinungsführer (Überblick bei Jungnickel 2016). Diese gelten entweder in einem bestimmten Feld als besonders kompetent und verlässlich (monomorphe Meinungsführer). Oder sie sind Personen, die andere aufgrund ihrer Persönlichkeit bzw. hervorgehobenen Stellung im sozialen Umfeld besonders beeinflussen (polymorphe Meinungsführer). Es überrascht nicht, dass Meinungsführer auch in der öffentlichen Bürgerkommunikation online überdurchschnittlich aktiv sind (Überblick bei Machill et al. 2013: 53ff.). Im Online-Marketing macht man sich persönliche Einflüsse zunutze, indem man beispielsweise zufriedene Konsumenten dazu bringt, Marken oder Produkte öffentlich und für andere wahrnehmbar zu loben, z. B. auf Facebook oder in Bewertungsportalen. Dass diese elektronische Mund-Propaganda (Electronic Word of Mouth) bzw. das sogenannte Empfehlungsmarketing online gut funktioniert, erklärt man unter anderem mit der erhöhten Aufmerksamkeit, die Onliner ihnen bekannten Personen entgegenbringen (Bitkom 2013), und mit deren hoher Glaubwürdigkeit im Vergleich zu anderen Werbemitteln (Nielsen 2015).

Sozialer Einfluss (Social Influence) baut auf dem persönlichen Einfluss auf. Dabei wirkt nicht nur ein einzelnes Gespräch oder eine einzelne Meinung, sondern die gesamte Kommunikation und Stimmung im persönlichen Umfeld. Social Influence ist damit nichts anderes als der bereits angesprochene Konformitätseffekt. Dass Konformitätseffekte auch online existieren, konnten beispielsweise Bak & Kessler (2012) bestätigen. In einem Online-Experiment zeigten sie Versuchspersonen einen Facebook-Post mit einem unscheinbaren Foto. Unter dem Foto befand sich, wie bei Facebook üblich, die Anzahl der Likes. Die Anzahl der Likes wurde experimentell variiert. Manche Teilnehmer sahen das Foto ohne ein einziges Like (Kontrollgruppe), andere sahen es mit wahlweise sieben, 43 oder 236 Likes (Experimentalgruppen). Danach sollten sie angeben, wie gut ihnen das Foto gefällt. Tatsächlich verbesserte sich die Bewertung des Bildes mit der Anzahl der Likes. In einem nächsten Schritt unterschieden die Autoren Facebook-Vielnutzer und Wenignutzer[88] und fanden den Konformitätseffekt nur bei Vielnutzern. Hierfür

---

88 Zur Unterscheidung dieser Gruppen wurde der Mediansplit verwendet. Er teilt die Stichprobe in zwei gleichgroße Hälften mit über- und unterdurchschnittlicher Face-

gibt es zwei mögliche Erklärungen. Entweder: Umfeldkonforme Meinungsbildung auf Facebook ist ein gelerntes Verhalten; wer Facebook häufig nutzt, lernt im Laufe der Zeit, auf Likes als Meinungsbekundungen anderer zu achten, und passt sich ihnen an. Oder: Facebook-Vielnutzer sind generell Menschen, die sich stärker für die Meinungen in ihrem Umfeld interessieren, und lassen sich entsprechend davon beeinflussen. Welche der beiden Wirkungsrichtungen zutrifft, muss offen bleiben. Wichtig ist für unseren Zusammenhang der Hinweis, dass es auf Facebook einen Konformitätseffekt auf die individuelle Meinungsbildung *gibt*. Auch in dieser Studie zeigte sich übrigens bei Männern ein stärkerer Konformitätseffekt.

Konformitätseffekte finden auch im Online-Marketing Anwendung. Beim sogenannten Social Advertising werden Konsumenten Werbebotschaften auf Facebook und anderen SNS zusammen mit den Likes ihrer Freunde angezeigt. Man möchte damit die Meinung der Konsumenten gegenüber einer Marke oder einem Produkt durch ein positives Meinungsklima in ihrem sozialen Umfeld verändern oder verstärken. In einer Mehr-Methoden-Studie konnten Bakshy et al. (2012) bestätigen, dass Facebook-Nutzer Werbung mit Likes als zustimmenden Meinungsaussagen häufiger anklicken. Es zeigte sich auch: Die Klick-Wahrscheinlichkeit steigt (a) mit der Zahl der Likes und (b) der Stärke der Beziehung zwischen einem Rezipienten und den ‚likenden‘ Personen (Strong Ties). Natürlich ist die Klick-Wahrscheinlichkeit von Werberezipienten nicht unmittelbar mit ihrer Einstellungsänderung oder verstärkung gleichzusetzen. Dennoch sind entsprechende Zusammenhänge durchaus plausibel.

Wir können soweit festhalten, dass ein meinungskonformes Umfeld im Internet und in den sozialen Medien nicht nur die individuelle Bereitschaft zur öffentlichen Bürgerkommunikation erhöht, sondern auch persuasive Wirkungen hat, d. h. Einstellungen verändern oder verstärken kann. Allerdings besteht ein wesentlicher Unterschied zwischen der Theorie der Schweigespirale und den empirischen Studien zu ihrer Überprüfung: Die Theorie nimmt an, dass es die individuelle Wahrnehmung des *gesamtgesellschaftlichen Meinungsklimas* ist, die die Redebereitschaft prägt. Nahezu alle Studien hingegen beziehen sich auf das *Meinungsklima im direkten Umfeld* von Individuen, sei es am Arbeitsplatz, im Freundeskreis oder in den meist größeren persönlichen Netzwerken auf Facebook und anderen SNS. Damit sind wir bei der Frage, welche Quellen der Meinungsklimawahrnehmung es gibt und welche Wahrnehmungsverzerrungen diese verursachen könnten.

---

book-Nutzungsdauer.

Zwischenfazit: Die Wahrnehmung des Meinungsklimas beeinflusst sowohl die Redebereitschaft als auch die Meinungsbildung von Individuen. Der Grund dafür liegt in der menschlichen Isolationsfurcht und der Neigung zum Konformismus. Die Theorie der Schweigespirale nimmt an, dass dieser Konformitätsdruck hauptsächlich von der öffentlichen Meinung ausgeht und damit vom gesamtgesellschaftlichen Meinungsklima. Neuere Studien stützen eher die Annahme, dass Redebereitschaft und Meinungsbildung hauptsächlich vom wahrgenommenen Meinungsklima im direkten Umfeld und in sozialen Netzwerken abhängen. Auch wenn der derzeitige Forschungsstand noch keine gesicherten Aussagen zulässt, scheinen besonders unsichere und frustrierte Personen sowie Männer auf den Konformitätsdruck ihres sozialen Umfeldes anzusprechen. Sie artikulieren ihre politische Meinung besonders stark unter Gleichgesinnten; nehmen sie in ihrem Umfeld abweichende Meinungen wahr, halten sie sich zurück.

Verzerrte Meinungsklimawahrnehmung

Ob die individuelle Meinungsbildung und Redebereitschaft eher vom wahrgenommenen Meinungsklima in sozialen Netzwerken oder in der Gesamtbevölkerung geprägt wird, ist empirisch ungeklärt. Hinlänglich bekannt ist aber, dass Menschen bei der Meinungsklimawahrnehmung häufig Fehler unterlaufen. Wie es – gerade unter Online-Bedingungen – dazu kommen kann, wollen wir im Folgenden klären.

Grundlagen: Soziale Wahrnehmung

Menschen verfügen über direkte und indirekte Wahrnehmungsquellen, über die sie nicht nur etwas über das Meinungsklima erfahren, sondern auch über gesellschaftsrelevante Themen und Fakten: (1) *Direkte persönliche Erfahrungen* beziehen sich auf die individuelle Betroffenheit von etwas oder eigene Beobachtungen (z. B. Arbeitslosigkeit, Steuererhöhungen, Gesetzesänderungen, ein Flüchtlingslager in der unmittelbaren Nachbarschaft). Da die meisten politisch relevanten Ereignisse außerhalb des persönlichen Nahbereichs von Bürgern stattfinden, sind indirekte Wahrnehmungsquellen wichtiger. Hier wird unterschieden zwischen der (2) *Medienberichterstattung* und (3) *interpersonaler Kommunikation*, sei es im persönlichen Austausch (face-to-face, telefonisch, Mail, Chat usw.) oder in öffentlicher Bürgerkommunikation.

Nun kennen Menschen Dinge besser, die sich in ihrem unmittelbaren Umfeld und direkten Erfahrungsbereich ereignen, also in der Familie, Nachbarschaft, im Kollegen- oder Freundeskreis, und interessieren sich mehr für sie. An zweiter Stelle stehen Themen interpersonaler Kommunikation. Das geringste Interesse ziehen Ergebnisse und Themen auf sich, die sie lediglich aus der Medienberichterstattung kennen. Deshalb sind Bürger mit ihrem persönlichen Nahbereich weit stärker vertraut sind als mit dem, was in ihrer Gemeinde, ihrem Bundesland, in Deutschland, Europa oder im Rest der Welt passiert (in absteigender Reihenfolge).[89] Fragt man deshalb nach der Wahrnehmung politischer Sachverhalte auf nationaler oder internationaler Ebene oder eben auch nach dem Meinungsklima im eigenen Land, ist die Antwort meist stark von direkten persönlichen Erfahrungen und der eigenen Meinung geprägt. Für diese 'Projektionsverzerrung' (*projection bias*) gibt es mehrere Gründe (in Anlehnung an Marks & Miller 1987):

- Menschen verstehen Informationen im bekannten und vertrauten Umfeld besser, vor allem, wenn sie ihrer persönlichen Meinung entsprechen.
- Sie haben mit Informationen in ihrem näheren Umfeld öfter Kontakt. Das erhöht die kognitive Verfügbarkeit dieser Informationen (Verfügbarkeitsheuristik; siehe Kapitel III). Um eine Einschätzung gebeten, greifen Menschen im Zweifelsfall auf Erfahrungen zurück, die ihnen augenblicklich in den Sinn kommen. Und diese stammen dann eben oft aus dem näheren Umfeld.
- Menschen neigen dazu, die Begründetheit des eigenen Verhaltens und der eigenen Meinung zu überschätzen und zum Maßstab für alles aus ihrer Sicht Sinnvolle auf der Welt zu machen (Egozentrismus).
- Menschen begründen eigenes Verhalten häufig durch situativ-persönliche Umstände und unterstellen, dass es anderen ähnlich geht.

Die Folge sind bemerkenswerte Fehleinschätzungen auf nationaler und internationaler Ebene, die erhebliche Auswirkungen auf die Meinungsbildung haben können. Beispielsweise überschätzen die Deutschen den Anteil von Muslimen in ihrem Land beinahe um den Faktor vier – im Zusammenhang mit Islamisierungsängsten ein bemerkenswerter Befund (Abbildung 5).

---

89 Dieses Muster spiegelt sich in einigen Nachrichtenfaktoren aus der Nachrichtenforschung wider: Redaktionen und Publikum interessieren sich mehr für Ereignisse im eigenen Land (Ethnozentrismus) und in der Nähe (Schulz 1990).

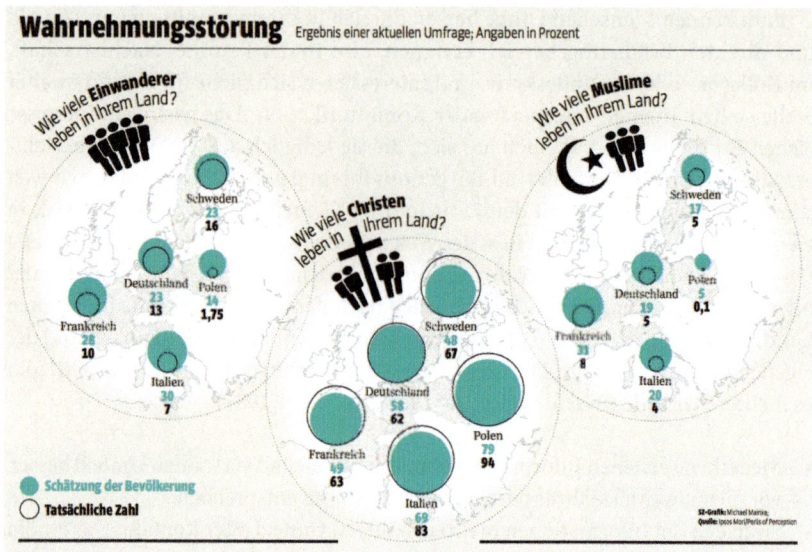

Abb. 5 Beispiele für Wahrnehmungsstörungen auf nationaler Ebene
Quelle: Süddeutsche Zeitung vom 31.01.2015

Die sozialpsychologische Forschung zur sogenannten Mehrheitsignoranz (*Pluralistic Ignorance*) befasst sich intensiv mit solchen Wahrnehmungsphänomenen (nach Peter & Brosius 2013). Am meisten verbreitet ist die fälschliche Annahme eines Konsenses (False Consensus Effect, Ross et al. 1977). Dabei überschätzen Menschen die Verbreitung ihrer eigenen Meinung in der Bevölkerung, weil sie ihre eigene Meinung und die ihres näheren Umfeldes auf die Gesamtheit projizieren. Halten sie ihre Meinung gar für die Mehrheit, obwohl das nicht zutrifft, spricht man vom Vergrößerungsglas-Effekt (*Looking Glass Perception;* Fields & Schuman 1976). Ein weiterer Grund für eine solche Selbstüberschätzung ist der Bestätigungsfehler (*Confirmation Bias*): Menschen suchen häufiger nach Informationen, die ihre Einstellung bestätigen (*Selective Exposure*; Kapitel III). Fragt man sie nach ihrer Meinungsklimawahrnehmung, fallen ihnen deshalb eher einstellungskonsonante als dissonante Informationen ein, weil sie in letzter Zeit eher Kontakt damit hatten. Manchmal unterschätzen Menschen die Verbreitung ihrer Meinung auch und wähnen sich in der Minderheit, obwohl sie tatsächlich die Mehrheitsmeinung vertreten (*False Uniqueness* bzw. *False Idiosyncracy Effect;* Mullen et al. 1992).

Wahrnehmungsquellen im Wandel

Eine Begründung dafür, dass sich Personen fälschlich als Mitglieder einer Meinungsminderheit betrachten (False Uniqueness Effect), liefert wieder die Theorie der Schweigespirale. Die Theorie unterscheidet grundsätzlich zwei Wahrnehmungsquellen: journalistische Medien und das persönliche Umfeld.

Die *journalistischen Medien* sind die wichtigste Wahrnehmungsquelle für die breite öffentliche Meinung. Deshalb besteht ihre Aufgabe darin, die öffentliche Meinung möglichst ausgewogen und unverzerrt widerzuspiegeln, etwa durch die Veröffentlichung von Meinungsumfragen oder eigene Beschreibungen der Stimmung in der Bevölkerung (dazu später mehr). Allerdings weicht die politische Einstellung von Journalisten wie bereits erläutert vom Meinungsklima der Gesamtbevölkerung ab: Entsprechend ist das Gros der Medienberichterstattung und damit auch das dort wiedergegebene Meinungsklima seit den 1970er-Jahren tendenziell linker als das tatsächliche Meinungsklima in der Bevölkerung – ein Phänomen, das Noelle-Neumann ‚doppeltes Meinungsklima‘ nannte. So entstand unter konservativen Bürgern der Eindruck, die Mehrheit der Bevölkerung denke im Gegensatz zu ihnen links. Noelle-Neumann vermutete deshalb unter den Bedingungen eines doppelten Meinungsklimas auf der konservativen Seite eine *schweigende Mehrheit*. Daran ändert auch das *persönliche Umfeld* als zweite Wahrnehmungsquelle wenig. Dort mögen zwar konsonante Auffassungen dominieren. Dennoch ist der Erfahrungshorizont dieser Wahrnehmungsquelle begrenzt und daher nur wenig wirksam.

Öffentliche Bürgerkommunikation wurde in der Theorie der Schweigespirale noch nicht explizit als Wahrnehmungsquelle angesprochen. Allerdings bezog sich Noelle-Neumann (1982) mit dem Konzept der Redebereitschaft auf damals gängige Formen bürgerlicher Meinungsäußerung und die Bereitschaft von Bürgern dazu: politische Gespräche mit Unbekannten in der überschaubaren Öffentlichkeit eines Zugabteils (Eisenbahntest; S. 33ff.) und Autoaufkleber mit parteipolitischer Aussage bzw. offensichtlich mutwillige Beschädigungen an solchen Fahrzeugen (S. 80). Öffentliche Bürgerkommunikation fand in der Zeit vor dem Internet natürlich auch in Kneipen, an Stammtischen und bei politischen Veranstaltungen statt. Politische Flugblätter, Pamphlete und Transparente waren vor allem im Umfeld von Schulen, Universitäten und Kirchen verbreitet. Auch Leserbriefe wurden geschrieben und gelesen. Dennoch hatte öffentliche Bürgerkommunikation einen begrenzten Stellenwert. Beim berühmt-berüchtigten Stammtisch war klar, dass dort nicht unbedingt profunde Meinungen ausgetauscht werden. Bei politischen Demonstrationen wusste man oder glaubte man zu wissen, dass exotische Minderheiten ihre spezielle Meinung vertraten. Politische Flugblätter verbreiteten sich nur selten über begrenzte linksalternative oder rechtsextreme Milieus hinaus.[90] Und Leserzuschriften an Medien wurden von Redaktionen ausgewählt, dabei häufig entschärft in den meisten Zeitungen auf einer lieblos gestalteten Leserbriefseite versteckt. In der breiten Bevölkerung war der Einfluss öffentlicher Bürgerkommunikation auf die Meinungsklimawahrnehmung deshalb eher gering. Abbildung 6 stellt die traditionellen Quellen der Meinungsklimawahrnehmung und ihre jeweilige Bedeutung (erkennbar an der Größe der Fläche) im Überblick dar.

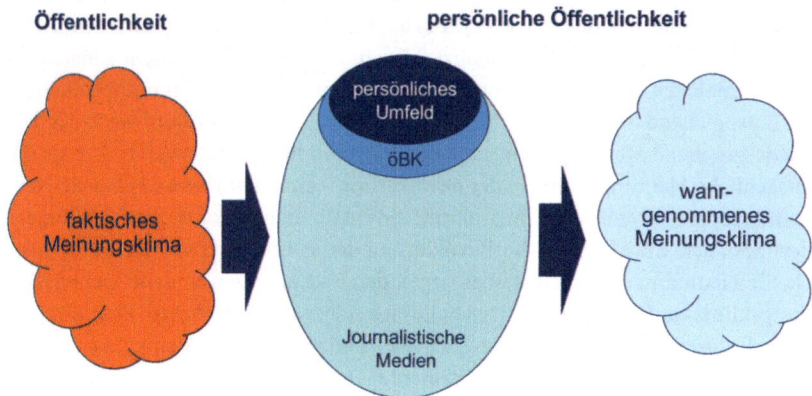

Abb. 6   Traditionelle Quellen der Meinungsklimawahrnehmung
Quelle: Eigene Darstellung

Mit dem Internet und vor allem der Verbreitung sozialer Medien haben sich die verfügbaren Quellen der Meinungsklimawahrnehmung vermehrt und in ihrer Relevanz verändert (Abbildung 7).

- Zunächst vergrößerten SNS das *persönliche Umfeld*. Der Freundes- und Bekanntenkreis, mit dem die meisten von uns zumindest in sporadischem Kontakt stehen und gelegentlich etwas über deren Meinung zu gesellschaftlichen Themen erfahren, ist gewachsen. So kann heute der subjektive Eindruck entstehen, mittels Facebook oder WhatsApp nahezu alles über die Stimmung im Bekanntenkreis zu wissen.

---

90   Siehe Kapitel II zur einst klaren Trennung journalistischer und alternativer Medien.

- SNS haben ebenfalls dazu beigetragen, dass viele von uns auf Facebook, Instagram oder Twitter mehr Kontakt mit politischen Meinungsäußerungen von Bürgern haben, die sie selbst nicht direkt kennen (Weak Ties). Viele Nutzer von Online-Nachrichten lesen die dortigen Nutzerkommentare unter den Artikeln. Sie tun das hauptsächlich aus Neugier und um die Meinung anderer kennenzulernen.[91] Öffentliche Bürgerkommunikation hat online nicht nur an Reichweite, sondern ziemlich sicher auch an Einfluss als Quelle für die Meinungsklimawahrnehmung gewonnen. Friemel & Dötsch (2015) befragten sowohl Leser als auch Nutzerkommentar-Schreiber dreier Deutschschweizer Nachrichten-Portale. Beide Gruppen meinten, Leserkommentare würden ein einigermaßen ‚gutes Bild der Bevölkerungsmeinung' abgeben, die Leserkommentar-Schreiber stimmten dem sogar noch etwas mehr zu.[92]

  Diese Erwartungshaltung kann problematisch sein. Denn wie wir bereits gesehen haben, bieten Meinungsäußerungen im Internet kein repräsentatives Abbild des Meinungsklimas in der Bevölkerung. Richtiggehend gruselig ist die Vorstellung, dass ein nennenswerter Anteil von Meinungsäußerungen in der öffentlichen Bürgerkommunikation online gar nicht von Menschen stammt, sondern von Social Bots. Das sind Computerprogramme, die – derzeit hauptsächlich in Twitter – bestimmte Meinungen oder Aussagen über ‚virtuelle' Nutzer-Accounts millionenfach verbreiten. Der Bedeutungsgewinn der öffentlichen Bürgerkommunikation mag online noch dadurch verstärkt werden, dass Bürger ihre Meinung früher überwiegend mündlich artikuliert haben. Ihre Aussagen waren damit flüchtig. Unter Online-Bedingungen hingegen bleiben Posts, Kommentare oder Blogbeiträge von verärgerten Bürgern oder eben auch von Social Bots lange über die ursprüngliche Kommunikationssituation hinaus erhalten. So können sie noch Jahre später gesucht, gelesen, weiterverbreitet werden und dadurch wirken. Das erhöht auch die Wahrscheinlichkeit dafür, dass Bürgeraussagen aus dem Zusammenhang gerissen werden (siehe Dekontextualisierung in Kapitel III).

- Eine neue Wahrnehmungsquelle sind *alternative Medien*. Wir haben bereits gesehen, wie leicht man sie online über Suchmaschinen und soziale Medien erreicht und wie beeindruckend ihre Reichweiten derzeit sind. Damit haben

---

91 Befunde einer eigenen Online-Befragung im Sommer 2014, in der die n=719 Teilnehmer nach ihren Motiven für das Lesen von Nutzerkommentaren gefragt wurden; vgl. auch Ziegele et al. (2013: 80f.).

92 Die Mittelwerte lagen auf einer Skala von 1=Ablehnung bis 5=Zustimmung zwischen 3 und 4.

sie zumindest unter ihren Besuchern und Fans einen gewissen Einfluss auf die Meinungsklimawahrnehmung.

- *Journalistische Medien* sind auch heute noch die wichtigste Wahrnehmungsquelle der Bürger für den politischen Fernbereich. Dennoch ist festzuhalten, dass Bürger das, was im Land passiert und was die Menschen dort denken, nicht mehr ausschließlich über die klassischen Medien erfahren, sondern eben auch über öffentliche Bürgerkommunikation und alternative Medien.

Abb. 7   Heutige Quellen der Meinungsklimawahrnehmung
Quelle: Eigene Darstellung

Der veränderte Mix an Wahrnehmungsquellen hat Folgen. Die gravierendste betrifft die Konsonanz bzw. Dissonanz der vorgefundenen Meinungen und damit die Meinungsklimawahrnehmung. Sowohl im persönlichen Umfeld als auch in den meisten Kontakten, die Menschen mit öffentlicher Bürgerkommunikation und alternativen Medien haben, dominieren konsonante Meinungen (siehe Kapitel III). Dieser Gleichklang ist vermutlich bei alternativen Medien noch ausgeprägter als bei öffentlicher Bürgerkommunikation. Denn während man beispielsweise in Nutzerkommentaren zu Nachrichtenbeiträgen öfter auf unliebsame Meinungen stößt, wählen Bürger alternative Medien meist nach der politischen Orientierung aus. Es erhöht sich nicht nur die Meinungskonsonanz. Auch die bloße Zahl der Meinungsaussagen und Einzelquellen, mit denen Bürger in Kontakt kommen und die die Meinungsklimawahrnehmung prägen, steigt. Hier kommt der kognitionspsychologische *Multiple Source Effect* (Harkins & Petty 1981) ins Spiel. Er beschreibt die menschliche Neigung, Botschaften dann für glaubwürdiger und überzeugender halten, wenn sie aus unterschiedlichen Quellen stammen. Wer also auf Facebook mit vielen Freunden in Kontakt steht, unzählige Stimmen öffentlicher Bürgerkommunikation hört und ständig alternative Medien nutzt, die allesamt derselben Meinung sind, fühlt sich nicht nur durch deren bloße Zahl in seiner Meinung bestärkt, sondern auch durch die Vielfalt der Urheber.

Journalistische Medien bleiben als vierte Wahrnehmungsquelle mit ihrem Bemühen um Ausgewogenheit der Ort, wo Bürger am häufigsten mit dissonanten Fakten und Meinungen in Berührung kommen. Dass sich Zeitungsleser, Zuschauer von Fernsehnachrichten und Besucher journalistischer Online-Nachrichtenangebote häufiger über gefühlt unsinnige Argumente und gegnerische Meinungen ärgern (müssen) als Menschen, die in einer Blase aus SNS und Alternativmedien verharren, liegt also in der Natur der Sache. Für die Demokratie und den Austausch unterschiedlicher Meinungen ist es aber funktional. Auf der anderen Seite steht zu befürchten, dass Bürger, die in ihrer Meinungsblase kaum mehr mit dissonanten Meinungen konfrontiert werden, das Meinungsklima in der Gesamtbevölkerung falsch einschätzen und daraus fatale Schlüsse ziehen (siehe das Beispiel in Abbildung 8).

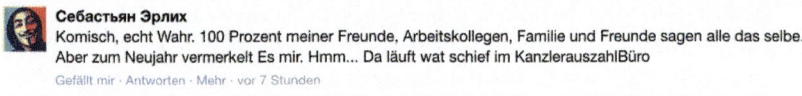

Abb. 8   Beispiel einer einseitigen Meinungsklimawahrnehmung auf Facebook
Eigener Facebook-Screenshot vom 2015.

Noch beunruhigender ist die Vorstellung, dass solche Bürger vom Kontakt mit gegnerischen Meinungen, ob nun in Nachrichtenmedien oder wo auch immer, überfordert sind und sich einem offenen Meinungsaustausch verweigern. Dass die menschliche Bereitschaft zum Kontakt mit dissonanten Botschaften von der Persönlichkeit abhängt, ist bekannt. Beispielsweise ist die Bevorzugung konsonanter Botschaften bei dogmatischen Menschen stärker ausgeprägt (Donohew et al. 1972). Allerdings gibt es meines Wissens keine empirische Überprüfung der Annahme, dass die Filterblasen sozialer Medien die *Ambiguitätstoleranz*[93] ihrer Nutzer verkümmern lassen und vielleicht sogar ihre *Diskursfähigkeit* gefährden – also die

---

93   Das ist die Fähigkeit, Widersprüche zu ertragen.

Bereitschaft, sich in einer offenen und konstruktiven Diskussion mit anderen Weltsichten auseinanderzusetzen. Weitere Effekte sind denkbar:

1. Bei Personen, die kaum Kontakt mit dissonanten Meinungen haben, kann sich die Hostile-Media-Wahrnehmung weiter verstärken. Diese Bürger empfinden an sich ausgewogene Medienberichte als noch einseitiger und feindseliger als Bürger mit regelmäßigem Kontakt zu Nachrichten und dissonanten Ansichten.

2. Sie nehmen dissonante Aussagen als *noch* dissonanter wahr, als sie tatsächlich sind, nach dem Motto „Wer nicht vollständig meiner Meinung ist, ist gegen mich!" Diese Wahrnehmungsverzerrung ist seit Langem als *Assimilations-Kontrast-Effekt* bekannt.[94] Sie wirkt besonders bei Personen mit hohem *Involvement*, d.h. bei Menschen, die sich sehr für ein Thema interessieren oder von ihm betroffen sind. Die anzunehmende Folge: Bürger, die sich für ein Thema stark interessieren und selten Kontakt mit gegenteiligen Meinungen haben, empfinden selbst moderat einseitige Medienberichte als extrem feindlich. Der Assimilations-Kontrast-Effekt in Verbindung mit der Hostile-Media-Wahrnehmung liefert in konsonanten Filterblasen eine weitere mögliche Erklärung für das erodierende Medienvertrauen.

3. Bei einem doppeltem Meinungsklima, d.h. wenn sich die Stimmung in den Medien und in der Bevölkerung unterscheiden, ist ein weiterer Effekt denkbar, den die Theorie der *Persuasive Press Inference* – man kann das überspitzt als unterstellte Medienmanipulation übersetzen – beschreibt (Gunther 1998). Die Theorie kombiniert den *Hostile Media Effect* mit dem *Third-Person Effect*[95]: Individuen glauben, dass die vermeintlich feindliche Medienberichterstattung andere stärker in ihrer Meinung beeinflusst als sie selbst. In der Folge überschätzen sie die Stärke dieser gegnerischen Position in der vermeintlich leicht manipulierbaren Bevölkerung. Je nachdem, ob man die Theorie (wie ursprünglich intendiert) auf journalistische Medien bezieht oder auf alternative Medien überträgt, sind unterschiedliche Effekte denkbar: Fangen wir mit Bürgern an, die zwar anderer Meinung sind als der Mainstream journalistischer Medien, diese aber intensiv nutzen. Sie sehen sich mit ihrer Meinung aus zwei Gründen in der Minderheit:

---

94 Vgl. Sherif & Cantril (1947). Der etwas umständliche Name beruht auf der Annahme, dass nicht nur abweichende Meinungen als dissonanter wahrgenommen werden (=Kontrast), sondern umgekehrt auch ähnliche Meinungen als ähnlicher (=Assimilation).

95 Der Third-Person-Effekt besagt, dass Menschen glauben, Medien würden später auf Andere wirken als auf sie selbst (Davison 1983). Das ist besonders bei unerwünschten Effekten der Fall. Der Effekt wurde beispielsweise auch im Zusammenhang mit der Frage, ob Nutzerkommentare in Online-Nachrichten die Meinungsklimawahrnehmung ihrer Leser verzerren, untersucht und bestätigt (Houston et al. 2011).

Weil die Medien anders berichten und weil sie annehmen, dass dies die anderen Bürger stark beeinflusst. Aus Isolationsfurcht verfallen sie in Schweigen; das schwächt ihre Meinung ab. Bei Bürgern hingegen, die überwiegend Kontakt mit alternativen Medien haben, ist eine Meinungsverstärkung zu erwarten. Denn erstens sehen sie dort fast nur mit ihren Ansichten übereinstimmende Fakten und Meinungsaussagen. Und zweitens trauen sie den alternativen Medien einen starken Einfluss auf andere Bürger und damit das Meinungsklima zu. Die Folge ist eine Überschätzung und Bestärkung der eigenen Position.

Wie stark die einzelnen vermuteten Effekte auch wirken mögen, sie alle zielen in eine Richtung: Dass der zunehmende Kontakt mit öffentlicher Bürgerkommunikation und alternativen Medien zu einer Verstärkung von Meinungen und Polarisierung von Meinungslagern führt.

Zwischenfazit: Je weniger die individuelle Meinungsklimawahrnehmung über journalistische Medien erfolgt und je dominanter öffentliche Bürgerkommunikation und alternative Medien als überwiegend konsonante Quellen werden, desto eher fühlen sich Bürger in ihrer Meinung bestärkt – und desto eher überschätzen sie die Verbreitung ihrer Meinung in der Bevölkerung. Möglicherweise verringert das auch ihre Bereitschaft, sich mit gegenteiligen Meinungen auseinanderzusetzen, sei es in den Medien oder in öffentlichen Diskussionen mit Andersdenkenden. Die Gefährdung der Diskursfähigkeit findet in vielen politischen Lagern statt und kann zur weiteren Polarisierung der Gesellschaft beitragen.

Weitere Überlegungen zur Meinungsklimawahrnehmung

Schauen wir uns den Prozess der Meinungsklimawahrnehmung noch etwas genauer an: Welche Informationen nehmen Individuen über die soeben besprochenen Quellen auf und wie verarbeiten sie diese? Zunächst können wir zwei Arten von Informationen unterscheiden: Fakten und Meinungsäußerungen. *Fakten* können eine bestimmte Meinung unterstützen und lassen sie plausibler und vernünftiger erscheinen. Dadurch können Fakten den Eindruck vermitteln, dass die Mehrheit der Bürger auch so ,vernünftig' denkt wie man selbst (Egozentrismus). Ein Beispiel für meinungsrelevante Fakten: „Nur ein minimaler Anteil der aufgenommenen Flüchtlinge macht Probleme." Fakten können aber auch implizite Hinweise auf Meinungen sein, wie z. B. der Satz „Auch wir betreuen eine Flüchtlingsfamilie." Wir wollen uns im Folgenden auf *Meinungsaussagen* konzentrieren. Sie sind die wichtigste Quelle der individuellen Meinungsklimawahrnehmung. Denn wenn man sich ein Bild von der Meinung der Bevölkerung machen will, was liegt da näher, als Aussagen über Meinungen in der Bevölkerung zu sammeln? Dabei lassen sich wiederum zwei Arten unterscheiden:

Individuelle Meinungsaussagen sind persönliche Meinungsäußerungen von Personen, die man in Gesprächen, in Nutzerkommentaren, auf Facebook usw. hört oder liest. Es können aber auch Aussagen über die Meinung anderer Personen sein, also beispielsweise der Satz „Auch meine Oma findet, dass …". Um beide Varianten mit einem einzigen Konzept zu fassen, spreche ich bewusst von Meinungs*aussagen*.

Der zweite Typ sind *aggregierte Meinungsaussagen*. Hierbei handelt es sich um pauschale Aussagen über die Meinung …

- vieler Individuen („Meine Freunde sagen, dass …"),
- sozialer Gruppen („Alle im Kegelverein finden, dass …"),
- politischer oder gesellschaftlicher Akteure („Der Arbeitgeberverband begrüßt die Flüchtlingszuwanderung") oder
- der Gesamtbevölkerung („Die Deutschen haben Flüchtlinge anfangs mit offenen Armen empfangen" oder „Die Sachsen sind immun gegenüber Rassismus", geäußert von Kurt Biedenkopf, ehemaliger Ministerpräsident von Sachsen).

Auf derartige Meinungsaussagen trifft man nahezu ständig im persönlichen Umfeld – offline wie online –, in öffentlicher Bürgerkommunikation und natürlich auch in alternativen und journalistischen Medien. Bekanntlich sind pauschale Meinungsaussagen stark subjektiv geprägt und sagen oft mehr über die Meinung des Kommunikators aus als über die Meinungen der genannten Personen. Deshalb gelten wissenschaftliche *Umfragen* mit repräsentativen Stichproben als einzig wirklich valide aggregierte Meinungsaussage. Auf Nachrichten-Websites und SNS existieren zahllose Varianten von User-Generated Content mit aggregierten Meinungsaussagen (ausführlich Schweiger & Quiring 2007). Diese basieren häufig auf Ja/Nein-Aussagen bzw. Klicks der Nutzer dieser Plattformen oder auf ihren numerischen Bewertungen (in Form von Schulnoten oder Sternchen), die die Systeme automatisch aggregieren: Facebook-Likes, Käuferbewertungen auf Amazon oder Leserumfragen auf Nachrichten-Websites. SNS und andere Systeme verarbeiten auch Verhaltensdaten von Nutzern, die diese meist nicht als bewusste Meinungsäußerungen getätigt haben, zu aggregierten Meinungsaussagen, z. B. gezählte FacebookShares oder Twitter-Retweets, Rankings der meistgelesenen oder meistkommentierten Artikel, meistgekauften oder angesehenen Produkte usw. Die Validität dieser Angaben ist höchst unterschiedlich. Sie hängt von der Anzahl der befragten oder erfassten Personen ab und von der – wie immer – zentralen Frage, wie repräsentativ sie für die Gesamtheit sind. Gelegentlich werden auch Web-Monitoring-Ergebnisse verbreitet, deren Validität ebenfalls mit Vorsicht zu genießen ist. Wenn also ein Bürger die Stimmung im Land kennenlernen möchte, trifft er über unterschiedliche Wahrnehmungsquellen auf verschiedene Arten von Meinungsaussagen. Diese weisen äußerst unterschiedliche Reichweiten auf, d. h. sie beziehen sich auf Gruppengrößen von „meiner Oma" über „alle in der Firma", „alle Teilnehmer beim Online-Voting von bild.de" bis hin zu repräsentativen Umfragen über die Meinung der Gesamtbevölkerung.

Wie entsteht nun aus der Fülle und Vielfalt individueller und aggregierter Meinungsaussagen, mit denen Individuen im Lauf der Zeit konfrontiert werden, eine Wahrnehmung der Stimmung im Land? Würden Menschen streng rational-analytisch vorgehen, würden sie in erster Linie auf die *Aussagekraft* (Validität) von Meinungsaussagen achten. Sie würden sich auf repräsentative und valide Umfragen verlassen, andere aggregierte Werte wie Facebook-Likes unter Vorbehalt heranziehen und individuelle Meinungsaussagen eher ignorieren. Pauschale Aussagen à la „Die Deutschen stehen hinter Angela Merkel" würden sie nur beachten, wenn sie von einer kompetenten und glaubwürdigen Quelle stammen, z. B. aus den Qualitätsmedien unter Rückgriff auf Wissenschaftler oder andere Experten. Allerdings haben wir ja bereits in Kapitel III gesehen, dass Menschen Informationen generell nur selten rational-analytisch verarbeiten; meist entscheiden sie heuristisch.

Das trifft bei der Meinungsklimawahrnehmung zu, wie die Forschung zum *Fallbeispiel-Effekt* bestätigt (vgl. etwa Daschmann 2001). Der Begriff Fallbeispiel bezieht sich auf Straßenumfragen (Vox pops), in denen Journalisten ausgesuchte Einzelmeinungen von Bürgern in Wort und Bild oder in Filmbeiträgen darstellen. Der Effekt wurde in zahlreichen Experimenten weltweit untersucht. Meist sollten die Versuchspersonen einen (manipulierten) Zeitungsartikel über ein gesellschaftliches Konfliktthema lesen und danach das Meinungsklima zu diesem Thema abschätzen. Der Zeitungsartikel berichtete unter anderem über eine repräsentative Umfrage zum Thema. Direkt daneben befanden sich Einzel-Statements von Bürgern (meist fünf oder sechs), die mit Namen, Alter, Beruf und Foto vorgestellt werden. In einer Experimentalversion sprachen sich diese Statements mehrheitlich für die Meinung aus, die auch in der Umfrage gesiegt hatte. In der anderen Version widersprachen sich die Umfrage und die individuellen Aussagen der abgebildeten Bürger. Wie reagierten die Versuchspersonen mit ihrer Meinungsklimawahrnehmung danach? In den meisten Experimenten orientierten sie sich stärker an der Mehrheitsmeinung der Einzel-Statements als an den vermeintlich aussagekräftigen Angaben der Meinungsumfrage.

Die Erklärung für dieses Verhalten liegt in der visuellen Gestaltung der Fallbeispiele mit ihren kurzen Statements, dem Kurzprofil und vor allem einem Portraitfoto des Sprechers. Im Gegensatz zu den Meinungsumfragen, die meist im Fließtext von Artikeln platziert sind und dem unaufmerksamen Leser deshalb nicht unbedingt auffallen, sind sie ein lebhafterer Reiz (Vividness-Konzept, vgl. Brosius 1995: 44). Sie stechen stärker ins Auge, werden intensiver wahrgenommen und später besser erinnert (vgl. Kapitel III zur Verfügbarkeitsheuristik). Eine starke Ausprägung des Effekts, wie sie die meisten Studien finden, kann jedoch nur unter einer Bedingung entstehen: Wenn Rezipienten bei ihrer Meinungsklimawahrnehmung kaum auf die Aussagekraft der unterschiedlichen Meinungsaussagen achten. Wenn sie also weder zwischen individuellen und aggregierten Meinungsaussagen unterscheiden, noch deren Validität berücksichtigen. Denn ansonsten würden sich beide Effekte – die Lebhaftigkeit der Aussagen einerseits und ihre Aussagekraft zur Bevölkerungs-stimmung andererseits – gegenseitig aufheben.

Die klassische Fallbeispiel-Forschung stützt somit die Annahme, dass Menschen bei ihrer Meinungsklimawahrnehmung nicht zwischen individuellen und aggregierten Meinungsaussagen differenzieren. Neuere Studien belegen sogar eine Überlegenheit individueller Meinungsaussagen. Lee & Jang (2010) legten in einem Experiment Versuchspersonen zwei kommentierende Online-Nachrichtenartikel zu zwei kontroversen Themen vor. Unter den Beiträgen standen entweder sieben Nutzerkommentare oder eine ähnlich auffällige numerische Anzeige der Leser-Likes und Dislikes, wie man sie aus manchen Onlinemedien kennt. Die Meinungsvertei-lung unter den Lesern war in beiden Versionen gleich, wobei eine klare Mehrheit dem Tenor der Artikel widersprach. Zusätzlich existierte eine Version ohne Leser-meinung (Kontrollgruppe). Der Hauptbefund zur Meinungsklimawahrnehmung: Die Versuchspersonen, die den Artikel mit Nutzerkommentaren gesehen hatten, orientierten sich dabei stärker an den sieben individuellen Meinungsaussagen als die Versuchspersonen mit den Likes und Dislikes, die als aggregierte Meinungs-aussagen von 46 (Thema 1) und 147 Lesern (Thema 2) auf einer weitaus größeren Basis von Individualmeinungen basierten.

Die Forscher fanden zudem einen überraschenden Einfluss der Persönlichkeit. Jeder Teilnehmer füllte zusätzlich eine Skala zur Erfassung des *Kognitionsbedürf-nisses* (*Need for Cognition*; Cacioppo & Petty 1982) aus. Dieses psychologische Persönlichkeitsmerkmal misst, inwiefern Menschen über komplexe Fragen intensiv nachdenken oder sich im Umgang mit Informationen eher denkfaul verhalten. Lee & Jang hatten angenommen, dass sich Individuen mit hohem Kognitionsbedürfnis stärker von aggregierten Meinungsaussagen beeinflussen lassen, da diese bei ana-lytischer Informationsverarbeitung eindeutig aussagekräftiger sind. Im Gegenzug hatten sie individuellen Meinungsaussagen einen stärkeren Einfluss auf tendenziell ,denkfaule' Menschen mit einer Neigung zu oberflächlicher (heuristischer) Verar-beitung unterstellt. Das Ergebnis widersprach diesen an sich plausiblen Annahmen:

Tatsächlich ließen sich die Versuchspersonen mit höherem Kognitionsbedürfnis in ihrer Meinungsklimawahrnehmung noch stärker von den individuellen Nutzerkommentaren beeinflussen als die eher ,Denkfaulen'. Wie ist das zu interpretieren? Wahrscheinlich unterscheiden Laien überhaupt nicht zwischen Meinungsaussagen unterschiedlicher Aussagekraft. Es ist denkbar, dass sich die ,denklustigen' Teilnehmer schlicht mehr Mühe gegeben haben, möglichst alle Nutzerkommentare zu lesen, und entsprechend von ihnen leiten ließen.

Daraus folgere ich, dass individuelle Meinungsklimawahrnehmung in der Regel auf einer – vermutlich unbewussten – *Zählung von Meinungsaussagen* basiert. Die Aussagekraft der Meinungsaussagen spielt dabei kaum eine Rolle, ihre *Auffälligkeit* hingegen schon. Das kann etwa der Nachdruck sein, mit dem eine Meinung formuliert wird („Das kotzt mich nur noch an!"), eine Dramatisierung der Folgen (z. B. „Deutschland wird untergehen") oder auch plakative Fotos oder Videos zur Hervorhebung oder Illustration einer Meinung, wie man sie in den SNS ständig sieht.

Ein letzter relevanter Faktor bei der Meinungsklimawahrnehmung ist wieder die menschliche Präferenz für meinungskonforme Informationen: Wenn Individuen öfter Kontakt mit konsonanten als mit dissonanten Meinungsaussagen haben, prägen erstere die Wahrnehmung der öffentlichen Meinung stärker. Daraus folgt der bereits beschriebene Projektions- oder False-Consensus-Effekt, demzufolge Menschen die Verbreitung der eigenen Einstellung systematisch überschätzen.

Wir können zusammenfassen: Je (a) mehr Meinungsaussagen eine Person zu einer Position rezipiert, (b) je auffälliger diese sind und (c) je konsonanter sie mit der Position der Person sind, desto stärker prägen sie ihre Meinungsklimawahrnehmung.

Was bedeutet das im Zusammenhang mit den im letzten Abschnitt beschriebenen veränderten Wahrnehmungsquellen? In welchen Kanälen treffen Bürger auf die meisten, auffälligsten Meinungsaussagen, die zudem konsonant sind? Natürlich lässt sich das nur schwer pauschal vergleichen, zumal innerhalb der einzelnen Wahrnehmungsquellen erhebliche Unterschiede bestehen können – je nach individuellen Nutzungsroutinen und situativen Bedingungen. Dennoch ist eine grobe Abschätzung der Bedingungen in den einzelnen Kanälen möglich (Tabelle 5).

Tab. 5 Anzahl, Auffälligkeit & Konsonanz von Meinungsaussagen je nach Wahrnehmungsquelle

Quelle Meinungs-aussagen	Persönliches Umfeld	Öffentliche Bürger-kommunikation online	Alternative Medien	Journalistische Medien
Anzahl	niedrig, da kleinere Netzwerke	hoch, da größere Netzwerke	höher als im Journalismus wg. Dominanz meinungs-betonter Inhalte	niedriger als in alternativen Medien wg. Dominanz faktenbezogener Darstellung-formen
Konsonanz	hoch, da homogene Netzwerke	mittel (Nutzer-kommentare und offene Foren) bis hoch (SNS als Filterblase)	hoch, da Gesin-nungsmedien	gering, wegen journalistischer Ausgewogenheit
Auffälligkeit	hoch, wg. Information Richness	mittel (Nutzer-kommentare usw.) bis hoch (SNS)	gering (Text-beiträge mit Bebilderung) bis hoch (Videobeiträge)	gering (Textbei-träge mit Bebil-derung) bis hoch (Videobeiträge)
Einfluss auf Meinungs-klimawahr-nehmung	hoch	hoch	mittel	gering

Quelle: Eigene Darstellung

Beginnen wir wieder mit dem *persönlichen Umfeld*. Es besteht aus Menschen, die sich besser kennen und offline wie auch online in engerem Kontakt stehen (Strong Ties). Bei den kleinen Netzwerkgrößen sind zwar vergleichsweise wenige Meinungsaussagen zu erwarten, diese sind allerdings überwiegend meinungskonform. Besonders Meinungsaussagen face-to-face können als auffällig gelten, denn sie werden lebendig mittels Sprache, Betonung, Mimik und Gestik kommuniziert (Information Richness Theory, Daft & Lengel 1984). Das gilt mit Einschränkungen auch für technisch vermittelte Gespräche in Echtzeit (Telefon, Skype, sonstige Audio- und Video-Übertragung). Alles in allem sollte das persönliche Umfeld die individuelle Meinungsklimawahrnehmung stark prägen.

Diese Einschätzung gilt auch für öffentliche Bürgerkommunikation. Sie erfolgt online in größeren Netzwerken mit größeren Reichweiten, als das offline der Fall ist.

Deshalb sind hier für Nutzer ab einem gewissen politischen Interesse viele Kontakte mit Meinungsaussagen anzunehmen. Dass Meinungsaussagen online dauerhaft gespeichert sind und viral verbreitet werden, erhöht die Kontaktwahrscheinlichkeit zusätzlich. Nicht zuletzt steigern Social Bots die Begegnungshäufigkeit. Das ist beunruhigend. Denn wer Bots einsetzt und millionenfach gefakte Meinungsaussagen verbreitet, will die Meinungsklimawahrnehmung der Internet-Nutzer manipulieren und damit die öffentliche Meinung (,Bot-Effekt', Hegelich 2016). Das ist zweifellos ein unmoralisches Unterfangen. Deshalb ist zu vermuten, dass Social Bots überwiegend von populistischen oder anderweitig fragwürdigen Akteuren eingesetzt werden. Bezeichnenderweise ist die AfD die einzige große deutsche Partei, die sich öffentlich für den Einsatz von Social Bots ausspricht.[96]

Wie viele der Meinungskontakte konsonant bzw. dissonant sind, hängt stark von den Online-Nutzungsgewohnheiten der Bürger ab: Wer überwiegend Aggregatoren nutzt, wird eher in seiner Filterblase bleiben und dort weitgehend konsonanten Meinungsaussagen begegnen. Wer häufiger Nutzerkommentare in Nachrichtenmedien liest und Plattformen besucht, wo Menschen unterschiedlicher Meinung miteinander diskutieren, hat mehr Kontakte mit dissonanten Positionen. Im Hinblick auf die Auffälligkeit gilt: Nutzerkommentare und Beiträge in Diskussionsforen kommen häufig mit Beschimpfungen und politisch-emotionalen Ausbrüchen inhaltlich recht lebendig daher. Dennoch fehlen audiovisuelle Informationen zum Urheber und seiner Kommunikationssituation. Das ist auf SNS ähnlich; allerdings verbreiten dort Bürger oft aufwändig gestaltete Slogans und Texttafeln, auffällige Bilder und Videos fremder Quellen. Besonders in Facebook und YouTube findet man unzählige äußerst lebendige Meinungsaussagen.

Wie häufig Bürger in *journalistischen* oder *alternativen Medien* im Vergleich zu ihrem persönlichen Umfeld oder öffentlicher Bürgerkommunikation auf Meinungsaussagen treffen, ist unmöglich zu sagen, da es fundamental von ihrem Rezeptionsverhalten abhängt. Allerdings unterschieden sich journalistische und alternative Medien in zweierlei Hinsicht: Journalistische Medien sind überwiegend von Nachrichten und faktenbezogenen Darstellungsformen geprägt. In alternativen Medien dominieren dagegen meinungsbetonte Inhalte. Natürlich finden sich auch im Journalismus Meinungsaussagen, z.B. in Berichten über Meinungsumfragen oder Meinungsäußerungen politischer Akteure oder Bürger. Dennoch sollten Nachrichtenmedien im Großen und Ganzen weniger Meinungsaussagen enthalten als alternative Medien. Denn diese verstehen sich als Sprachrohr einer politischen

---

96 AfD will im Wahlkampf Meinungsroboter einsetzen. Spiegel online vom 21.10.2016. http://www.spiegel.de/netzwelt/netzpolitik/afd-will-im-wahlkampf-social-bots-einsetzen-a-1117707.html.

Position, hier sind ungleich mehr konsonante Meinungsaussagen zu erwarten. Tatsächlich sind journalistische Medien mit ihrem grundsätzlichen Bemühen um Ausgewogenheit die einzige Wahrnehmungsquelle, die Bürgern eine Balance aus konsonanten und dissonanten Meinungsaussagen bietet. Die Auffälligkeit von Meinungsaussagen betreffend sind keine gravierenden Differenzen zwischen journalistischen und alternativen Medien zu erwarten. Eher unterscheiden sich textbasierte und Bild- bzw. Video-Nachrichten in ihrer Information Richness. Ein Unterschied zwischen journalistischen und alternativen Medien ist aber denkbar: Da letztere eine Meinung durchsetzen wollen, werden ihre Macher versuchen, Meinungsaussagen möglichst lebendig und wirksam zu präsentieren. Seriöse journalistische Medien dürften hingegen versuchen, Meinungsaussagen einigermaßen nüchtern darzustellen und nicht aufzubauschen.

Der Einfluss alternativer Medien auf die Meinungsklimawahrnehmung ihrer Rezipienten kann also ziemlich groß sein. Journalistische Medien, denen man landläufig das größte Potenzial zur Meinungsklimawahrnehmung und Meinungsbildung der Bürger nachsagt, haben dagegen zwar große Reichweiten und sind schon allein deshalb relevant. Betrachtet man allerdings die Beschaffenheit der dortigen Meinungsaussagen, erscheint ihr Einflusspotenzial vergleichsweise begrenzt. Das trifft verschärft auf Bürger zu, die bereits überwiegend über alternative Medien und öffentliche Bürgerkommunikation in SNS mit Nachrichten und Meinungen in Kontakt kommen. Diese wachsende Bevölkerungsgruppe ist besonders anfällig für den False-Consensus-Effekt und neigt zur Überschätzung der Verbreitung der eigenen Meinung. Schlussendlich stellen journalistische Medien aufgrund ihrer Ausgewogenheit für Bürger, die nur konsonante Meinungskontakte gewöhnt sind, eine Zumutung dar. Das verstärkt wohl auch ihre Hostile-Media-Wahrnehmung.

Fasst man diese Überlegungen in etwas überspitzter Form zusammen, droht eine Spirale aus (1) Hostile-Media-Wahrnehmung, (2) bevorzugter Nutzung konsonanter Inhalte in alternativen Medien und öffentlicher Bürgerkommunikation als Reaktion darauf und (3) einer verstärkten False-Consensus-Wahrnehmung, die ausgewogene journalistische Meinungsaussagen für völlig abseitig und inakzeptabel hält (1). Der Kreis schließt sich.

Zwischenfazit: Die Wahrnehmung des Meinungsklimas unterliegt Verzerrungen, weil sich Individuen hierbei an der Anzahl, Auffälligkeit und Konsonanz der Meinungsaussagen orientieren, mit denen sie Kontakt haben. Unter Meinungsaussagen verstehe ich nicht nur individuelle Meinungsäußerungen, sondern alle Arten von individuellen und aggregierten Aussagen über Meinungen. Im Internet verändern sich die individuellen Kontakte mit Meinungsaussagen: Der

Einfluss journalistischer Medien mit einer ausgewogenen Berichterstattung sinkt. Gleichzeitig gewinnen alternative Medien und öffentliche Bürgerkommunikation an Bedeutung. Je stärker Bürger diese Wahrnehmungsquellen nutzen, desto eher wähnen sie sich mit ihrer Meinung in der Mehrheit (False-Consensus-Wahrnehmung) und desto weniger akzeptieren sie gegenteilige Meinungen. Das trägt zu einer Verstärkung bestehender Einstellungen bei.

Gruppendynamische Prozesse und Polarisierung

In den vorangegangenen Kapiteln haben wir uns mit dem Zusammenhang zwischen Meinungsklimawahrnehmung, Redebereitschaft bzw. Bereitschaft zur öffentlichen Bürgerkommunikation und Meinungsbildung auf dem Individualniveau befasst. Nun wenden wir uns der Frage zu, ob und wie diese Effekte gruppendynamische Prozesse der kollektiven Meinungsbildung auslösen. Was passiert, wenn sich Bürger online in einem überwiegend konsonanten Umfeld bewegen und dieses bei vielen die Redebereitschaft erhöht? Wie verändert sich die Stimmung in konsonanten Kommunikationsnetzwerken und nach persönlichen Einstellungen fragmentierten Gruppen in der Filterblase? Leider gibt es zu diesen Fragen bestenfalls Einzelbefunde, aber keinen befriedigenden zusammenhängenden Forschungsstand.[97] Deshalb muss ich auch hier zum Teil auf persönliche Überlegungen zurückgreifen.

Von der Filterblase zur Echokammer

Dass sich öffentliche Bürgerkommunikation online häufig in Filterblasen Gleichgesinnter abspielt, haben wir bereits gesehen. Besonders in SNS wie Facebook finden konsonante Meinungen zusammen. Man wärmt sich lieber am wohligen Lagerfeuer der vermeintlich ‚richtigen' Einstellung, als sich mit Andersdenkenden ‚herumärgern' zu müssen. Sunstein (2001) hat für dieses Phänomen vor über 15 Jahren in seinem Buch Republic.com die Metapher der ‚Echo Chamber' geprägt. Die Echokammer beschreibt einen Raum, in dem alle dasselbe rufen, das Echo immer lauter wird und alle in ihrer Meinung bestätigt. Während sich der Begriff der Filterblase auf die Verbreitung und Nutzung von *Informationen* in fragmentierten Gruppen bezieht, geht es bei der Echokammer um konsonante *Meinungen*. So wie

---

97 Die Einschätzung formulieren auch Machill et al. (2013: 53) in ihrem Versuch eines Überblicks über Meinungsbildungsprozesse in sozialen Netzwerken.

die Echos in der Echokammer zahlreicher und lauter werden, schaukeln sich die Meinungen der Filterblasen-Bewohner gegenseitig auf und verstärken einander. Die dystopische These lautete:

> „Newspapers and broadcasters helped create a shared culture, but as their role diminishes and the customization of our communications universe increases, society is in danger of fragmenting, shared communities in danger of dissolving. In their place will arise only louder and ever more extreme echoes of our own voices, our own opinions." (Klappentext zu Sunstein 2001)

Um zu überprüfen, wie es um diese Befürchtung im Deutschland der Gegenwart steht, müssen wir zunächst besser verstehen, wie eine Echokammer funktioniert. Schauen wir uns die mittlerweile abgeschaltete Facebook-Seite von Pegida als Beispiel an. Diese Community und die dortigen Posts und Kommentare waren im Gegensatz zu vielen anderen Facebook-Gruppen bis 2016 komplett öffentlich zugänglich. Auch die Profile der meisten Pegida-Fans waren und sind großteils einsehbar. Pegida ist deshalb interessant, weil es laut Ulrich Machold, Manager bei Axel Springer, in Deutschland als die „erste gesellschaftliche Bewegung, die fast ausschließlich im Internet zueinanderfindet", galt.[98] Ihre Mitglieder nutz(t)en kaum traditionelle Medien, so Machold weiter, und weisen ein „hermetisches Weltbild" auf. Die Pegida-Community auf Facebook scheint also ein gutes Beispiel für eine Bevölkerungsgruppe zu sein, die sich stark auf Aggregatoren und die Filterblase verlässt.

Ein erster Blick auf die Facebook-Seite vermittelte den Eindruck, dass die meisten Pegida-Fans Männer waren. Eine Online-Umfrage Anfang 2015 untermauert diesen Eindruck: Über Dreiviertel der Befragten waren männlichen Geschlechts.[99] Mit Ausnahme der Unter-25-Jährigen waren alle Altersgruppen gleichermaßen vertreten, mit einem leichten Übergewicht der 30- bis 39-Jährigen. Wir haben es hier also weder mit auffallend jungen noch mit auffallend alten Menschen zu tun. Was passierte auf der Facebook-Seite? Auffällig war, dass jeder Pegida-Post von Hunderten, teils auch Tausenden Fans kommentiert wurde. War die Rede von

---

98 Ulrich Machold: Attacke auf die Grenzen der Debattenkultur. Welt.de vom 07.01.2015. http://www.welt.de/kultur/article136077438/Attacke-auf-die-Grenzen-der-Debattenkultur.html.

99 Die Befragung von ca. n=1.700 Fans ist unter http://pegida-mag-dich.de/sex-alter.html dokumentiert (22.04.2016). Sie wurde von politischen Aktivisten durchgeführt und ist methodisch sicherlich mit Vorsicht zu genießen. Allerdings stehen keine anderen Daten zur Verfügung. Da die Erhebung soziodemografischer Variablen über eine Online-Befragung methodisch kein sonderlich schwieriges Unterfangen ist, halte ich die Ergebnisse für plausibel und berichtenswert.

Problemen oder Gefahren, die von Flüchtlingen bzw. Muslimen ausgehen, stimmten die Fans weit überwiegend zu oder führten eigene Gründe oder Beobachtungen zur weiteren Bestätigung an. Ging es um die Ignoranz oder Naivität deutscher Politiker, Medien oder allgemein der sie dominierenden ‚links-grün versifften Gutmenschen' gegenüber den Flüchtlingen als ‚Eindringlinge', erhob sich ein allgemein zustimmendes Wutgeheul. Argumente fand man wenige, und wenn sich selten einmal Andersdenkende zu Wort meldeten, wurden sie schnell niedergemacht. Allgemein wurden die Absetzung der Regierung und eine ‚Machtergreifung durch das Volk' gefordert. Nur so könne die deutsche Kultur vor dem Untergang bzw. vor dem Austausch durch andere Kulturen (vulgo: Rassen) gerettet werden. Aufgrund der Bedeutsamkeit dieses Zieles und aufgrund seiner Dringlichkeit galt der Einsatz von Gewalt zumindest gegenüber den ‚eindringenden' Flüchtlingen als legitim oder zumindest verständlich.

Der allgemeine Eindruck bestätigt das Bild von vielen Männern und wenigen Frauen, die sich in ihrer Frustration in einer Gemeinschaft Gleichgesinnter zusammengefunden haben. Gemeinsame Feindbilder – Politiker, Mainstream-Medien, ‚linke Spinner', Flüchtlinge bzw. islamistische Scharia-Kämpfer, Terroristen und Vergewaltiger – lieferten den Stoff für konsonante Meinungsäußerungen. Die zitierten oder in den Profilen der Fans favorisierten Nachrichtenquellen waren überwiegend die in Kapitel II beschrieben rechtsalternativen Angebote, also RT-Deutsch, PI-News usw. Viele dieser Bürger bewegten sich allem Anschein nach in einer Filterblase, in der sie kaum mehr von journalistischen Medien oder dissonanten Informationsquellen erreicht wurden. Und sie bevölkerten eine Echokammer, in der fast nur konsonante Meinungen existierten. Wurden dort einmal gegensätzliche Informationsquellen oder Meinungen zitiert oder verbreitet, dann nur um sich über sie aufzuregen oder lustig zu machen.

Pegida ist nur ein Beispiel unter vielen Filterblasen und Echokammern, die sich in unserer Gesellschaft gebildet haben. Vermutlich lebt jeder Bürger, der sich intensiv in SNS bewegt und personalisierte Online-Inhalte nutzt, in einer Filterblase, vielleicht auch in mehreren, sich überschneidenden Filterblasen. Das mag jeder für sich selbst durch einen aufmerksamen Blick auf den eigenen Newsfeed in Facebook, Twitter usw. überprüfen. Der eine lebt in einer weltoffenen, sozial- und umweltbewussten Akademiker-Blase mit vielen Qualitätsmedien. Der andere in einer Beauty- und Fashion-Szene mit entsprechenden Videoblogs, einer Nähe zu Tierschutz, Veganismus und Texttafeln mit lebensbejahenden Sinnsprüchen. Ein wiederum anderer lebt in einer erfolgs- und konsumorientierten Blase mit Business- und Reisefotos aus aller Welt, schnellen Autos und ‚Focus Money'. Vermutlich haben sich in Deutschland auch schon Blasen neu eingewanderter Flüchtlinge gebildet, die der deutschen Sprache noch nicht mächtig und zumindest in Informationsfragen auf gegenseitige Unterstützung angewiesen sind. Niemand weiß, welche Filterblasen es in Deutschland und aller Welt gibt, wie groß und wie durchlässig oder abgeschlossen sie sind.

Meinungsverstärkung und Polarisierung

Was also passiert in Gemeinschaften wie den Pegida-Fans? Kann es sein, dass sich die Mitglieder nicht nur in ihren Äußerungen gegenseitig aufschaukeln, sondern auch extremere Einstellungen entwickeln und sich radikalisieren? Das Resultat wäre zunächst die Polarisierung einer Gruppe, die Sunstein (2002: 176) so definiert: „members of a deliberating group predictably move toward a more extreme point in the direction indicated by the members' predeliberation tendencies." Geschieht das in mehreren Filterblasen, ist eine Polarisierung der gesamten Gesellschaft denkbar: Gegensätzliche Meinungsgruppen werden im Lauf der Zeit extremer, entfernen sich weiter voneinander und stehen einander zunehmend feindlich gegenüber – mit unabsehbaren Folgen für die Demokratie.

Zunächst können wir bei Pegida die in der SIDE-Theorie beschriebenen Effekte nahezu in Reinkultur beobachten: Die Identität des Einzelnen tritt in den Hintergrund; stattdessen kommt es zur *Dominanz der kollektiven Identität* als ‚volksdeutsche Schicksalsgemeinschaft' mit den entsprechenden Normen und Werten. Die Bedeutung des Konzepts der *Identität* schlägt sich sogar im Namen der ‚Identitären' nieder, einer nationalistischen Gruppierung, die Pegida nahesteht. Teil der Gruppenidentität von Pegida ist es, Flüchtlinge, Muslime, Politiker und alle Andersdenkenden zu verachten und heftig zu beschimpfen. Sogar düstere Drohungen, Gewaltaufrufe und Racheankündigungen (zeitweiliger Pegida-Hashtag: #MerktEuchDieNamen) gehören dazu. Die stereotype Wahrnehmung und pauschale Aburteilung anderer im Sinne einer Ingroup-Outgroup-Abgrenzung könnte nicht deutlicher sein. Die Mitglieder in der Gemeinschaft verhalten sich oft entsprechend. Wer die Gruppenidentität anzweifelt, bestimmte Aussagen überzogen findet oder gar anderer Meinung ist, schweigt oder verlässt die Gruppe. Der in Dresden geborene Journalist Cornelius Pollmer beschreibt die Angriffe auf ein Flüchtlingsheim im sächsischen Freital so:

> „Die betrunkenen Sachsen haben sich vor der Versammlung nicht in der ‚Husch-halle' ein paar Häuser weiter aufgeheizt, auch nicht in der Bier- und Billard-Bar ‚Las

Vegas' daneben. Sie haben sich im Internet betrunken, mit Postings in den vielen Facebook-Gruppen, durch die stündlich neue ‚Wahrheiten' gespült werden (…)."[100]

Diejenigen, die mitkommentieren oder sich anderweitig aktiv beteiligen, erfüllen häufig nicht nur die Gruppennormen, sie übererfüllen sie und profilieren sich so gegenüber den anderen. Denn: „Gemeinschaften regulieren sich über die Reproduktion emotionaler Bindungen, In- und Outgroup-Differenzierungen, Gruppennormen (…) und Selbstdarstellungen im Wettbewerb um Sozialkapital zwischen mehr oder weniger bekannten Mitgliedern." (Imhof 2015: 17f.). Dabei helfen die idealen Bedingungen des *Impression-Managements* auf Facebook (siehe Kapitel II). Dort kann man bekanntlich die Darstellung der eigenen Person und die Kommunikation mit anderen weitaus besser steuern als face-to-face. In ihren Kommentaren und Profilen inszenieren sich selbst jene als brüllende Wutbürger und entschlossene Macher, die im Alltag unauffällig bleiben und dort wenig zu sagen haben.

Die Gemeinschaft bietet außerdem eine ideale Gelegenheit, den persönlichen Frust abzulassen. Auch wenn die Facebook-Mitglieder meist nicht anonym sind, fällt es ihnen hier leichter, andere zu beschimpfen oder zu bedrohen: Sie müssen niemandem in die Augen schauen und die Reaktion der Opfer nicht sehen. Der *Online-Enthemmungseffekt* begünstigt extreme Äußerungen. Selbst für Zurückhaltende ist die Schwelle niedrig, sich zu profilieren oder den Frust abzulassen: Sie können extreme Aussagen anderer, die sie selbst so nicht aussprechen würden, liken, mit einem zustimmenden Kommentar versehen oder weiterleiten. Damit unterstützen sie die virale Verbreitung extremer Meinungsäußerungen in der gemeinsamen Echokammer – und seien sie noch so unsinnig oder unbegründet.

Auch die in der Filterblase kursierenden *Informationen* tragen zur Meinungsverstärkung bei. In einer Gemeinschaft wie Pegida besteht ein ausgeprägtes Bedürfnis nach Nachrichten, die das extreme Meinungsbild der Mitglieder unterstützen und mit einstellungskonsistenten Fakten untermauern. Im Gegenzug wird gegnerischen Argumenten kein Raum gegeben. Die ‚Bewohner' der Filterblase kennen viele relevante Fakten gar nicht mehr, die sie vielleicht ins Zweifeln bringen oder zumindest ihr grundsätzliches Verständnis für andere Meinungen wecken würden. Dieser Selective Exposure-Effekt bestätigt nicht nur Meinungen. Er trägt auch zur weiteren Meinungsverschärfung und damit Polarisierung bei – eine Annahme, die mittlerweile empirisch bestätigt ist (Stroud 2010; Tsfati et al. 2014).

Das gilt umso mehr, je weniger journalistische Nachrichten in der Filterblase kursieren. Tatsächlich fehlen in den Facebook-Profilen der meisten Pegida-Fans Mainstream-Medien nahezu vollständig und werden dort oft rabiat abgelehnt.

---

100 Cornelius Pollmer: Freital. Ausdauernd aufgeheizt. Süddeutsche Zeitung vom 08.07.2015.

Finden Beiträge der Tageschau oder von Spiegel Online einmal Beachtung, dann gibt es dafür eigentlich nur zwei Gründe: Man greift Nachrichtenmeldungen auf, die die eigene Meinung bestätigen. Jedes Mal also, wenn journalistische Medien ,Flüchtlingsgewalt', straffällige Maghrebiner oder Probleme mit dem Islam thematisieren, werden diese Beiträge auch unter Pegida-Anhängern geteilt. Häufiger aber echauffiert man sich über die vermeintliche ,Lügenpresse' und macht sich über ihre Berichterstattung lustig. Dabei bewirkt der *Assimilations-Kontrast-Effekt*, dass dissonante Aussagen als noch dissonanter wahrgenommen werden, als sie eigentlich sind. Das gilt besonders für Menschen mit hohem politischem Involvement. Diese Stimmung wird durch die Verbreitung manipulierter Medienberichte weiter aufgeheizt, beispielsweise in *False-Flag-Aktionen*: Hier werden reale Meldungen über Flüchtlinge, Muslime usw. aufgegriffen und so manipuliert, dass sie übertrieben positiv und völlig unglaubwürdig wirken. In einem Fall wurde ein älteres Foto einer Journalistin des Deutschland Radios verwendet, auf dem sie Einkaufsgutscheine in die Kamera hält.[101] Das Motiv wurde mit dem vordergründig positiven Text „Junge Flüchtlinge mit Herz schenken obdachloser deutscher Frau ihre Einkaufsgutscheine" versehen und als Meldung des „Bergheimer Tageblatts" über Facebook weiterverbreitet. Dass sowohl das Medium als auch die Meldung frei erfunden waren, fiel denjenigen, die sich in der Folge über den vermeintlichen Wohlstand unter Flüchtlingen echauffierten, nicht auf.

Ein konkreter Nachweis der Polarisierung in Filterblasen gelang Tewksbury & Rittenberg (2012: 136ff.). Sie re-analysierten die Daten einer früheren Umfrage unter US-Amerikanern. Zunächst unterschieden sie die Teilnehmer danach, wie stark sich diese bei ihrer Nachrichtennutzung auf personalisierte Aggregatoren verlassen, die die Entstehung einer Filterblase begünstigen. Daraus ermittelten die Forscher drei gleich große Gruppen: (1) keine, (2) niedrige und (3) hohe ,reliance on customized news media relative to general news media'. Ich spreche der Einfachheit halber von (1) keiner, (2) einer schwachen und (3) einer ausgeprägten Filterblase. Bekannt war zudem die parteipolitische Orientierung der Befragten. Im ersten Analyseschritt nannten alle Befragten ihr Nachrichteninteresse für drei Themen: Wirtschaft, den Afghanistan-Krieg und die damalige US-Präsidentschaftswahl. Während sich die Anhänger von Republikanern und Demokraten, die außerhalb einer Filterblase lebten, in ihren Themeninteressen nicht weiter unterschieden, gab es in der Gruppe, die sich in einer ausgeprägten Filterblase bewegte, deutliche Abweichungen: Hier interessierten sich die Republikaner stärker für den Afghanistan-Krieg und die Wahl; die Demokraten legten eine größere Präferenz für Wirtschaftsthemen an den

---

101 Maximilian Zierer: Unter falscher Flagge. BR.de vom 12.08.2015. http://www.br.de/nachrichten/internet-fakes-manuskript-100.html.

Tag. Im zweiten Schritt sollten die Befragten ein politisches Statement bewerten, das als klassisch demokratische Position gilt, nämlich dass die Regierung mehr für die Lösung gesellschaftlicher Probleme tun sollte. Republikaner präferieren üblicherweise einen zurückhaltenden Staat, der sich bei der Problemlösung auf einzelne Bürger und Unternehmen verlässt. Das Ergebnis bestätigte die vermutete Meinungspolarisierung: Demokratische und republikanische Nutzer von Nachrichten-Aggregatoren unterschieden sich stärker voneinander als Personen, die überwiegend klassische Nachrichtenangebote nutzten. Erwartungsgemäß verstärkte sich die Polarisierung in beiden Lagern mit der Nutzungshäufigkeit von Nachrichten-Aggregatoren: Die Bewohner der ausgeprägten Filterblase waren am deutlichsten polarisiert. Die Studie belegt damit, dass Filterblasen in politischen Lagern zur Polarisierung politischer Interessen führen können (Selective Exposure) und schließlich auch zur Meinungspolarisierung.

Auf den Punkt gebracht: Bürger mit eindeutigen Meinungen rezipieren bevorzugt eindeutige Inhalte und entwickeln dadurch noch extremere Ansichten. Wenn sie wiederum politische Informationen und Meinungsaussagen weitergeben, wählen sie dafür bevorzugt extreme Inhalte und Nachrichten aus. Gerüchte haben Hochkonjunktur (Donsbach 2011: 125). Ob die viral verbreiteten Fakten stimmen und inwiefern Nachrichten journalistischen Qualitätsanforderungen entsprechen, können und wollen ohnehin nur wenige Bürger beurteilen. Bei der viralen Verbreitung politischer Inhalte über viele Stationen hinweg sind nach dem Prinzip „Stille Post" weitere Verfälschungen oder Verzerrungen denkbar. Zwar werden Posts in SNS meist unverändert weitergeleitet. Nur wenige Nutzer verfügen über ausreichende Fähigkeiten oder Kreativität, um Fotos, Videos, Nachrichtenartikel, Abbildungen oder Texttafeln zu modifizieren. Allerdings versehen viele die weitergeleiteten Posts mit eigenen Kommentaren. Je zustimmender oder aufgebrachter diese Kommentare ausfallen, desto mehr verschärfen sie die allgemeine Tonlage in der Filterblase. Dann brauchen nur noch einige skrupellose Akteure diese Stimmung aufgreifen und mit weiteren Falschmeldungen oder manipulierten Nachrichten weiter aufheizen. Die Folge ist eine Polarisierungsspirale in Online-Communities durch viral verbreitete, konsistente Informationen und Meinungsaussagen.

Zwei Fragen bleiben derzeit offen. Erstens: Welche anderen Online-Communities mit vergleichbaren Polarisierungsspiralen gibt es? Hier ist beispielsweise an radikalisierte, junge Muslime zu denken, an fundamentalistische Christen oder an Deutschrussen mit weiterhin starker Heimatorientierung. Welche verschärften Konflikte können zwischen polarisierten Milieus entstehen? Zweitens: Erleben auch breitere gesellschaftliche Milieus eine solche Polarisierungsspirale, wie sie unter Pegida-Fans offensichtlich existiert(e)? Oder sind deren Online-Filterblasen durchlässiger und meinungspluraler? Sichert das in weiten Teilen der Gesellschaft

immer noch existierende Vertrauen in journalistische Medien den Nachrichtenüberblick der Bürger? Oder sind die beschriebenen Effekte so stark, dass sie selbst
jüngere und höhergebildete Bürger beeinträchtigen, die sich ihrerseits häufig über
personalisierte und granularisierte Nachrichtenquellen informieren?

Ein Blick in die USA, wo viele gesellschaftliche Entwicklungen früher stattfinden
als in Europa, zeigt wenig Erfreuliches. Das Pew Research Center (2016) geht seit
über zwanzig Jahren in repräsentativen Umfragen der Frage nach, inwiefern sich
Wähler oder Anhänger der Demokraten und Republikaner ideologisch voneinander unterscheiden. Ähnlich wie bei Tewksbury & Rittenberg (2012: 136ff.) sollten
die Befragten ihre Zustimmung oder Ablehnung zu zehn politischen Statements
angeben. Die Statements gaben konservative Positionen wieder – beispielsweise,
dass schärfere Umweltschutz-Vorgaben die Wirtschaft schädigen oder dass mili-
tärische Stärke die beste Friedenssicherung sei. Je nachdem, wie die Befragten die
Statements beurteilten, ließ sich ihr politisches Wertesystem auf einem Kontinuum
von konsistent liberal bis konsistent konservativ einordnen. Abbildung 9 zeigt die
Ergebnisse.

Democrats and Republicans more ideologically divided than in the past
Distribution of Democrats and Republicans on a 10-item scale of political values

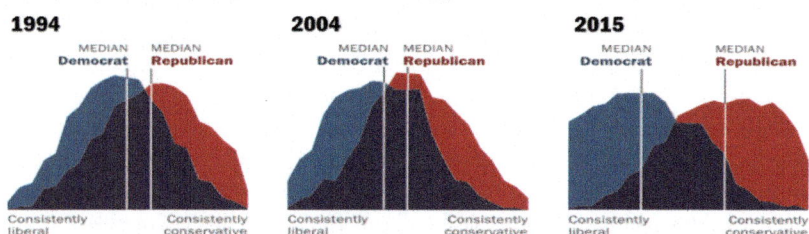

Source: Survey conducted Aug. 27-Oct. 4, 2015 (N=6,004). Ideological consistency based on a scale of 10 political values questions.

The blue area in this chart represents the ideological distribution of Democrats; the red area of Republicans. The overlap of these two distributions is shaded purple. Republicans include Republican-leaning independents; Democrats include Democratic-leaning independents. See the online edition of this report for an animated version of this graphic.

PEW RESEARCH CENTER

Abb. 9   Polarisierung in den USA am Beispiel der Wertesysteme von Anhängern der
demokratischen und republikanischen Partei
Quelle: Pew Research Center (2016)

Tatsächlich wurden die Wertesysteme der Anhänger der beiden Parteien im
Lauf der Jahre konsistenter und haben sich auseinander bewegt. Dieser Polari-
sierungsprozess setzte erst um 2004 ein – in einer Zeit, in der das Internet in den
USA als Nachrichtenquelle massenhafte Verbreitung fand. Natürlich ist das kein

eindeutiger Nachweis für die polarisierende Wirkung des Internet in den USA, zumal algorithmenbasierte Aggregatoren noch nicht den Stellenwert von heute hatten. Dennoch: Bereits damals konnte man sich mittels Google, ersten SNS wie MySpace und LinkedIn sowie alternativen Medien wie dem rechtskonservativen Drudge-Report in einer ziemlich einstellungskonformen Medienumwelt bewegen.

Für unseren Zusammenhang ist ebenfalls interessant, dass sich in diesem Zeitraum auch die Bildungsschichten in den USA polarisierten: Während die Höhergebildeten liberaler wurden, stieg unter den Niedriggebildeten die Zustimmung zu konservativen Positionen. Ob sich die politischen Verhältnisse in Deutschland ähnlich entwickeln, werden die kommenden Jahre zeigen.

Zwischenfazit: Zu gruppendynamischen Prozessen in Filterblasen existiert derzeit kein vollständiger Forschungsstand. Dennoch sprechen beispielhafte Beobachtungen (z. B. Pegida) und vereinzelte empirische Befunde für eine Meinungsverstärkung. Das würde bedeuten: Einstellungen und Weltbilder von Bürgern, die sich online in ähnlichen Filterblasen bewegen, nähern sich aufgrund der dort kursierenden einstellungskonsonanten Aussagen aneinander an. Die steigende Redebereitschaft in Filterblasen lässt Echokammern entstehen. Dort bestätigen sich Gleichgesinnte immer lauter in ihrer Weltsicht und steigern sich gemeinsam in extremere Positionen. Eine Polarisierung von Gesellschaftsgruppen ist die logische Folge und konnte zumindest für die US-Bevölkerung nachgewiesen werden.

Im Fokus: die politisierte Bildungsmitte V

Politisierte Bildungsmitte – wer und warum?

In den vorangegangenen Kapiteln wurde immer wieder ein Bevölkerungssegment angesprochen, das von den beschriebenen Veränderungen der Nachrichtenverbreitung und Meinungsbildung online besonders betroffen ist: Bürger, die höchstens einen mittleren Bildungsabschluss aufweisen und das Internet nutzen. Gerade in dieser Bildungsgruppe spielen SNS eine besondere Rolle als Informationsquelle und Forum der politischen Bürgerkommunikation. Zudem hatten wir immer wieder mit Pegida- oder AfD-Sympathisanten, Nutzern alternativer Medien sowie Schreibern von Hasskommentaren zu tun. Diese Wutbürger eint ein ausgeprägtes Interesse an politischen Themen und eine hohe emotionale Beteiligung, kurzum: sie sind stark politisiert (*politisches Involvement*). Auch hier ist die Bildungsmitte überrepräsentiert. Ich nenne diese Gruppe deshalb die *politisierte Bildungsmitte*.

Viele Mitglieder der politisierten Bildungsmitte haben vermutlich erst in den letzten Jahren ein erhöhtes politisches Involvement entwickelt. Es muss offenbleiben, ob das eher der jüngeren politischen Ereignislage geschuldet ist oder den beschriebenen Online-Phänomenen eines schwindenden Nachrichtenüberblicks und einer zunehmenden Polarisierung in Filterblasen. Wahrscheinlich kommen mehrere Effekte zusammen; die Suche nach eindeutigen Kausalitäten ist wie so oft müßig.

Dass Online-Phänomene relevante Faktoren sind, unterstreichen zwei Überlegungen: Erstens nutzen Bürger mit begrenzter Bildung seit jeher überdurchschnittlich häufig Boulevardmedien, also aufmerksamkeitsstarke Angebote mit begrenztem journalistischen Qualitätsanspruch und geringer Glaubwürdigkeit. Vor allem die Bild-Zeitung und bild.de bieten als Boulevardmedien nicht nur ein unvollständiges Bild des politischen Geschehens, sondern verbreiten traditionell missverständliche Informationen und Halbwahrheiten, solange es den Auflagen dient (vgl. Arlt & Storz 2011). Der politische Nachrichtenüberblick ihrer Stammleser könnte deshalb schon länger geschwächt sein. Zweitens ist die Nachrichtennutzung der Bildungsmitte

wie gesehen am stärksten von Facebook geprägt (Kapitel I). Das spricht ebenfalls
für eine stärkere Polarisierung dieser Gruppe in der Filterblase.

Gleichzeitig hat sich in Teilen der Bildungsmitte vermutlich die größte Frustration aufgebaut. Millionen Bürger in mäßig bezahlten Dienstleistungs- oder
Pflegeberufen, Facharbeiter, Alleinerziehende oder Rentner litten schon länger
unter unbefriedigenden Lebensbedingungen. In der Finanz- und Euro-Krise
mussten sie mit ansehen, wie die deutsche Politik riesige Beträge zur Rettung von
Banken und finanzschwachen EU-Mitgliedstaaten freigab. Ob das Geld wirklich
ausgegeben oder nur versprochen wurde, ob die Hilfe zurecht gewährt wurde oder
nicht, konnten sie kaum nachvollziehen – zu komplex und intransparent waren die
politischen Ereignisse und Entscheidungen. Gleichzeitig verschlechterten sich ihre
eigenen Lebensbedingungen weiter. In Ostdeutschland kam eine Stagnation der
lokalen wirtschaftlichen Situation auf niedrigem Niveau dazu; die dortige Wachs-
tumsdynamik der vorangegangenen Jahre war zum Stillstand gekommen. 2015
wurden jene, die sich bereits benachteiligt und ein Stück weit ‚abgehängt' fühlten,
zusätzlich mit der massenhaften Einwanderung Flüchtender und der großzügigen
Hilfsbereitschaft vieler anderer Bürger konfrontiert. Spätestens jetzt kam bei vielen
das Gefühl auf, von der Politik vergessen worden zu sein. Das Misstrauen in die
Eliten – Politik, Medien und Konzerne – wuchs. Gleichzeitig erstarkten mit Pegida
und der AfD populistische Kräfte. Sie erklärten nicht nur Flüchtlinge und Muslime
zu Sündenböcken für fast alles, sondern versprachen auch einfache und schnelle
Lösungen und die Bekämpfung des verhassten Establishments. In Österreich und
der Schweiz existieren vergleichbare rechtspopulistische Kräfte – FPÖ und SVP
(Schweizerische Volkspartei) – sogar schon deutlich länger. Frust, Abstiegssorgen
und vermeintlich attraktive Lösungsangebote führten zu einer Politisierung der
Bildungsmitte. Die gestiegenen Wahlbeteiligungen sowie die Erfolge der rechtspopulistischen AfD 2015 und 2016 belegen das eindrucksvoll.

Dass diese Entwicklung nicht nur, wie oft angenommen, ein Phänomen Gering-
gebildeter und wirtschaftlich und/oder sozial Abgehängter ist, sondern eben auch
die Bildungsmitte betrifft, legen Wahlanalysen nahe. Bei der Berliner Landtagswahl
in September 2016 erreichte die AfD bei den Hochgebildeten neun Prozent, bei
den Mittel- und Niedriggebildeten hingegen jeweils gleichermaßen 22 Prozent.[102]
Wenn meine Annahme zutrifft, dass die AfD zumindest teilweise ein Produkt
eines veränderten Nachrichtenüberblicks in Aggregatoren mit ihren Filterblasen
und Echokammern ist, scheint die Veränderung also gleichermaßen Niedrig- und

---

102 Vgl. die Datenanalyse von Christian Teevs: Wer die AfD in Berlin gewählt hat. Spiegel.
      de vom 19.09.2016. http://www.spiegel.de/politik/deutschland/wahl-berlin-2016-wer-
      die-afd-in-berlin-gewaehlt-hat-a-1112212.html.

Mittelgebildete zu erreichen. Deren Politisierung schlägt sich online nicht nur in einem häufig rüden Umgangston und anderen beschriebenen Phänomenen nieder. Es gibt auch erste empirische Evidenzen für die Mobilisierung gerade dieser Gesellschaftsgruppe: Seifert (2012: 169ff. und 193ff.) fand in den Daten einer mehrjährigen Panelbefragung Hinweise, dass die Internetnutzung in der Bildungsmitte zu mehr Gesprächen über Politik geführt hat und gerade Bürger mit geringem Demokratievertrauen häufiger Banner/Aufkleber mit politischen Botschaften verwenden. Die Redebereitschaft bzw. die Bereitschaft zur öffentlichen Bürgerkommunikation scheint also gerade in diesem Gesellschaftssegment gewachsen zu. Die politisierte Bildungsmitte ist mit dafür verantwortlich, dass online mit mehr Verve als Argumenten diskutiert wird und sich rechtskonservative bis hin zu rassistischer Hetze wie Lauffeuer verbreitet. Dabei ist auch wie in den USA eine vertikale Polarisierung denkbar: Wenn in den Filterblasen nicht nur Menschen mit ähnlicher Meinung, sondern auch ähnlicher Bildung zusammenfinden, dann ist es wahrscheinlich, dass sich ebendiese Gruppen auseinanderbewegen. Tatsächlich hat man gerade auf Facebook oft das Gefühl, dass die Mitglieder unterschiedlicher Bildungsgruppen untereinander bleiben und kaum Diskurse zwischen ihnen stattfinden.

Über wie viele Menschen sprechen wir in Deutschland? Eine Analyse der aktuell verfügbaren ALLBUS-Studie[103] von 2014 ermöglicht eine Hochrechnung auf die Gesamtbevölkerung. Wie Tabelle 6 zeigt, interessierten sich 3,8 Mio. deutsche Internetnutzer mit geringer Bildung (höchstens Hauptschulabschluss) stark oder sehr stark für Politik. Dazu kommen 7,6 Mio. Politikinteressierte mit mittlerer Bildung. Die eingangs angesprochene politisierte Bildungsmitte besteht also aus etwa elf Mio. Deutschen. Wie die Tabelle ferner illustriert, sind die zwei zahlenmäßig größten Teilgruppen davon jeweils Bürger mit mittlerer Bildung und einem Alter zwischen 45 und 59 Jahren (drei Mio.) sowie 60 und 74 Jahren (zwei Mio.). Die Vorstellung, dass diese Gruppen weit überwiegend aus Männern bestehen, stimmt nicht. Denn eine weitere Auswertung ergibt: Unter den 45- bis 59-Jährigen der politisierten Bildungsmitte befinden sich 1,7 Mio. Männer und 1,3 Mio. Frauen. Bei den 60- bis 74-Jährigen sind es 1,2 Mio. Männer und 800.000 Frauen. Die nachfolgenden Überlegungen zur politisierten Bildungsmitte beziehen sich somit auf Bürger beiderlei Geschlechts mit einem leichten männlichen Überhang, die sich in ihrer zweiten Lebenshälfte befinden und eine überwiegend mittlere, häufig auch geringe formale Bildung aufweisen.

---

103 ALLBUS steht für „Allgemeine Bevölkerungsumfrage der Sozialwissenschaften". Die Befragung wird seit 1980 in der Regel alle zwei Jahre durchgeführt und liefert Daten über Einstellungen, Verhaltensweisen und Sozialstruktur der Bevölkerung in der Bundesrepublik Deutschland. (siehe http://www.gesis.org/allbus/allbus-home/)

Tab. 6   Formale Bildung, politisches Interesse und Alter deutscher Online-Nutzer
(Angaben in Millionen)

Formale Bildung	niedrig (max. Volks-/ Hauptschule)		mittel (mittlere Reife)		hoch (mind. (Fach-) Hochschulreife)	
Politisches Interesse	niedriger	(sehr) hoch	niedriger	(sehr) hoch	niedriger	(sehr) hoch
Alter 18-29 Jahre	1,8	0,2	3,5	0,9	4,8	2,4
30-44 Jahre	2,5	0,8	3,9	1,5	4,3	3,7
45-59 Jahre	3,6	1,2	5,7	3,0	3,9	4,7
60-74 Jahre	1,9	1,5	1,6	2,0	0,9	2,9
75-89 Jahre	0,3	0,2	0,1	0,2	0,2	0,5
Alle Altersgruppen	10,0	3,8	14,8	7,6	14,2	14,2

Eigene Auswertung des ALLBUS-Datensatzes 2014; n=3.466; Datenquelle: www.gesis.org/
allbus/studienprofile/2014/.104

Bevor ich den Zorn vieler politisch interessierter Menschen mit durchschnittlicher
formaler Bildung auf mich ziehe, die sich weder von Populisten beeindrucken
lassen noch AfD wählen: Natürlich findet man die beschriebene Neigung zum
Rechtspopulismus nur bei einem Teil der politisierten Bildungsmitte. Tatsächlich
liegt die bisherige Zahl der deutschen AfD-Wähler unter den elf Millionen der
politisierten Bildungsmitte – und das, obwohl bekanntermaßen auch viele Höhergebildete die Partei wählen. Somit kann rein rechnerisch nur ein Teil der der
politisierten Bildungsmitte rechtskonservativ sein. Das ändert aber nichts daran,
dass die politisierte Bildungsmitte im Internet aus den genannten Gründen die am
stärksten gefährdete Gruppe ist. Und noch ein Hinweis: Natürlich droht unserer
Demokratie nicht nur seitens rechtspopulistischer Kräfte Gefahr, sondern auch
von der linken Seite. Allerdings ist die Bereitschaft, Fakten zu verbiegen und zur
Erreichung der eigenen politischen Ziele zu lügen oder die Unwahrheit zu verbreiten,
aktuell eindeutig stärker auf der rechten Seite ausgeprägt. Wie wir gesehen haben,
sind es gerade die Lügen und Halbwahrheiten, die sich online immens schnell und
weit verbreiten, die Bürger bewegen und beeinflussen können. Das macht den aktuellen Populismus ja so erfolgreich. Und deshalb haben aktive rechtspopulistische
Kräfte, die ohne Skrupel lügen, Fakten verdrehen und Menschen manipulieren, hier
ein besonders leichtes Spiel. Doch um die politische Richtung der beschriebenen

---

104 Als Internetnutzer gelten Personen, die zumindest gelegentlich online sind. Das politische Interesse wurde auf einer Fünferskala erfasst. Personen mit hohem politischen
Interesse stimmten den zwei höchsten Ausprägungen (sehr stark und stark) zu; Personen
mit mittlerem und niedrigem Interesse den anderen drei Ausprägungen.

Phänomene geht es hier gar nicht – sie kann sich in den nächsten Jahren durchaus drehen. Wichtig ist allein die Erkenntnis, dass soziale und alternative Medien in der Lage sind, die Informiertheit und Meinungsbildung in Teilen der Bevölkerung erheblich zu verändern – und dass das Veränderungspotenzial bei politisch involvierten Menschen mit mittlerer formaler Bildung am höchsten ist.

Die politisierte Bildungsmitte ist nicht nur zahlenmäßig eine relevante Gesellschaftsgruppe. Sie ist aus mehreren Gründen das Bevölkerungssegment, das am stärksten von den besprochenen Effekten durch soziale und alternative Medien betroffen ist. An ihr lassen sich viele der bisherigen Annahmen besonders deutlich beobachten und beurteilen. Deshalb konzentriert sich das letzte Kapitel auf die politisierte Bildungsmitte. Ein abschließendes Modell soll Informations- und Meinungsbildungsprozesse dieser Gesellschaftsgruppe im Netz erklären und fasst damit die wesentlichen Überlegungen dieses Buches zusammen.

Information und Meinungsbildung der politisierten Bildungsmitte im Netz

Im Internet erleben wir viele Menschen, deren politisches Involvement mit starken Emotionen – bis hin zu tiefster Verzweiflung und national-kultureller Untergangsparanoia – einhergeht. Viele dieser Menschen sind von der Komplexität politischer Strukturen und Prozesse überfordert. Sie erwarten schnelle, einfache, radikale und damit unrealistische Lösungen. Gleichzeitig stehen sie online einer verwirrenden Fülle politischer Informationen aus unterschiedlichsten Quellen gegenüber, deren Wahrheitsgehalt und Qualität sie nur schwer einschätzen können, und die sie zusätzlich polarisieren. Das alles erinnert an ein anderes Online-Phänomen, das in der Forschung zur Gesundheitskommunikation als *Patient Empowerment* bzw. *Patientenemanzipation* diskutiert wird. Darunter versteht man den Umstand, dass Kranke und ihre Angehörigen zu jedem Symptom, jeder Krankheit, jeder medizinischen Therapie im Internet Informationen finden. Häufig entwickeln sie das falsche Gefühl, angemessen informiert zu sein, und treten Ärzten gegenüber übertrieben selbstbewusst, fordernd und skeptisch auf (Rossmann 2010: 349). Vermutlich hat fast jeder schon eine ähnliche Situation erlebt. Deshalb verwende ich das Phänomen als theoretische Blaupause für politische Information und Meinungsbildung, wo sich ganz ähnliche Dinge abspielen. Im Folgenden werde ich die Analogien zwischen beiden Feldern darstellen und dabei die in den bisherigen Kapiteln besprochenen Ansätze, Annahmen und Befunde in einem neuen Zusammenhang beleuchten.

Abbildung 10 stellt die wesentlichen Elemente und Effekte gesundheitsbezogener wie politischer Kommunikation als Modell dar, das zunächst im Überblick erläutert wird. Das Modell beginnt (1) auf der Angebotsseite mit den online verfügbaren Inhalten. Diese treffen (2) auf ein Individuum – Patient, Angehöriger oder Bürger –, das sich einerseits durch ein hohes Involvement auszeichnet und andererseits durch geringe Medienkompetenz und ein begrenztes thematisches Vorwissen – das betrifft im Gesundheitsfeld Gesundheitsthemen und in der politischen Kommunikation gesellschaftsrelevante Themen. Die Person rezipiert verfügbare Online-Inhalte, um sich zu informieren oder um sich in der eigenen Kommunikation darauf stützen zu können (Anschlusskommunikation). Da Inhalte nicht per se wirken können, sondern nur insoweit sie von Individuen während der Rezeption verstanden und beurteilt werden, berücksichtigt das Modell (3) entsprechende Phänomene. Mehr oder weniger korrekt verstandene und beurteilte Informationen können verschiedene Effekte verursachen. Sie prägen oder verändern nicht nur (4) Wissen und (5) Einstellungen, sondern führen (6) auch zu Verhaltenseffekten. Da ein möglicher

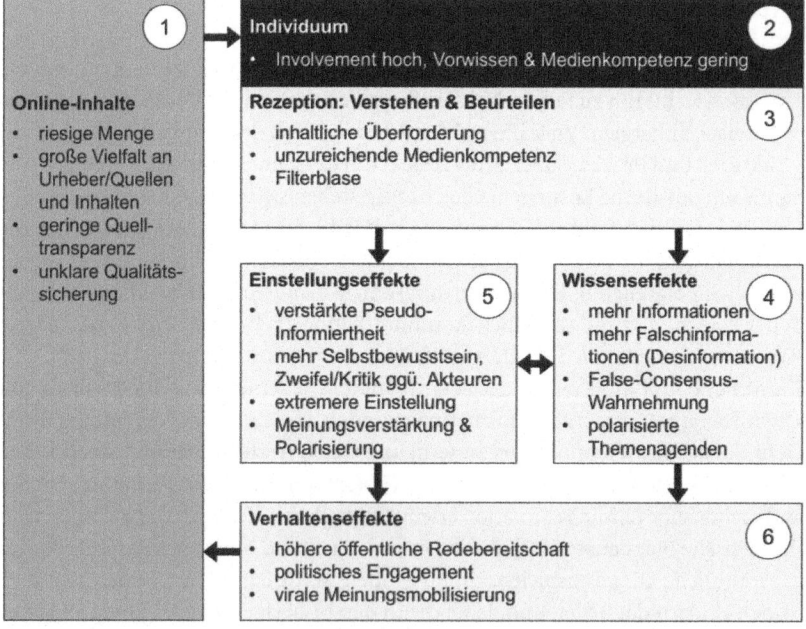

Abb. 10 Wirkungsmodell zur Information und Meinungsbildung im Netz
Quelle: Eigene Darstellung

Verhaltenseffekt die erhöhten Rede- bzw. Kommunikationsbereitschaft ist, können neue Online-Inhalte entstehen. Der Kreis schließt sich.

1. Online-Inhalte

Wie mehrmals beschrieben, existiert im Internet eine riesige Vielfalt an Quellen und Inhalten. Das gilt auch für die Gesamtheit gesundheitsrelevanter Angebote, die man in *Gesundheitsinformationen* und *Gesundheits-Communities* aufteilen kann (Hautzinger 2003: 154f.). Letztere sind Dialogplattformen, auf denen sich Betroffene untereinander oder mit Ärzten, Therapeuten usw. austauschen. Die Analogie zur öffentlichen Bürgerkommunikation online ist offensichtlich. Bei Gesundheitsinformationen sind mindestens zwei unterschiedliche Typen zu beachten: Fachpublikationen (wissenschaftliche Studien, Branchennachrichten, gesundheitspolitische Beiträge u. a.) richten sich an Fachpublika. Andere Angebote wenden sich an Laien, zu denen in der Regel auch Betroffene und ihre Angehörigen zählen. Manchmal ist die tatsächliche Zielgruppe online nicht auf den ersten Blick ersichtlich. Unklarheit besteht auch hinsichtlich Urhebern bzw. Quellen: Ob ein Angebot oder Inhalt von einer einflussreichen Institution, einem erfahrenen Arzt oder aber von einem Quacksalber stammt und ob eine Aussage eine bloße Behauptung ist oder auf validen Studien basiert, können Laien oft kaum überprüfen. Das gilt auch für die Qualität vieler Informationsquellen. Zwar gab es immer wieder Ansätze, qualitätsvolle und verlässliche Gesundheits-Portale mit Gütesiegeln auszuzeichnen, um Onliner-Nutzern die Auswahl zu erleichtern (Trepte et al. 2005). Solange Gütesiegel wie der HON-Code oder das afgis-Logo jedoch in der breiten Bevölkerung kaum bekannt sind, funktionieren sie als Orientierungshilfe nicht.

Überträgt man diese Aspekte auf politische Kommunikation, werden die Parallelen wieder schnell offensichtlich: Auch für Nachrichten gibt es keine Gütesiegel für journalistische Qualität à la „100 Prozent geprüfter Journalismus". Nutzern bleibt nichts anderes übrig, als auf die Reputation von Medienmarken zurückzugreifen. Haben sie dazu keine Informationen, können sie kaum zwischen journalistischen und alternativen Angeboten unterscheiden. Es kommt noch ein Aspekt hinzu: Viele politisierte Bürger misstrauen gerade journalistischen Nachrichten und meiden sie deshalb. Auch hierzu gibt es eine Parallele im Gesundheitskontext. Auch dort haben viele das Vertrauen in die klassische Schulmedizin verloren und suchen bewusst nach alternativen Angeboten mit teils fragwürdiger Qualität.

2. Individuum: Involvement, Vorwissen und Medienkompetenz

Stellen wir uns nun eine Person vor, die an sich oder einem Angehörigen beunruhigende Symptome bemerkt und wissen will, welche Krankheit möglicherweise dahintersteckt. Üblicherweise ist ein Individuum in dieser Situation hoch involviert und weist ein geringes Vorwissen auf. Sofern sich die Person nicht bereits früher intensiv mit Gesundheitsinformationen befasst hat, ist ihre Medienkompetenz in diesem Feld gering. Und selbst wenn die Person schon öfter entsprechende Portale besucht hat, ist das noch keine Bescheinigung für ausgeprägte Medienkompetenz.

Ähnlich sieht es bei Mitgliedern der politisierten Bildungsmitte aus: Ihr Frust, Ärger oder Leidensdruck ist ebenfalls hoch – egal, welche Themen sie umtreiben: von Tier-, Natur- oder Datenschutz, Asyl und Immigration, über Abtreibung, Kernkraft, Windkraft bis hin zur sozialen Ungleichheit. Politisch involvierte Bürger weisen ein hohes *Orientierungsbedürfnis* auf (*Need for Orientation*). Sie suchen besonders dann nach Informationen oder tauschen sich mit anderen aus, wenn sie Unsicherheit empfinden (Weaver 1980), z. B. in Beängstigungssituationen und sozialen Problemsituationen (Dervin et al. 1982). Tatsächlich findet man in den Nachrichten zahlreiche Themen, die Unsicherheit und Ängste hervorrufen: der Klimawandel, der Konflikt zwischen der Ukraine und Russland, die wachsenden Einwanderungsströme oder die Bedrohung durch den Islam(ismus). So sehr manch ,besorgter Bürger' nach Informationen sucht, so sehr mangelt es ihm häufig an aktuellem Faktenwissen und politischer Informiertheit – also beispielsweise an Wissen darüber, wie schwierig es ist, in einer Demokratie Kompromisse zu finden. Wenn eine Person erst vor Kurzem politisiert wurde, aktuell beispielsweise durch Pegida, hat sie vielleicht auch lange keine journalistischen Nachrichten mehr genutzt und entsprechende Defizite in der Medienkompetenz. Diese mögen sich darin äußern, dass man RT-Deutsch für ein unabhängiges journalistisches Nachrichtenangebot hält. Doch Medienkompetenz umfasst mehr. Die Bürger, die ich mit dem Modell vor Augen habe, haben nicht gelernt, jede Aussage, die sie online finden, hinsichtlich ihrer Kommunikationsabsicht zu hinterfragen. Sie haben auch nicht gelernt, ständig auf die Bekanntheit, Reputation oder Plausibilität einer Quelle zu achten. Deswegen akzeptieren, übernehmen oder verbreiten sie Aussagen unbekannter Quellen unhinterfragt, solange sie nicht grob unsinnig scheinen und sie in ihr Weltbild passen. Vermutlich waren Medienkompetenzen wie das kritische Hinterfragen von Texten bei den meisten Bürgern noch nie sonderlich ausgebildet. Doch das störte in der Prä-Internet-Zeit nicht weiter, weil sich die breite Bevölkerung weitgehend in journalistischen Medien informierte und kaum mit alternativen Medien und öffentlicher Bürgerkommunikation zu tun hatte. Zudem waren alternative Medien und bürgerliche Protestformen damals eher Domänen einer linken, studentisch geprägten Minderheit, bei der der kritische Umgang mit Quellen zum Selbstverständnis gehörte und gepflegt wurde. Heute dagegen wenden sich rechtsalternative Medien eher an die Bildungsmitte, und auch die öffentliche Bürgerkommunikation online scheint stark von den Ängsten und Positionen dieser Gruppe geprägt. In der Konsequenz heißt das: Online treffen reichweitenstarke Angebote und ihre teils bedenklichen Inhalte auf Millionen Bürger, die keinen wirklich kritischen Umgang mit politischen Botschaften gelernt haben und ihnen mehr oder weniger schutzlos ausgeliefert sind.

3. Verstehen und beurteilen

Zurück zur Gesundheitskommunikation: Stellen wir uns eine besorgte Person vor, die im Internet auf Gesundheitsinformationen oder Beiträge anderer Nutzer stößt. Aufgrund ihres hohen Involvements wird sie diese vergleichsweise gründlich rezipieren. Sie wird sogar versuchen, die Korrektheit und Relevanz der Inhalte zu erkennen, weil sie zu Recht fürchtet, sich durch übertriebene Aussagen unnötig verunsichern zu lassen oder durch falsche Informationen zu gefährden. Allerdings sind die meisten Laien schnell *inhaltlich überfordert,* wenn sie Fachinhalte und debatten, aber auch fachjournalistische Quellen und selbst Diskussionen unter Betroffenen beurteilen wollen. Daran ändert auch eine längere, intensive Auseinandersetzung mit einem Gesundheitsthema wenig. Denn viele medizinische Aussagen sind nur mit einem soliden Hintergrundwissen zu verstehen, wie man es in einem entsprechenden Studium erwirbt. Aufgrund ihrer *unzureichenden Medienkompetenz* sind Laien außerdem kaum in der Lage, die Vertrauenswürdigkeit und Kompetenz von Urhebern und die Qualität ihrer Inhalte angemessen zu beurteilen. Deshalb entscheiden sie oft heuristisch, ob sie eine Information glauben oder nicht: Sieht die Website professionell aus, klingt ihr Name vertrauenswürdig? Wirkt die Darstellung verständlich? Macht der Diskussionspartner einen sympathischen und authentischen Eindruck? Oft entscheiden sich Nutzer auch einfach für das erstbeste Angebot, das sie finden ('Primacy-Effekt der Linkselektion', Schweiger 2010: 199).

Die Analogie zu gesellschaftsrelevanten Inhalten liegt auf der Hand. Auch hier stehen Bürger vor einer riesigen, heterogenen und unüberschaubaren Menge politischer Inhalte, deren Wahrheit und Qualität sie oft nur schwer beurteilen können. Oft hantieren Urheber mit Scheinwissen, erfundenen Fakten, Informationen vom Hörensagen und willentlichen Halbwahrheiten und Lügen. Das machen sich etwa Hetzer in den bereits erwähnten False-Flag-Aktionen zunutze (Kapitel IV). Andere versehen pseudowissenschaftliche Angebote mit klangvollen Namen. Welche Person ohne tiefergehende politische Kenntnisse mag beispielsweise die Relevanz und Vertrauenswürdigkeit des „Studienzentrums Weikersheim" beurteilen oder die des „Europäisches Instituts für Klima und Energie – EIKE", einer Einrichtung, die seit Jahren die den Klimawandel mit fragwürdigen Studien und gefälschten Daten leugnet? Auch beim Googeln stößt man auf vermeintlich wissenschaftliche Beiträge, Studien oder Fakten mit unklarem Hintergrund. Wenn Rezipienten schon kaum in der Lage sind, die Nachrichtenqualität klassischer Medien zu beurteilen (Kapitel III), wie viel schwerer muss es dann gerade der Bildungsmitte fallen, die Inhalte einzuschätzen, die ihnen täglich im Dickicht der sozialen Medien begegnen? In SNS stellt sich das Problem unzureichender Medienkompetenz verstärkt. Denn vermutlich wissen Facebook- oder Twitter-Nutzer oft gar nicht, von wem die Beiträge in ihrem Newsfeed stammen: von Mainstream- oder Alternativ-Medien, von Unternehmen, Interessensvertretern oder Mitbürgern, denen sie vor längerer Zeit einmal ‚gefolgt' sind und deren Hintergrund sie nicht kennen bzw. an den sie sich kaum mehr erinnern können.

Letztlich können sich selbst politisch involvierte Bürger bei der Wahrheits- und Qualitätsbeurteilung wieder nur Heuristiken bedienen. Unter den unübersichtlichen Online-Bedingungen ist die wichtigste Heuristik die *Einstellungskonsonanz* eines Angebots oder Inhalts. Menschen glauben, was sie glauben wollen. Wie Studien zur Hostile-Media-Wahrnehmung nahelegen, ist die Einstellungskonsonanz bei hohem Involvement besonders wirksam: Personen mit hohem Themen-Involvement (Hansen & Kim 2011) und einer ausgeprägten Meinung (Coe et al. 2008) nehmen eigentlich ausgewogene Medienberichte noch stärker als gegen ihre Meinung gerichtet wahr, als das andere Menschen tun. Ebenfalls interessant: Je höher Bürger die Reichweite eines Mediums einschätzen, umso stärker empfinden sie es als feindselig (Gunther et al. 2009). Das erklärt z. B. die Hassausbrüche von Pegida- und AfD-Anhängern, die sich gegen die ‚großen Mainstream-Medien' wie ARD und ZDF oder den Spiegel richten.

In den *Filterblasen* sozialer Netzwerke ist für Mitglieder der politisierten Bildungsmitte anzunehmen, dass sie bevorzugt mit anderen Mitgliedern dieser Gruppe in Kontakt stehen, die ihre politische Meinung teilen. Dabei ist die *Beziehungsqualität zum Übermittler* einer Nachricht eine wirksame Heuristik: Facebook-Nutzer vertrauen bei politischen Informationen hauptsächlich auf Übermittler, die sie gut kennen und mit denen sie häufig zu tun haben (Kapitel III). Die ursprüngliche Quelle eines Inhalts spielt eine geringere Rolle. Facebook- und Twitter-Nutzer lesen somit in ihrem Newsfeed eher Inhalte, die ihnen von vertrauten, sozioökonomisch und weltanschaulich ähnlichen Personen übermittelt oder empfohlen wurden. So ist beispielsweise anzunehmen, dass bildungsferne Stuttgart 21-Gegner verstärkt Beiträge von anderen bildungsfernen Stuttgart 21-Gegnern lesen und bevorzugt weiterverbreiten – unabhängig von deren Qualität oder gesellschaftlicher Relevanz.

Die unerfreuliche Folge ist die massenhafte Verbreitung ideologischer, inhaltlich teils haarsträubend falscher Beiträge von dubiosen Urhebern. Abbildung 11 zeigt ein weiteres Beispiel für einen solchen Beitrag, der auf Facebook unzählige Male geteilt wurde: Hier wird behauptet, Dänemark sei aus verschiedenen Gründen das glücklichste Land der Welt, und gefordert, Deutschland solle sich daran orientieren. Die faktenartige Darstellung wirkt auf den ersten Blick plausibel – die Behauptungen sind jedoch zum Großteil falsch. Die Angabe www.spechtakulaer.de wirkt als politische Quelle nicht gerade Vertrauen erweckend – die Website selbst ist von zweifelhafter Seriosität – und auch die grafische Gestaltung scheint eher amateurhaft. In diesem Fall ist nicht einmal auszumachen, ob die Information von einer Organisation stammt oder von einem Dänemark-begeisterten Bürger.

Abb. 11 Lügen in sozialen Medien – ein Beispiel

Quelle: http://www.mimikama.at/allgemein/warum-ist-dnemark-das-glcklichste-land-auf-der-welt/.

Auch die inhaltliche Überforderung spielt bei der Rezeption von Nachrichten und sonstigen gesellschaftsrelevanten Inhalten eine Rolle: Im Internet existieren zahllose Quellen und Inhalte, die sich an ein politisches oder sozialwissenschaftliches Fachpublikum wenden und für den Durchschnittsbürger aufgrund ihres Detailreichtums und ihrer Analysetiefe zu komplex sein mögen. Es gibt allerdings einen entscheidenden Unterschied zur Gesundheitskommunikation: Während man dort recht eindeutig zwischen medizinischen Laien und Experten unterscheiden kann, ist politische Kompetenz eher als ein Kontinuum zu beschreiben. Das hat Folgen:

- Medizinische Studien sind mit ihren Begrifflichkeiten und ihrer formalistisch-statistischen Darstellung schnell als solche zu erkennen. Selbst Akademiker anderer Disziplinen versuchen meist gar nicht erst, derartige Beiträge verstehen zu wollen. Viele politische Fachtexte erscheinen hingegen auf den ersten Blick auch für Laien lesbar.

- Gesundheitsbezogene Inhalte für Laien versuchen ihren Gegenstand so einfach wie möglich darzustellen, um auch von Betroffenen mit geringen Vorkenntnissen verstanden zu werden. Gesellschaftsrelevante Publikationen weisen unterschiedlichste Komplexitätsstufen auf. Häufig ist das für Rezipienten nicht unmittelbar ersichtlich – weder anhand des Inhalts, noch anhand des Titels oder der Aufmachung einer Publikation.

- Viele Beiträge enthalten – ungeachtet ihrer Gesamtkomplexität – Aussagen, die für sich genommen als plakative Botschaften (miss-)verstanden oder aus dem Zusammenhang gerissen und instrumentalisiert werden können. Beispielsweise wird mancher den obigen Satz „Laien sind kaum in der Lage, die Vertrauenswürdigkeit von Urhebern zu beurteilen" als Affront zurückweisen. Die Dekontextualisierung dieses Satzes kann jederzeit als Beweis für die Arroganz und Ahnungslosigkeit des Verfassers verbreitet und gegen dieses Buch in Stellung gebracht werden.

Bürger können somit jederzeit auf überfordernde Inhalte stoßen, ohne das selbst zu bemerken. Damit steigt die Gefahr, dass sie an sich korrekte Inhalte falsch verstehen. Hier liegt übrigens ein weiterer Vorzug journalistischer Medien. Denn der intellektuelle Anspruch bzw. Komplexitätsgrad der meisten Medienmarken ist ihrem Publikum bekannt. Bürger lernen im Laufe der Zeit die für sie geeigneten Medientitel kennen: Wer beim letzten Mal den Spiegel mit seinen langen Stücken zu anstrengend fand, wird es beim nächsten Mal mit dem Focus versuchen. Dieser mediensozialisatorische Lerneffekt stellt sicher, dass ein Bürger auf die für ihn verständlichste Darstellung von Realität zurückgreift. Doch er kommt nur bei einer längerfristigen Nutzungsloyalität gegenüber einzelnen Nachrichtenangeboten zum Tragen. Sobald Bürger mittels Aggretatoren ständig wechselnde Angebote aus den Weiten des Longtail-Internets nutzen, laufen sie jederzeit Gefahr, dort auf ungeeignete Inhalte zu stoßen, ohne das zu bemerken.

4. Wissenseffekte

Wieder zurück zur Gesundheit. Wer online Informationen findet und nutzt, lernt zweifellos etwas dazu. Eben das ist der Kern der *Patientenemanzipation*: Patienten stehen Ärzten nicht mehr so ahnungs- und hilflos gegenüber wie das früher meist der Fall war, sondern haben sich oft schon vor einem Arztbesuch selbst informiert. Neu erworbenes Wissen kann aber unerwünschte Effekte mit sich bringen. Denn Patienten laufen bei allem Involvement ständig Gefahr, wegen mangelnder Medienkompetenz und inhaltlicher Überforderung falsche Informationen aufzuschnappen oder korrekte Informationen falsch zu verstehen. Das ist in der Gesundheitskommunikation bekanntermaßen ein gravierendes Problem. In einer Umfrage unter Ärzten 2016 äußerte deshalb ein knappes Drittel die Ansicht, dass die Selbstinformation im Internet Patienten eher verwirrt.[105]

Was bedeutet das übertragen auf Nachrichten und die politisierte Bildungsmitte? Niemand wird heute ernsthaft Bürgern davon abraten, sich online zu informieren oder mit anderen zu kommunizieren. Trotzdem scheint sich auch hier eine gewisse Verwirrtheit auszubreiten, die sich in Zehntausenden Demonstranten gegen die befürchtete ‚Islamisierung des Abendlandes' in Dresden, Millionen AfD-Wählern in ganz Deutschland und unzähligen Hasskommentaren im Internet niederschlägt. Woher kommen die teils absurden Vorstellungen vom Verhalten ‚der Flüchtlinge', vom deutschen Volk, das sich bald über die verruchten Eliten erheben wird, von Angela Merkel als alleinige Verursacherin allen Übels? Hier sind zweifellos Stereotype im Spiel. Doch allein mit unterkomplexem Schubladendenken lässt sich die Verwirrung, die Teile der Bevölkerungen vieler Länder befallen hat, nicht erklären. Zu verbreitet sind ‚postfaktische' Nutzerbeiträge und -kommentare im Netz, die krude Fehleinschätzungen dazu offenbaren, wie Politik und Gesellschaft funktionieren.

Woher also kommen das falsche Wissen und die Verwirrung? Viele Kommentarschreiber vermitteln den Eindruck, politisch hoch involviert zu sein und sich intensiv zu informieren. Ein Mangel an Informationen kann es also eigentlich nicht sein. Wie in der Gesundheitskommunikation scheint vielmehr die Fülle an heterogenen, teils falschen, teils missverständlichen Informationen, deren Wahrheitsgehalt und Qualität viele Bürger kaum erkennen, zu Überforderung, Verwirrung und gravierenden Fehleinschätzungen hinsichtlich der gesellschaftlichen Lage

---

105 Studie zitiert nach Willi Reiners: Ärzte haben ein Problem mit informierten Patienten. Stuttgarter-Zeitung.de vom 13.06.2016. http://www.stuttgarter-zeitung.de/inhalt. umfrage-unter-medizinern-aerzte-haben-ein-problem-mit-informierten-patienten. fbe347a1-3e83-43dd-8813-4a3dedaaae3b.html.

beizutragen. Abbildung 12 zeigt beispielhaft den Facebook-Post eines Bürgers, der sich offenkundig zum Verhältnis zwischen Staat und Kirche informiert hat, dabei aber einiges missversteht und entsprechend falsche Schlüsse zieht.

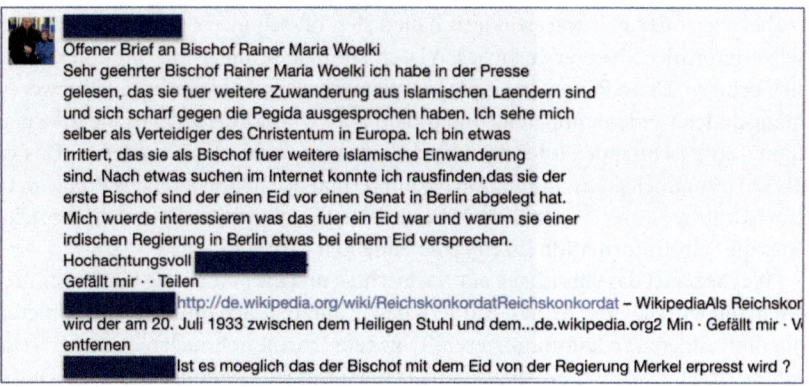

Abb. 12 Facebook-Post eines verwirrten Bürgers
Eigener Facebook-Screenshot von 2015.

In der politischen Kommunikation kommen noch Einstellungseffekte dazu. Die Filterblasen in Aggregatoren und alternativen Medien sorgen dafür, dass ihre Nutzer weit überwiegend mit Fakten und Meinungen aus dem eigenen Meinungslager versorgt werden. Das ist vergleichbar mit einem Impfgegner, der bei der Recherche zu den Vor- und Nachteilen von Impfungen fast ausschließlich Argumente für seine Position und zustimmende Meinungsäußerungen anderer Impfgegner findet. Das begünstigt eine verzerrte Meinungsklimawahrnehmung in dem Sinne, die eigene Meinung für die absolute Mehrheitsmeinung zu halten. Dass eine solche *False-Consenus-Wahrnehmung* erhebliche Folgen für die individuelle und gesellschaftliche Meinungsbildung haben kann, haben wir in Kapitel IV gesehen.

Die Filterblasen verursachen damit einen weiteren Wissenseffekt: Sie verstärken gruppenspezifische, *polarisierte Themenagenden*. Sie sorgen also dafür, dass die Bewohner unterschiedlicher Filterblasen teils andere Themen für relevant und lösungsbedürftig halten und sich entsprechend intensiv damit befassen. So scheinen sich seit dem Jahr 2015 viele AfD-Sympathisanten regelrecht auf das Thema ‚Flüchtlingskrise' zu fixieren, während sich andere Gesellschaftsgruppen längst wieder anderen Themen zugewandt haben. Früher haben Nachrichtenmedien die weitaus meisten Bürger erreicht, sie von der politischen Bedeutung bestimmter Themen

überzeugt (Agenda-Setting) und damit zur gesellschaftlichen Integration beigetragen. Heute bilden und verstärken sich in den Filterblasen allem Anschein nach
gruppenspezifische Themenagenden.[106] Da in einer funktionierenden Demokratie
aber nicht die Probleme kleinerer Gruppen im Mittelpunkt stehen sollten, sondern
Themen, die die Allgemeinheit betreffen, ist eine Polarisierung von Themenagenden für die Gesellschaft schädlich. Gefangen in ihren Filterblasen bemerken viele
Menschen diese Polarisierung vermutlich gar nicht.

Die Erwartungen an den Journalismus sind hier sehr hoch: Dieser soll die gesamte
Vielfalt an Akteuren, Themen, Meinungen und Argumenten abbilden und eine
valide Meinungsklimawahrnehmung gewährleisten. Er erfüllt eine Art Korrek-
tur-Funktion, indem er die Bürger über Lügen, Halbwahrheiten und Verdrehungen
in anderen Medien, Alternativ-Medien und öffentlicher Bürgerkommunikation
und über ihre eigenen Fehlwahrnehmungen aufklärt. Barnhurst (2008: 2557; zit.
n. Donsbach 2011: 125) beschreibt diese Funktion als „distinguishing intelligence
from gossip". Tatsächlich kommen viele Nachrichtenmedien dieser Aufgabe nach.
Beispielsweise hat die in Dresden ansässige und von Pegida besonders betroffene
Sächsische Zeitung am 03.09.2015 Facebook-Gerüchte aufgegriffen und entkräftet:

> „(...) Auf Facebook finden sich Darstellungen, wonach sich Flüchtlinge in den Ge-
> schäften an der Prager Straße einfach bedienen würden. Bei der Filiale der Beklei-
> dungskette s.Oliver beispielsweise hätten Asylsuchende angeblich Klamotten einfach
> mitgenommen, ohne zu bezahlen. Das will eine Sprecherin des Unternehmens so
> allerdings nicht stehen lassen. Generell würden alle Diebstähle gemeldet und zur
> Anzeige gebracht. ‚Nach interner Recherche können wir die Vorkommnisse nicht
> bestätigen', erklärt sie. ‚Die Behauptungen in Bezug auf s.Oliver sind falsch.' Auch
> über die Centrum-Galerie machen die Gerüchte die Runde. ‚Weder dem Center-
> management noch dem von uns beauftragten Wachdienst, der für die Sicherheit
> zuständig ist, sind derartige Fälle bekannt', sagt Chef Dirk Fittkau. Er bezeichnet
> solche Gerüchte als hanebüchen. ‚Und das ist der mildeste Ausdruck dafür, was
> ich von derartigen Einträgen in sozialen Netzwerken halte.' Auch die Behauptung,
> die Stadt würde für die durch diesen angeblichen Diebstahl entstandenen Schaden
> aufkommen, sei Quatsch. Mit Blick auf die eh schon angespannte Finanzlage der
> Stadt kommentiert er ironisch: ‚Man kann ja mal beim Stadtkämmerer anrufen und
> fragen, was er dafür für ein Budget hat.' Bei der Dresdner Polizei sind die Gerüchte
> auch nicht unbekannt. ‚Aber niemand kann das hier bestätigen', erklärt Spreche-
> rin Jana Ulbricht. Ob es allerdings in den vergangenen Wochen einen Anstieg bei
> Ladendiebstählen mit Beteiligung von Asylbewerbern gegeben hat, dazu liegen im

---

106 Ich weise ausdrücklich darauf hin, dass sich diese plausibel erscheinende Annahme
    empirisch bislang nicht bestätigen ließ (relativ aktuell Haake et al. 2014).

Moment noch keine aussagekräftigen Zahlen vor. ‚Wenn ein Diebstahl bekannt ist, nehmen wir das auf. Egal, wer das ist, und egal, wo das ist.'"[107]

Wer sein aktuelles politisches Wissen also zumindest teilweise aus journalistischen Quellen bezieht, sollte dagegen gefeit sein, allzu vielen Falschinformationen auf den Leim zu gehen. Allerdings bedarf es dazu eines umfassenden Überblicks, den nur die Nutzung integrierter Nachrichtenangebote ermöglicht. Gelegentliche, granularisierte Nachrichtenkontakte in Facebook oder Twitter ändern daran nicht viel (Kapitel III). Politisch involvierte Bürger leiden also nicht unter mangelnder politischer Informiertheit. Sie sind nicht *un*informiert. Viele informieren sich vermutlich sogar sehr intensiv. Doch je weniger journalistische Medien, je mehr algorithmenbasierte und alternative Angebote sie nutzen, je bruchstückhafter die granularisierten Info-Happen sind, desto verzerrter, fehlerträchtiger und unvollständiger ist ihr Bild von der gesellschaftlichen Wirklichkeit.

Für diese Annahme und die Rolle des Politikinteresses und der Bildung gibt es erste empirische Bestätigungen: In einer Online-Befragung wurde die Nachrichtennutzung von US-Amerikanern in traditionellen Medien, Facebook, Twitter und Blogs untersucht (Yoo & Gil de Zúñiga 2014). Zusätzlich sollten die Teilnehmer Wissensfragen (1) zu einem aktuellen politischen Thema und (2) zum politischen System (civic knowledge) beantworten. Es zeigte sich, dass formale Bildung und politisches Involvement den stärksten Einfluss auf beide gemessenen Varianten des politischen Wissens hatten. Auch die Nutzung von traditionellen Medien und Blogs erhöhte die Themen-Informiertheit. Nicht so die algorithmenbasierten Plattformen Twitter und Facebook: Ihre Nutzung trug zu keinem messbaren Wissenszuwachs bei. Die Autoren haben den Zusammenhang getrennt nach Bildungsgruppen ausgewertet und konnten zeigen, dass die höhergebildeten Facebook- und Twitter-Nutzer durchaus etwas mehr wussten. Bei den Niedriggebildeten hingegen kam trotz Nutzung kein Wissenszuwachs an.

Hier macht sich anscheinend wieder eine unzureichende Medienkompetenz bemerkbar: Wer in Aggregatoren Inhalte unbekannter Quellen rezipiert, deren Qualität er weder kennt noch hinterfragt, wird auch selten aktiv nach anderen Angeboten suchen, um diese Information – im Sinne eines journalistischen Fakten-Checks – zu validieren und gegebenenfalls als falsch zu erkennen. Individuen beurteilen jede neue Information im Lichte ihres bisherigen Wissens (Huckfeldt et al. 2005: 31). Deshalb glauben sie Lügen und Halbwahrheiten, solange sie mit den bestehenden Weltvorstellungen und Einstellungen kompatibel sind. Natürlich ist

---

107 Jana Mundus und Lars Kühl: Billige Gerüchte. sz-online.de vom 03.09.2015. http://www. sz-online.de/nachrichten/billige-geruechte-3188908.html.

nicht auszuschließen, dass Bürger zufällig auf widersprechende Inhalte stoßen, etwa wenn ein kursierender Internet-Hoax andernorts thematisiert und als solcher aufgedeckt wird. Doch ein solches, zufälliges Aufdecken von Missverständnissen oder Falschinformationen erfordert zweierlei: Die Person muss erstens *mehrere* Quellen nutzen und diese Quellen müssen zweitens eine gewisse Vielfalt bzw. *Heterogenität* aufweisen. Nur dann sind einander widersprechende oder korrigierende Inhalte zu erwarten. Es ist es durchaus vorstellbar, dass politisch involvierte Personen in Google, Facebook, anderen Aggregatoren und alternativen Medien auf mehrere Quellen stoßen (Punkt 1). Allerdings ist der Kontakt mit einander widersprechenden Quellen (Punkt 2) in den beschriebenen Filterblasen und Echokammern eher unwahrscheinlich. Dass sich Mitglieder der Bildungsmitte, wie wir gesehen haben, besonders viel in SNS informieren, macht Punkt 2 für diese Gruppe noch unwahrscheinlicher.

Auch wenn es keiner so beabsichtigt haben mag – die Folge all dessen ist *Desinformation*. Gerade die unteren und mittleren Bildungsgruppen zeichnen sich durch ein solches Informationsverhalten und begrenzte Medienkompetenz aus. Deshalb sind diese am stärksten von Desinformation betroffen. Im Extremfall kann eine Verweigerung gegenüber echten jeglichen Fakten entstehen. Diese wird dann damit begründet, dass Fakten ohnehin von ,sogenannten Experten', Eliten oder den Mainstream-Medien stammen und gefälscht sind. Diese Geisteshaltung spielt wiederum Populisten in die Hände, die halbwahre oder komplett erfundene Behauptungen aufstellen und damit bei einem Teil der Bevölkerung gut ankommen.

5. Einstellungseffekte

Zurück zur Gesundheitskommunikation und Emanzipation von Patienten. Wer Neues über Gesundheitsthemen gelernt und es mehr oder weniger korrekt verstanden hat, *fühlt* sich auch besser informiert. Er entwickelt ein größeres *Selbstbewusstsein* gegenüber Ärzten und anderen Leistungserbringern und *zweifelt* öfter am Gesundheitspersonal oder Behandlungsmethoden usw. Genau dieser Effekt hat die Arzt-Patienten-Beziehung in den letzten Jahren am stärksten verändert. Denn je nachdem, ob das Selbstbewusstsein der Patienten auf korrektem Wissen basiert oder auf Missverständnissen und irrigen Annahmen, gilt Patientenemanzipation als hilfreich oder kontraproduktiv. Dass Online-Informationen das Vertrauen von Patienten in den Arzt beeinträchtigen, nahmen auch viele Ärzte in der oben erwähnten Befragung so wahr. Ein knappes Viertel gab sogar an, Patienten deshalb aktiv von Internet-Recherchen abzuhalten.

Auf Nachrichten und politische Themen übertragen, heißt das zunächst: Ob
politisch involvierte Bürger, die sich intensiv informieren, dabei wirklich sinnvolles
Wissen ansammeln oder eher Desinformation, ist unklar. Sicher ist aber, dass sich
die meisten für besser informiert halten: Sie entwickeln eine erhöhte *subjektive*
Informiertheit. Geht diese tatsächlich mit einem erhöhten Wissensstand einher,
ist sie angemessen. Hält sich eine Person aber für gut informiert, obwohl sie eher
desinformiert ist, kann man von *Pseudo-Informiertheit* sprechen.

Die Kluft zwischen subjektiv wahrgenommener und tatsächlicher Informiertheit
wird seit einigen Jahren unter dem Begriff der *Wissensillusion* beforscht (‚Illusion
of Knowing‘, Park 2001). Zuletzt legte Müller (2016) hierzu bemerkenswerte Be-
fragungsdaten junger Erwachsener (16 bis 29 Jahre) im deutschsprachigen Raum
vor. Die Teilnehmer sollten angeben, wie häufig sie in unterschiedlichen journalistischen und sozialen Medien politische Nachrichten nutzen.[108] Neben Fragen
zur Persönlichkeit (Geschlecht, formale Bildung, politisches Involvement usw.)
beantworteten sie Quizaufgaben zur Innenpolitik (Messung des tatsächlichen
Wissens) und schätzten ihr subjektives Wissen ein.[109]

Die Studie bestätigte zunächst, dass Menschen ihr tatsächliches Wissen nur begrenzt einschätzen können.[110] Die Gefahr einer Wissensillusion ist also realistisch.
Das führt zur Frage, wer dafür besonders anfällig ist. Hierzu gibt es einige Befunde:

- Ein eindeutiger Auslöser für Wissensillusion ist das Themen-Involvement
  (Radecki & Jaccard 1995; Müller 2016). Je mehr man sich für etwas interessiert,
  desto stärker informiert man sich und desto anfälliger ist man dafür, sein Wis-
  sen zu überschätzen.
- Die Wissensillusion ist bei Niedrigergebildeten wahrscheinlicher. Das zeigte
  sich sowohl in der frühen Studie von Park (2001) als auch aktuell bei Müller.
- Auch die genutzten Mediengattungen gehen mit einer Wissensillusion einher.
  Schulz (2008) berichtet, dass besonders die Leser von Boulevardzeitungen und
  TV-Vielseher pseudo-informiert sind. Vermutlich wird die Wissensillusion nicht
  von diesen Medien *verursacht*. Wahrscheinlicher ist wieder ein Bildungseffekt:

---

108 Berücksichtigt wurden öffentlich-rechtliche und private TV-Nachrichten, Nachrich-
     ten-Portale, Websites von Boulevardzeitungen, Webportale wie gmx.de sowie SNS und
     Twitter.

109 Das tatsächliche Wissen wurde in sechs offenen und Multiple-Choice-Fragen ermittelt;
     das subjektive Wissen als persönliche Einschätzung auf einer Skala von 1='sehr niedriges
     Wissen' bis 5='sehr hohes Wissen'.

110 Die Korrelation zwischen dem tatsächlichen und subjektiven Wissen der Befragten zur
     Innenpolitik lag bei nur 0,42.

Die Medien werden überwiegend von Niedrigergebildeten genutzt, die – wie soeben berichtet – eher dazu neigen, ihr eigenes Wissen zu überschätzen.

Bei Müller (2016) zeigten sich keine Zusammenhänge zwischen der Nutzungshäufigkeit klassischer Nachrichtenmedien und einer Wissensillusion – anders bei Twitter und SNS: Wer häufig Twitter nutzte, wies eine signifikant höhere Wissensillusion auf als andere Teilnehmer. Dasselbe galt für Personen, die angaben, SNS zu nutzen, um *politische Nachrichten* zu erhalten: Hier ergab sich ein noch deutlicherer Zusammenhang zwischen der Nutzungshäufigkeit und der Wissensillusion.

Eine weitere Online-Befragung deutscher Erwachsener (Müller et al. 2016) untersuchte deren subjektives Gefühl, durch Facebook informiert zur sein. Diejenigen, die sagten, ständig Facebook zu nutzen und in ihrem Newsfeed viele politische Nachrichten zu haben, hielten sich für besonders gut informiert. Ob sie die hinter den Posts verlinkten Nachrichtenbeiträge auch wirklich anklickten oder lasen, hatte keinen Einfluss auf die wahrgenommene Informiertheit. Das bedeutet, dass allein das bloße Überfliegen von Nachrichten-Teasern und Fotos im Facebook-Newsfeed vielen Menschen das Gefühl vermittelt, informiert zu sein. Dass dieses Gefühl trügerisch sein muss, liegt auf der Hand. Denn einerseits kann man Nachrichten-Teasern bestenfalls entnehmen, worum es grob geht, den Sachverhalt jedoch nicht vollständig erfassen. Sie sind eher ‚Appetizer‘ als das vollständige Gericht, wie es der Titel der Studie ausdrückt („Appetizer or Main Dish?"). Die Granularisierung der Nachrichtennutzung wird somit noch eine Umdrehung weiter getrieben. Andererseits vermitteln Aggregatoren ohnehin keinen integrierten Überblick über das aktuelle Nachrichtengeschehen (Kapitel III).

Die Befunde der beiden Studien passen perfekt zu den Annahmen des Wirkungsmodells zur politisierten Bildungsmitte im Netz: Die Nutzung von Facebook und anderen SNS gibt Bürgern das Gefühl, gut informiert zu sein. Auch politisch interessierte Bürger wenden sich verstärkt diesen Nachrichtenquellen zu. Das garantiert allerdings nicht unbedingt einen Wissenszuwachs. Deshalb steigt mit dem politischen Involvement auch das Risiko der Pseudo-Informiertheit. Dieses Risiko ist bei Niedriggebildeten am höchsten. Sie unterliegen mit ihrer begrenzten Medienkompetenz und gelegentlicher inhaltlicher Überforderung am ehesten der Gefahr der Desinformation. Verlassen sich die Mitglieder der politisierten Bildungsmitte bei ihrer Nachrichtennutzung dann noch überwiegend auf SNS, bilden sie gleichsam die Hochrisikogruppe für Pseudo-Informiertheit.

Dass Pseudo-Informiertheit zur Selbstüberschätzung führen kann, legt eine Studie von Atir et al. (2015) nahe. Die Autoren baten Versuchspersonen, ihre Kompetenz in verschiedenen Feldern selbst einzuschätzen und danach zu einer Reihe von Begriffen in diesem Themenfeld anzugeben, ob sie den Begriff kennen oder nicht. Einige der Begriffe waren erfunden, so dass die Forscher den Anteil der fälschlich als bekannt genannten Begriffe ermitteln konnten. Es zeigte sich, dass Personen mit höherer subjektiver Informiertheit auch mehr falsche Begriffe zu kennen glaubten, und das, obwohl man sie vorab gewarnt hatte, dass in der Liste auch erfundene Begriffe stehen.

Wer politisch involviert ist und glaubt, gut informiert zu sein, und dennoch politische Abläufe und Entscheidungen nicht oder falsch versteht, wird misstrauisch. *Misstrauen* kann sich gegen nahezu alle politischen Akteure, Strukturen und Methoden der rechtstaatlichen Demokratie richten: Politiker, Parteien, Lobbyisten, Wahlen, Institutionen, Öffentlichkeit und Journalismus. Verlorenes Misstrauen kann leicht in eine negative Einstellung bis hin zur rigiden Ablehnung kippen, die man – je nach Bezugsobjekt – als Politikverdrossenheit, Parteienverdrossenheit, Medienverdrossenheit oder Elitenverdrossenheit bezeichnet. Dass alle Varianten der Verdrossenheit eng miteinander verknüpft sind, illustriert eine aktuelle Bevölkerungsumfrage des Bayerischen Rundfunks (2016). Die Teilnehmer sollten folgende vier Statements beurteilen:

- „Ich kann verstehen, dass manche Leute derzeit die Werte Deutschlands in Gefahr sehen."
- „Die etablierten Parteien haben die wichtigsten Probleme Deutschlands nicht im Griff."
- „Die Politiker kümmern sich nicht viel darum, was Menschen wie ich denken."
- „Ich glaube, dass in den Medien häufig absichtlich die Unwahrheit gesagt wird."

Beunruhigende 32 Prozent der Befragten stimmten allen vier Statements zu. Diese offensichtlich gesamtheitlich verdrossene Gruppe wird in der Studie ,Zweifler' genannt. Ihre Mitglieder sind gleichermaßen männlich und weiblich, mittelalt und weisen mehrheitlich eine geringe und mittlere Bildung auf. Die Zweifler entsprechen recht gut unserer politisierten Bildungsmitte. Auch sie beziehen ihre Informationen mehr als andere Bürger ihres Alters aus sozialen Netzwerken oder Blogs; integrierte Nachrichten-Portale meiden sie dagegen. Ihrer formalen Bildung entsprechend bevorzugen sie private TV- und Radio-Programme. Die Zweifler misstrauen auch den Eliten, weshalb 79 Prozent von ihnen beklagen, die Nachrichtenmedien würden „die Mächtigen stützen". Die am stärksten in der Bildungsmitte ausgeprägte Mischung aus Verdrossenheit und Desinformation erklärt wohl auch, dass das Vertrauen in den Journalismus besonders dort schwindet: Bereits 2009 gaben in einer repräsentativen Umfrage nur 59 Prozent der Befragten mit Hauptschulabschluss an, dem Journalismus eher oder gänzlich zu vertrauen (Donsbach et al. 2009). Bei mittlerer und höherer Schulbildung lag der Wert höher (Realschulabschluss: 70 Prozent,

Abitur oder Studium: 72 Prozent). Auch die Befragung des Bayerischen Rundfunks (2016) bestätigt den Befund, der sich zudem international beobachten lässt (Tsfati & Ariely 2014 in einer Befragung in 44 Ländern).

Politik- und Medienverdrossenheit hängen nicht nur zusammen. Politikverdrossenheit wird maßgeblich vom Journalismus und seinen Regeln der Nachrichtenauswahl und aufbereitung verursacht. Denn Nachrichtenmedien vermitteln ein überwiegend negatives und dramatisierendes Bild von der Politik (Kapitel III). Wenn also das demokratische System unter Druck steht, ist daran nicht zuletzt auch der Journalismus beteiligt. Das zeigt sich auch darin, dass in rechtsalternativen Medien und in der öffentlichen Bürgerkommunikation dieses Milieus häufig Beiträge aus Mainstream-Medien kursieren. Immer dann, wenn Journalisten politische Missstände aufdecken und kritisieren, findet ihre Berichterstattung Beachtung, und der sonst übliche Vorwurf der ‚Lügenpresse' verstummt für einen Augenblick. Das gilt zumindest dann, wenn die berichteten Missstände dem rechtsalternativen Weltbild entsprechen, wie das beispielsweise Silvester 2015/2016 auf der Domplatte in Köln der Fall war, als deutsche Frauen von Flüchtlingen und anderen Immigranten belästigt wurden. Trotzdem kam auch hier der – kurzzeitig berechtigte – Vorwurf auf, die vermeintlich linken Mainstream-Medien würden derartige Vorkommnisse unter den Tisch kehren oder verharmlosen. Die verstärkte Hostile-Media-Wahrnehmung der Filterblasen-Bewohner lässt grüßen.

Die Annahme, dass die Verdrossenheit der politisierten Bildungsmitte mit ihrer Neigung zu granularisierten und meinungskonformen Nachrichten in den sozialen Medien zusammenhängt, unterstützt ein weiterer Befund: Jüngere misstrauen generell journalistischen Medien mehr als ältere Bürger (Bayerischer Rundfunk 2016; Tsfati & Ariely 2014). Das war bereits 2009 so. Damals vertrauten unter den 18- bis 24-Jährigen gerade einmal 24 Prozent dem Journalismus; bei den 25- bis 44-Jährigen lag dieser Wert bei 50 Prozent und weitaus höher (Donsbach et al. 2009: 67). Tatsächlich hatte sich das jüngste Nachrichtenpublikum bereits in dieser Zeit nachweislich weg von der ganzheitlichen und ritualisierten Nachrichtennutzung bewegt und nutzte bevorzugt Aggregatoren (z. B. Schweiger 2009).

Wenn misstrauische Bürger in ihrer Filterblase kontinuierlich mit Informationen konfrontiert sind, die ihren Zweifel an Politik und Medien bestätigen, und wenn sie in ihren Echokammern ebenfalls ständig mit misstrauischen Menschen in Kontakt stehen, ist es kein Wunder, wenn sich die ohnehin negativen Einstellungen aller Beteiligten hochschaukeln. Am Ende steht nicht nur ein Verlust an Vertrauen in den Journalismus und das politische System, sondern auch extremere Einstellungen in Teilen der Bevölkerung und deren Polarisierung (Kapitel IV).

6. Verhaltenseffekte

Je höher das Selbstbewusstsein einer Person, desto eher verhält sie sich *aktiv*. In der Psychologie spricht man von *Selbstwirksamkeitserwartung* oder *self-efficacy*. Sie liegt vor, wenn ein Individuum glaubt, aufgrund seiner eigenen Kompetenzen gewünschte Handlungen erfolgreich selbst ausführen zu können (Bandura 1977). Das heißt auf Gesundheitskommunikation übertragen: Ein selbstbewusster Patient wird häufiger medizinische Literatur konsultieren und sich auch an komplexere Inhalte herantrauen. Er wird intensiver mit Ärzten über deren Diagnosen sprechen und ihre Heilmethoden kritisch hinterfragen. Er wird sich vielleicht auch in der Öffentlichkeit vernehmbarer zu Gesundheitsthemen äußern, sei es in Berichten über die eigene Krankheit bzw. Therapie oder aber in Form von Meinungsäußerungen oder Tipps gegenüber anderen. Hierzu gehören auch die populären Ärztebeurteilungen in Google oder sonstigen Bewertungsportalen. Eine solcherart gestiegene öffentliche Redebereitschaft trägt dann wiederum zur Vermehrung online verfügbarer Gesundheitsinformationen bei.

Das ist in der politischen Kommunikation nicht anders. Wer gut informiert ist oder sich zumindest so fühlt, entwickelt in der Regel eine stärkere politische Selbstwirksamkeitserwartung (z. B. Brettschneider & Vetter 1998; Tewksbury et al. 2008). Menschen mit politischer Selbstwirksamkeitserwartung haben das Gefühl, sie selbst könnten die gesellschaftlichen Verhältnisse verändern (*internal efficacy*). Wer hingegen an der eigenen Wirksamkeit zweifelt und davon ausgeht, dass die Politiker ohnehin tun, was sie wollen, kann zwar verdrossen sein, hat aber keinen Anreiz selbst zu handeln. Das mag erklären, warum sich bei Bürgern über die Jahre eine Medien- und Politikverdrossenheit aufgebaut hat, die in der Öffentlichkeit nahezu unbemerkt blieb. Offensichtlich war die Selbstwirksamkeitserwartung vieler Verdrossener so gering, dass sie nicht einmal mehr wählen gingen. Diese Vermutung legen zumindest die über Jahrzehnte kontinuierlich gesunkenen Wahlbeteiligungen bei nahezu allen Europa-, Bundes- und Landtagswahlen nahe.[111]

Seit 2015 ist die Wahlbeteiligung bei allen deutschen Wahlen wieder deutlich angestiegen. Das wird landläufig mit dem Erfolg der AfD als rechtsalternative Kraft erklärt. Zweifellos gibt die AfD vielen Mitgliedern der politisierten Bildungsmitte – und nicht nur diesen – das Gefühl, durch ihre Wahl etwas an den wahrgenommenen politischen Missständen ändern zu können. Die Partei stärkt damit die Selbstwirksamkeitserwartung vieler Bürger. Diese Erklärung erscheint mir jedoch für die gestiegene Wahlbeteiligung und den Erfolg der AfD nicht ausreichend. Auch wenn es in Deutschland schon einige rechtspopulistische Parteien mit ähnlichen

---

111 Vgl. etwa https://de.wikipedia.org/wiki/Wahlbeteiligung.

Weltbildern und Forderungen gegeben hat – keine dieser Parteien hatte einen derart durchschlagenden Erfolg wie die AfD. Dass in vielen anderen Ländern erschreckend populistische Kräfte ebenfalls Erfolge feiern, scheint mir nur durch den Wandel der Nachrichtennutzung und Meinungsbildung unter Online-Bedingungen zu erklären zu sein. Dieser verändert nicht nur den Umgang von Bürgern mit politischen Informationen und Nachrichten und damit auch ihr Wissen und ihre Einstellungen. Er veranlasst – ähnlich wie in der Gesundheitskommunikation – einen Teil der Bürger zu einem politischen Verhalten, das populistische und post-faktische Kräfte für sich zu nutzen wissen.

Der erste Verhaltenseffekt bezieht sich auf die Auswahl und Nutzung von Informationsquellen: Je weniger die Bürger journalistischen Medien vertrauen, desto mehr meiden sie diese und desto eher nutzen sie alternative Angebote (Donsbach et al. 2009; Tsfati & Ariely 2014). Das geht so weit, dass sich viele Nutzer auf den Facebook-Seiten der AfD damit „brüsten (…), keine Zeitungen mehr zu lesen; als Alternative wird ‚selber denken‘ angegeben.“[112] Es kommt zu einem Verstärkungseffekt: Alternative Angebote thematisieren häufig die Fehler und Abhängigkeiten der Mainstream-Medien und erhöhen das Misstrauen in den Journalismus weiter. Damit treiben sie vor allem Bürger aus der politisierten Bildungsmitte von diesen weg und binden sie stärker an sich selbst bzw. an die SNS, über die ihre Inhalte verbreitet werden. Gleichzeitig sinkt die Bereitschaft der Bürger, dissonante Fakten und Meinungen zu akzeptieren, was wiederum ihr Interesse an unabhängiger und ausgewogener Berichterstattung vermindert. Die Folge lässt sich mittlerweile empirisch zeigen: Bürger, die sich durch Facebook gut informiert fühlen, verwenden die Plattform häufig als Substitut für klassische Nachrichtenquellen (Müller et al. 2016).

Das verstärkt die ohnehin vorhandene Neigung der meisten Menschen zu meinungskonformen Inhalten. Es begünstigt die Bildung von Filterblasen, trägt dort zu einer noch verzerrteren Meinungsklimawahrnehmung bei, die wiederum die Redebereitschaft erhöht. Der Lärm in den Echokammern schwillt weiter an, der Ton wird rauer (Kapitel IV). In den sozialen Netzwerken kursieren mehr und mehr extreme Forderungen, Meinungen und vermeintlich wahre Fakten. Sie verbreiten sich viral und tragen nicht nur zur Radikalisierung von Einstellungen bei, sondern mobilisieren immer mehr Menschen, sich ebenfalls aktiv zu beteiligen. Das Resultat ist eine bemerkenswerte Präsenz radikaler und hasserfüllter, oft auch dummer Kommentare in der öffentlichen Bürgerkommunikation. Welches Lager im Online-Meinungskampf um die Aufnahme von Flüchtlingen die Oberhand

---

112 Friederike Haupt: Die völkische Bewegung stellt sich vor. faz.net vom 08.12.2015. http://www.faz.net/aktuell/politik/inland/rechtsextremismus/alternative-fuer-deutschland-die-voelkische-bewegung-stellt-sich-vor-13950691.html.

hatte, kann niemand genau sagen. Dennoch hatten nach meiner Beobachtung viele Menschen in den sozialen Medien den Eindruck, es sei besser, sich mit einer flüchtlingsfreundlichen Haltung zurückzuhalten. Das spricht für einen Schweigespiral-Effekt.

Diese Zusammenhänge sind zu vielschichtig und komplex, um sie in der Gesamtheit empirisch zu überprüfen. Dennoch finden sich in der Forschungsliteratur durchaus Hinweise auf Zusammenhänge zwischen politischem Selbstbewusstsein und politischer Aktivität. Beispielsweise konnten Knobloch-Westerwick & Johnson (2014) mit einem Experiment zeigen, dass die Bevorzugung meinungskonformer Inhalte Individuen gegen widersprechende Fakten und Meinungen immunisiert. Das erhöht ihre politische Selbstwirksamkeitserwartung und letztlich auch ihre Bereitschaft, für ein politisches Ziel öffentlich einzustehen. Umgekehrt betrachtet heißt das: Bürger, die regelmäßig integrierte Nachrichten nutzen und mehr Kontakt mit dissonanten Fakten und Meinungen haben, müssen ihr Weltbild ständig hinterfragen. Da bekanntlich mit dem umfassenden Wissen die Zweifel wachsen, kann das ihre politische Entschlossenheit und Redebereitschaft schwächen. Überspitzt formuliert: Wer „von des Gedankens Blässe angekränkelt" ist, verliert vielleicht seinen politischen Impuls und engagiert sich weniger öffentlich. Auch hierfür gibt es einen empirischen Hinweis: Yoo & Gil de Zúñiga (2014) fanden in ihrer Studie nicht nur, dass niedriggebildete Facebook-Nutzer entgegen ihrer subjektiven Wahrnehmung dort kaum politisches Wissen erwerben. Die Studie ermittelte auch, dass die Facebook-Nutzung die Bereitschaft zu politischer Partizipation erhöht – online wie offline. Das kann man interpretieren, wie in der Gesundheitskommunikation gesehen: Die Kombination aus Pseudo-Informiertheit und erstarktem Selbstbewusstsein schafft medienverdrossene ‚Wutbürger' mit hoher Redebereitschaft, die sich den etablierten Strukturen und Prozessen des demokratischen Rechtsstaats verweigern. Eben diese haben die AfD stark gemacht. Ein illustratives Beispiel inklusive Rechtschreibfehlern liefert der konservative Journalist Jan Fleischhauer:[113]

> „Ein Leser hat mich neulich darauf hingewiesen, dass ich demnächst überflüssig sein werde. ‚Sie und die Lügenpresse und gekauften ängstlichen Berichterstatter, sind die waren schuldigen für die Misere in Deutschland', schrieb er mir. ‚Gott sei Dank leben wir in einer Demokratie, die auch von einer gleich geschalteten und gesteuerten Presse nicht zu Fall gebracht wurde.' Die Mehrheit werde schon bald dahinterkommen, dass es Leute wie mich nicht mehr brauche, weil man sich alle Informationen besser und schneller im Netz besorgen könne."

---

113 Jan Fleischhauer: Stunde der Amateure. Nichts gelernt, und auch noch stolz darauf. Spiegel.de vom 10.10.2016; http://www.spiegel.de/politik/deutschland/amateure-nichts-ge-lernt-und-stolz-darauf-kolumne-fleischhauer-a-1115904.html.

Zwischenfazit: Wie in der Gesundheitskommunikation ermöglicht auch in der politischen Kommunikation eine Überfülle unterschiedlichster Online-Quellen Bürgern den Zugriff auf alle nur denkbaren Informationen. Aus dieser Informationsflut erwachsen gerade politisch stark involvierten Menschen mit niedriger bzw. mittlerer formaler Bildung Gefahren. Mangelnde Medienkompetenz, inhaltliche Überforderung und ein meinungskonformes Umfeld in Aggregatoren (Filterblase) begünstigen Desinformation und eine unrealistisch verzerrte Meinungsklimawahrnehmung. Eine Folge ist die unheilvolle Kombination aus politischem Selbstbewusstsein, Pseudo-Informiertheit und extremer Einstellung, die viele Bürger der politisierten Bildungsmitte auszeichnet. Solche ‚Wutbürger' sind öffentlich redebereiter und politisch aktiver. Damit tragen sie in sozialen Netzwerken und in der öffentlichen Bürgerkommunikation zur einer verstärkten Sichtbarkeit und viralen Mobilisierung extremer Meinungen bei.

Schluss

VI

Zusammenfassung

In seinem berühmt gewordenen ‚Spiegel-Urteil' von 1966 hat das Bundesverfassungsgericht die Aufgaben des Journalismus in der Demokratie folgendermaßen umrissen (BVerfG 20, 162ff.):

> „Soll der Bürger politische Entscheidungen treffen, muss er umfassend informiert sein, aber auch die Meinungen kennen und gegeneinander abwägen können, die andere sich gebildet haben. Die Presse hält diese ständige Diskussion in Gang; sie beschafft die Informationen, nimmt selbst dazu Stellung und wirkt damit als orientierende Kraft in der öffentlichen Auseinandersetzung. In ihr artikuliert sich die öffentliche Meinung; die Argumente klären sich in Rede und Gegenrede, gewinnen deutliche Konturen und erleichtern so dem Bürger Urteil und Entscheidung. In der repräsentativen Demokratie steht die Presse zugleich als ständiges Verbindungs- und Kontrollorgan zwischen dem Volk und seinen gewählten Vertretern in Parlament und Regierung. Sie fasst die in der Gesellschaft und ihren Gruppen unaufhörlich sich neu bildenden Meinungen und Forderungen kritisch zusammen, stellt sie zur Erörterung und trägt sie an die politisch handelnden Staatsorgane heran, die auf diese Weise ihre Entscheidungen auch in Einzelfragen der Tagespolitik ständig am Maßstab der im Volk tatsächlich vertretenen Auffassungen messen können."

Fünfzig Jahre später hat dieses Zitat nichts von seiner Richtigkeit und Relevanz verloren. Trotzdem mutet es heute seltsam fremd an. Das liegt zunächst an dem heute kaum mehr geläufigen Begriff Presse, mit dem seinerzeit alle journalistischen Medien gemeint waren. Mehr noch liegt es daran, dass sich die Rolle des Journalismus als alleiniger Funktionsträger des öffentlichen Diskurses verändert hat. Die Epoche, in der allein Nachrichtenmedien als Gatekeeper darüber entschieden, welche Akteure, Themen, Fakten und Meinungen in die breite Öffentlichkeit finden, ist vorbei. Zu sehr haben sich im und durch das Internet die Bedeutung, Nutzung und Verbreitung politischer Inhalte verändert. Die Nachrichten in Fernsehen und

Radio, die tägliche Zeitung und klassische Nachrichten-Websites sind weiterhin für viele Bürger wichtige Informationsquellen, aber eben nicht mehr die einzigen. Die meisten Bürger haben sich online und offline einen Informationskosmos erschlossen, in dem journalistische Medien eine Nachrichtenquelle unter vielen sind. Der Nachrichtenjournalismus steht heute in Konkurrenz mit alternativen Medienangeboten und öffentlicher Bürgerkommunikation. Deren Nutzung und Verbreitung erfolgt in erster Linie über Aggregatoren, also Social Network Sites wie Facebook oder Twitter und Suchmaschinen wie Google. Dort sammelt sich nicht nur eine riesige, heterogene und unüberschaubare Fülle von Informationsangeboten und Inhalten. Social Network Sites sind auch stark genutzte Plattformen für den Meinungsaustausch unter Bürgern und damit auch relevante Quellen der Meinungsklimawahrnehmung. Und Suchmaschinen führen interessierte Bürger zu den Diskussionen, die sie interessieren. Natürlich spielt der Nachrichtenjournalismus auch bei der öffentlichen Bürgerkommunikation eine wichtige Rolle, indem er Nutzerkommentare stimuliert, organisiert und reguliert. Das ändert jedoch nichts daran, dass der Journalismus eben nur noch eine Instanz unter vielen ist. In Anbetracht der Diskrepanz zwischen dem früheren Monopol des Journalismus als Gatekeeper und Hersteller von Öffentlichkeit, wie es das Bundesverfassungsgericht 1966 beschrieben hat, und der heutigen Situation ist der erste Teil der Ausgangsthese dieses Buchs eindeutig zu bestätigen: *Ja, wir leben tatsächlich in einer Zeit des Aufstiegs sozialer Medien und des Bedeutungsverlusts journalistischer Nachrichten.*

Doch wie steht es um den zweiten, eigentlich brisanten Teil der These? *Schwächt der Medienwandel wirklich die politische Informiertheit und die Diskursfähigkeit der Bevölkerung und verstärkt die Polarisierung der Gesellschaft?*

Diese wenig erfreulichen Annahmen lassen sich auf der Basis kommunikationswissenschaftlicher Theorien, empirischer Befunde und plausibler Überlegungen recht gut bestätigen. Sie scheinen besonders auf eine Gesellschaftsgruppe zuzutreffen, die ich politisierte Bildungsmitte genannt habe. Das sind Menschen mit niedriger, häufiger noch durchschnittlicher formaler Bildung. Sie sind überwiegend mittleren Alters, informieren sich intensiv im Internet und diskutieren dort teilweise auch mit. In den letzten Jahren haben sich viele erheblich politisiert. Die wohl wichtigsten Kristallisationspunkte ihres Ärgers waren die Euro-Rettung, die Griechenland-Hilfe, die Islamismus- und Flüchtlingsdebatte. Viele Mitglieder dieser Gruppe – und nicht nur sie – haben sich von journalistischen Nachrichtenmedien abgewandt. Sie informieren sich neben dem Privatfernsehen überwiegend online in sozialen und alternativen Medien. Aufgrund ihrer Politik- und Elitenverdrossenheit bevorzugen sie online den Austausch unter Gleichgestellten und Gleichgesinnten. Dabei schießen einige in ihren Online-Äußerungen auch übers Ziel hinaus. Das Resultat ist eine deutlich rauer gewordene öffentliche Bürgerkommunikation.

Wie kommt es dazu? Die veränderte Nachrichten-, Informations- und Diskurslandschaft im Internet trägt dazu bei, dass sich viele Bürger besser informiert
fühlen, tatsächlich aber häufig falsch oder desinformiert sind. Und dass viele das
tatsächliche Meinungsklima im Land falsch einschätzen und glauben, mit ihrer
Meinung zur Mehrheit der Bevölkerung zu gehören (False-Consensus-Effekt). Wie
verbreitet desinformierende Inhalte online sind, weiß niemand genau. Dennoch
ist fast überall im Internet mit Desinformation zu rechnen. Wir wissen nicht, wie
viele Bürger in welchem Ausmaß von Pseudo-Informiertheit und extrem verzerrter
Meinungsklimawahrnehmung betroffen sind. Genauso wenig ist bekannt, ob meine
Annahme stimmt, dass die Pseudo-Informiertheit besonders in der politisierten
Bildungsmitte grassiert. Dennoch bestätigen nicht nur viele Online-Beobachtun-
gen, sondern auch theoretische Annahmen und empirische Befunde die Existenz
dieser merkwürdigen Mischung aus politischer Aufwallung, mangelnder Medienkompetenz, einem fast schon übernatürlichen politischen Selbstbewusstsein bei
gleichzeitiger Fehlinformiertheit.

Eine erste Ursache hierfür ist im Bedeutungsverlust des Journalismus zu suchen.
Aller berechtigten Kritik zum Trotz ist und bleibt er die einzige Informationsquelle,
die einen integrierten Nachrichtenüberblick über das aktuelle politische Geschehen
bietet. Nur journalistische Nachrichten gewährleisten ein Mindestmaß an Unabhängigkeit, Wahrheit, Ausgewogenheit, Vielfalt und gesellschaftliche Relevanz. Und
nur sie sind in der Lage, öffentliche Diskussionen unter Bürgern mit unterschiedlichen Meinungen und einer gewissen Diskursqualität zu organisieren. Deshalb
sichert nur die regelmäßige Nutzung journalistischer Medien einen Grundstock
an umfassender, pluralistischer Informiertheit und eine einigermaßen realistische
Meinungsklimawahrnehmung.

Nicht wenige Bürger verlassen sich mittlerweile bei ihrem Nachrichtenkonsum auf
Social Network Sites und Suchmaschinen. Dazu gehören nicht nur junge Menschen,
sondern verstärkt auch Ältere sowie Bürger aus der politisierten Bildungsmitte.
Je mehr sie sich auf Nachrichten-Aggregatoren beschränken, desto größer ist die
Gefahr der Desinformation. Denn dort kursieren nicht nur falsche und halbwahre
Informationen, deren Urheber sich kaum oder gar nicht nachvollziehen lassen.
In den Newsfeeds und Google-Trefferlisten fehlt auch eine Instanz, die all die
granularisierten Informationshappen ordnet, hinterfragt und erklärt. Es macht
die Sache nur unwesentlich besser, wenn Bürger in Social Network Sites Nach-
richtenmedien abonnieren und mittels Suchmaschinen häufig auf journalistische
Beiträge zugreifen. Zwar erfüllen diese Inhalte auch die gängigen journalistischen
Qualitätsanforderungen. Allerdings wählen Nachrichtenmedien die Beiträge, die
sie auf Facebook posten, nicht nach gesellschaftlicher Relevanz aus, sondern nach
der Wahrscheinlichkeit, möglichst viele Nutzerreaktionen zu bekommen. Noch

gravierender: Einzelne Posts oder Nachrichtenartikel in Social Network Sites bieten zwar relevante Fakten oder Meinungen, einen umfassenden und integrierten Nachrichtenüberblick vermitteln sie aber nicht. So kann es durchaus auch bei einzelnen Posts journalistischer Medien zu Desinformation kommen, wenn die dortigen Aussagen ohne den nötigen Kontext präsentiert werden (Dekontextualisierung).

Aggregatoren mit ihren Algorithmen liefern individuell personalisierte Inhalte. Diese Informationen und Meinungsäußerungen passen perfekt zu den Interessen, Einstellungen und Weltbildern ihrer Nutzer – ohne dass diese allzu viel dafür tun müssen oder sich dessen wirklich bewusst sind. Denn Aggregatoren merken sich alle Suchanfragen, Präferenzen, Weiterleitungen und Kommentare eines Nutzers und zeigen später nur Passendes an. Dass die konkreten Funktionsweisen der Algorithmen generell unbekannt sind und viele Plattformanbieter den Datenschutz stiefmütterlich behandeln, ignorieren die meisten Nutzer gern. Was für Nutzer attraktiv ist und Facebook, Google/YouTube und die anderen Angebote populär macht, ist aus gesellschaftlicher Perspektive ein Problem: Denn in den Filterblasen der Aggregatoren bleiben unterschiedliche Geschmacksmilieus und Meinungslager unter sich. In ihren homogenen Kommunikationsnetzwerken gibt es nur wenige Kontakte mit Andersdenkenden. Die Wahrscheinlichkeit ist deshalb gering, dort auf meinungsdissonante Nachrichten oder gegnerische Argumente und Meinungen zu stoßen. Das ist für Nutzer zweifellos komfortabel. Es unterbindet aber die Gelegenheit, aus der Auseinandersetzung mit anderen Perspektiven etwas zu lernen, das eigene Weltbild kritisch zu prüfen und gegebenenfalls an neue Argumente oder Umstände anzupassen.

Menschen in einer Filterblase wie der von Facebook können deshalb kaum zu wahrhaft ‚mündigen Bürgern‘ werden. Theoretisch könnten sie im Facebook-Newsfeed das gesamte Spektrum an Inhalten und Meinungen beziehen. Allerdings weiß die Forschung seit Jahrzehnten, dass die Menschen tendenziell meinungskonforme Medien und Inhalte bevorzugen (Selective Exposure) und dass umfassende politische Informiertheit ein entsprechendes politisches Interesse und Vorwissen voraussetzt (Wissenskluft). Deshalb ist anzunehmen, dass Aggregatoren – SNS wie Suchmaschinen – das geringe politische Interesse vieler Bürger und ihre Neigung zu meinungskonformen Inhalten eher verstärken. Eine Ausnahme bilden Bürger mit höherem politischem Involvement. Doch sie mögen sich noch so ausdauernd und intensiv informieren: Das ändert nichts am überwiegenden Kontakt mit meinungskonformen und damit einseitigen Inhalten in den Aggregatoren. Deshalb erwerben sich Nutzer von Aggregatoren unabhängig von ihrem politischen Interesse einen eingeschränkten und tendenziell verzerrten Nachrichtenüberblick.

Ein solcherart beschränkter und einseitiger Nachrichtenüberblick senkt die Bereitschaft von Bürgern, einstellungsdissonante Nachrichten zur Kenntnis zu nehmen und zu akzeptieren. Ich vermute, dass dies eine Ursache der Vertrauenskrise des Journalismus ist. Allein dessen Bestreben, umfassend und ausgewogen zu berichten, wird von vielen als Provokation wahrgenommen. Eine weitere Folge eines unzulänglichen Nachrichtenüberblicks ist der Bedeutungsgewinn alternativer Medien. Als Förderer oder gar Schaltstellen ihrer jeweiligen Meinungslager berichten sie ausschließlich über die dort populären Themen und kommentieren einseitig. Damit passen sie bestens in das Nachrichtenmenü konsensgewöhnter Filterblasen-Bewohner. Dass alternative Medien zudem häufig – tatsächliche oder vermeintliche – Fehler und Abhängigkeiten ihrer journalistischen ‚Konkurrenz‘ thematisieren, verschärft die Medienverdrossenheit ihrer Nutzer zusätzlich.

Ein beschränkter und einseitiger Nachrichtenüberblick reduziert auch die Medienkompetenz von Bürgern und ihre Fähigkeit, die Vertrauenswürdigkeit und Qualität von Nachrichten zu beurteilen. Doch das stört viele gar nicht mehr, weil sie die relevanten und glaubwürdigen Medienmarken ohnehin kaum mehr kennen oder gerade diesen misstrauen. Stattdessen begegnen sie in Newsfeeds und Suchmaschinen täglich Aussagen von Quellen, die sie nicht kennen. Vermutlich wissen sie oft nicht einmal, ob das journalistische oder alternative Medien sind oder öffentliche Bürgerkommunikation. Viele Nutzer von Aggregatoren kommen wahrscheinlich gar nicht auf die Idee, die Glaubwürdigkeit dieser Informationsquellen zu hinterfragen, solange deren Inhalte ihre Meinung stützen. So wird die Meinungskonsonanz von Inhalten im Strudel der Informationsüberflutung die letzte funktionierende Heuristik. Sie entscheidet maßgeblich darüber, mit welchen Nachrichten, Themen und Positionen sich viele Bürger eingehender befassen und wie sie sie bewerten.

Auch als Quelle für die Wahrnehmung des aktuellen Meinungsklimas in der Bevölkerung – eine zentrale Voraussetzung für die individuelle Meinungsbildung – haben journalistische Medien ihre frühere Dominanz eingebüßt. Alternative Medien und öffentliche Bürgerkommunikation online verändern auch die Art, wie wir die Stimmung um uns herum und im gesamten Land erfassen: Wer früher in den Nachrichten gelesen und gesehen hat, was die Mehrheit der Bürger denkt, musste es schnell einsehen, wenn er Teil einer kleinen Minderheit war. Trotzdem gab es auch früher eine verzerrte Meinungsklimawahrnehmung, weil die Menschen schon immer mehr auf die Meinung ihres sozialen Umfelds gegeben haben als auf ein abstraktes, nationales Meinungsklima, wie sie es aus den Nachrichten kennen. Diese Wahrnehmungsverzerrung und die menschliche Neigung zum Konformismus haben seit jeher die öffentliche Redebereitschaft der Mitglieder vermeintlich lauter Meinungslager gefördert und zu Schweigespiralen geführt.

In den Filterblasen und Echokammern der Aggregatoren gewinnt eine besonders stark verzerrte Quelle der Meinungsklimawahrnehmung an Einfluss: die öffentliche

Bürgerkommunikation unter Gleichgesinnten. Öffentliche Bürgerkommunikation online weist als Wahrnehmungsquelle eine wesentlich größere Reichweite auf als das unmittelbare soziale Umfeld aus Freunden, Verwandten und Kollegen. Sie liefert nicht nur eine größere Anzahl, sondern auch extremere und lebendigere Meinungsaussagen als Nachrichtenmedien. Ich nehme an, dass diese die individuelle Meinungsklimawahrnehmung heute weitaus stärker prägen, als das Meinungsaussagen in den Massenmedien und im direkten sozialen Umfeld tun. Öffentliche Bürgerkommunikation ist online meist noch verzerrter in Richtung der eigenen Meinung – so zumindest die Annahme dieses Buchs. Der daraus resultierende, extreme False-Consensus-Effekt verstärkt bei den Mitgliedern eigentlich kleiner Wutbürger-Gruppen das Gefühl, die Mehrheit zu bilden oder gar für das Volk als Ganzes zu sprechen. Entsprechend redebereiter werden ihre Mitglieder auch außerhalb ihres Meinungslagers. Allerdings ist diese Art öffentlicher Bürgerkommunikation wenig hilfreich, denn: „Im öffentlichen Raum, dazu zählt heute auch das Internet, machen sich die Pöbler breit und gerieren sich als ‚das Volk'.[114] Es kommt so gut wie nie zu einem echten Diskurs. Ein rationaler Austausch der Forderungen und Argumente unterschiedlicher Seiten, in dessen Verlauf wenn schon kein Konsens, so doch eine gewisse Annäherung aneinander oder zumindest ein gewisses Verständnis füreinander entsteht, ist online die Ausnahme. Stattdessen dominieren gegenseitige Beschimpfungen, Verunglimpfungen und Bedrohungen.

Die Gründe für gescheiterte Diskurse sind vielfältig. Doch da der False-Consensus-Effekt tendenziell auf alle Meinungslager wirkt, scheint mir eine Ursache besonders plausibel: Wenn Menschen unterschiedlicher Lager online aneinander geraten, die jeweils glauben, ihre Position dominiere in der Gesellschaft und die Gegenseite sei lediglich eine uninformierte, naive, manipulierte, auf jeden Fall aber chancenlose Minderheit, dann ist ein rationaler Meinungsaustausch nicht zu erwarten. Denn ein solcher ist nur denkbar, wenn man *auf Augenhöhe* miteinander diskutiert und ein Mindestvertrauen in die diskursive Integrität der anderen Seite hat. Die Meinungslager liegen heute nicht nur in ihren Einstellungen auseinander. In den Filterblasen bündeln sich verschiedene Lebenswelten, Wertesysteme, vermutlich auch Schichten. Sie beziehen online völlig unterschiedliche Informationen oder Desinformationen und haben kaum gemeinsame Themen. Bei den wenigen verbliebenen Themen gehen sie auf gänzlich unterschiedliche Aspekte mit entsprechenden Deutungsrahmen (Frames) ein. Das wurde bei der Flüchtlingsdebatte deutlich: Während die eine Seite über humanitäre Verantwortung, wirtschaftliche Notwendigkeiten oder die Sicherung der Renten spricht, thematisiert die andere

---

114 Heribert Prantl: Eine Minderheit darf Deutschland nicht hässlich machen. Süddeutsche Zeitung vom 06.10.2016.

Seite die Kriminalität islamischer Flüchtlinge, den vermeintlichen Versuch einer Ausrottung des deutschen Volks (,Umvolkung') oder noch krudere Verschwörungstheorien. In den Echokammern verstärken sich die jeweiligen Meinungen und werden tendenziell extremer. Das Ergebnis ist eine Radikalisierung von Lagern, die einander zutiefst misstrauen oder sich gar verabscheuen. Eine Diskussion mit Andersdenkenden ist kaum mehr möglich, und die Polarisierung der Gesellschaft verstärkt sich weiter.

So wie sich Meinungslager polarisieren und auseinanderentwickeln, scheinen sich auch Teile des Volkes und die Eliten voneinander abzugrenzen. Polarisierung und Diskursunfähigkeit scheinen nicht nur horizontal, sondern auch vertikal zu wirken. Bürger – hier steht wieder die politisierte Bildungsmitte im Fokus – und Eliten haben sich entfremdet. Sie haben sich nicht mehr viel zu sagen. Kurioserweise ist ausgerechnet Angela Merkel zur zentralen Hassfigur vieler Bürger geworden. Ihre politische Popularität beruhte lange Jahre darauf, Bürgern das Gefühl zu vermitteln, sie – ,Mutti' – mache das schon, und die Bevölkerung möglichst wenig mit konkreten politischen Aussagen zu behelligen. Diese Diskursunwilligkeit in Teilen der politischen Elite hat sich offenkundig nach unten durchgefressen. In ihrer kategorischen Ablehnung der Eliten unterscheiden viele Bürger nicht mehr zwischen Politikern, Wirtschaftsvertretern oder Journalisten. Medien-. Politik- und Elitenverdrossenheit sind eng miteinander verknüpft. Alle ,da oben' sind in dieser Wahrnehmung suspekt, entfremdet, korrupt. Sie stecken alle unter einer Decke und entscheiden gegen die Interessen der Bevölkerung.[115] Nur noch ,das Volk' oder der ,kleine Mann' hat einen unverstellten Blick und sieht die Realitäten, wie sie sind. In diesen Kreisen gelten die journalistischen Medien als Teil des elitären Systems. Sie haben ihren Ruf als unabhängige und unbestechliche Vermittlungsinstanz verloren. Das verstärkt die Abwendung vieler Bürger vom Journalismus weiter und treibt sie vollends in Richtung soziale Medien, wo meinungskonforme alternative Medien und öffentliche Bürgerkommunikation dominieren. Uwe Schmitt beschreibt das als einen weltweit stattfindenden, historischen Prozess der ,Ermächtigung' des gemeinen Volks über die bisherigen Eliten:[116]

---

115 Die Vorstellung, dass in modernen Demokratien nur noch eine kleine, verschworene Elite entscheidet und die Bevölkerung u. a. mittels Massenmedien narkotisiert und von den wahrhaft relevanten Themen und Fragen ablenkt, wird auch von manchen Sozialwissenschaftlern vertreten. Eine gewisse Prominenz hat das Konzept der Post-Demokratie von Crouch (2004) erhalten.

116 Uwe Schmitt: Die neue Lust auf Rache an den arroganten Eliten. Welt.de vom 01.03.2016. http://www.welt.de/politik/ausland/article152732140/Die-neue-Lust-auf-Rache-an-den-arroganten-Eliten.html

„Nun, da die traditionellen Volksparteien immer schwächer werden und die sozialen Medien die Meinungsmonopole unterlaufen, rächen sich die Gekränkten. Und sie ermächtigen sich. Ohne den Sieg des freien Netzes über die Deutungshoheit in Parteizentralen und Rundfunkhäusern gäbe es weder die libertäre Tea Party in Amerika noch Pegida im Osten Deutschlands. Ohne den Zusammenschluss bei Facebook, Twitter, WhatsApp blieben die Gekränkten allein und schwach. Dass sie sich in den sozialen Medien nur auf Debatten mit Gleichgesinnten einlassen, die wie Echokammern verstärken und vervielfältigen, was man sowieso glaubt, empfinden die wenigsten als Mangel. Stammtische sind heute weltumspannend; unter seinesgleichen zu sein, unbehelligt von lästigen Gegenargumenten, ist der Dauerzustand. So finden inhaltliche Auseinandersetzungen gar nicht erst statt. (…) Nun ist nichts an diesem Prozess wirklich neu. Revolutionäre Technologiesprünge in der Kommunikation haben immer die Masse ermächtigt und die Eliten geschwächt, wenn auch mitunter nur vorübergehend. So war es mit der Erfindung der Druckerpresse, die das gemeine Volk auf Gedanken brachte, welche dem Klerus und den Fürsten nicht gefallen konnten. In Europa waren die neu entstehenden Zeitungen ein zentrales Instrument des wirtschaftlich erstarkenden Bürgertums, sich eine eigene Öffentlichkeit zu schaffen, sie waren ein Mittel zur Selbstverständigung, und – frei nach Locke – die Spannfäden in dem Band, das die neue Gesellschaft zusammenbrachte, um sich von der Herrschaft von Adel und Kirche zu befreien."

Die Parallelen zwischen einer solcherart beschriebenen Bürgeremanzipation und der Emanzipation von Patienten durch Online-Informationsquellen, wie ich sie in Kapitel V als Vergleichsfolie verwendet habe, sind unübersehbar. Der aktuelle Populismus und die gesellschaftliche Polarisierung haben zweifellos mehrere Ursachen. Die grassierende Desinformation im Netz und die Pseudo-Informiertheit vieler Bürger gehören auf jeden Fall dazu.

Wie geht es weiter und was können wir tun?

Die Arbeit an diesem Buch wurde im Oktober 2016 abgeschlossen. Das bedeutet bei einem derart dynamischen Feld, dass viele Fakten und Zahlen bereits zum Erscheinungstermin veraltet sind. Täglich entstehen neue Online-Angebote und neue Netz-Phänomene. Wenn Mark Zuckerberg, Lary Page, Sergey Brin und Eric Schmidt es wollen, funktionieren die heute alles dominierenden Aggregatoren Facebook, YouTube und Google morgen anders – und mit ihnen erhebliche Teile unserer Öffentlichkeit. Auch die politische Situation weltweit ist von einer ungekannten Volatilität und Brüchigkeit. Meinungs- und Pressefreiheit als Grundlagen für unabhängigen Journalismus und öffentliche Bürgerkommunikation sind in vielen Ländern in Gefahr oder bereits eingeschränkt. Auf der anderen Seite wächst der Forschungsstand zur Online-Kommunikation in rasendem Tempo. Beinahe wöchentlich kommen neue Befunde und theoretische Ansätze für eine präzisere Erklärung der besprochenen Phänomene dazu. Allerdings wird es selbst für Wissenschaftler zunehmend schwierig, den Überblick zu behalten.

Politik, Gesellschaft und das Netz werden sich in den kommenden Jahren zweifellos verändern – bekanntlich ist nichts ist so beständig wie der Wandel. Dennoch bin ich der Überzeugung, dass uns die grundlegenden Phänomene, um die es in diesem Buch ging, noch länger begleiten und vermutlich sogar an Brisanz gewinnen werden:

- *Desinformation* oder die Desinformiertheit von Bürgern als Folge von Falschinformationen, der granularisierten Verbreitung und Aufnahme isolierter Informationshäppchen, eines Mangels an Medienkompetenz und integrierten Nachrichtenüberblicks, kognitiver Überforderung und einer verzerrten Realitätswahrnehmung;
- *Pseudo-Informiertheit* oder *Wissensillusion* als unheilvolle Kombination aus zumindest teilweiser Desinformiertheit und einem übertriebenen Selbstbewusstsein (Selbstwirksamkeitserwartung) hinsichtlich des eigenen politischen Wissens;
- eine deutlich *verzerrte Meinungsklimawahrnehmung* in der öffentlichen Bürgerkommunikation online in Richtung der eigenen Einstellung (*False-Consensus-Effekt*),
- die *Verstärkung individueller Einstellungen* in Filterblasen und Echokammern sowie
- eine überdurchschnittliche *Redebereitschaft* politisierter und pseudo-informierter Menschen (Wutbürger) in der öffentlichen Bürgerkommunikation online;
- die *Polarisierung* der Gesellschaft – als horizontale Polarisierung von Meinungslagern, aber auch als vertikale Polarisierung zwischen medien-, politik- und elitenverdrossenen Bürgern und Eliten.

Was können wir gegen diese beunruhigenden Entwicklungen tun?

Zunächst ist die *Bildungspolitik* gefordert. Der wachsenden Gefahr, dass Bürger unter Online-Bedingungen unzureichend oder falsch informiert sind, ist zunächst und zu allererst an den Schulen zu begegnen. Nur dort kann man *alle* jungen Bürger, also auch diejenigen, die sich nicht für Nachrichten und Politik interessieren, erreichen. Ihre Aufklärung über aktuelle politische Themen und die Grundlagen, Vorzüge und Funktionsweisen unseres demokratischen Rechtsstaats tut Not. Politische bzw. staatsbürgerliche Bildung an den Schulen war schon immer von eminenter Bedeutung, doch jetzt gewinnt sie zusätzlich an Gewicht. Denn die Jahrzehnte alten Mechanismen, die die Mehrheit der Bürger dazu gebracht haben, sich regelmäßig in integrierten Nachrichtenangeboten zu informieren, schwächen sich ab. Schüler müssen deshalb nicht nur demokratietheoretisch aufgeklärt werden, sondern auch den Umgang mit Nachrichten einüben. Sie müssen lernen, dass es nicht nur zum Leben dazu gehört, sondern auch über den gesellschaftlichen und beruflichen Erfolg entscheidet, möglichst breit informiert zu sein.

Zur Medienkompetenz gehört es auch zu verstehen, warum Aggregatoren wie Suchmaschinen und Social Network Sites als alleinige Informationsquellen unzureichend sind. Auch wenn ihre Nutzung ein Gefühl von Informiertheit vermittelt, ist das doch oft nur Pseudo-Informiertheit. Schulen müssen junge Menschen ermuntern, über den Tellerrand der eigenen Interessen zu schauen und sich möglichst regelmäßig über nicht-personalisierte Angebote in Fernsehen, Radio, Print und Internet zu informieren. Sie müssen den Schülern die unsichtbaren und wenig bekannten Funktionsweisen personalisierter Aggregatoren und die Gefahren von Filterblasen und Echokammern erklärlich machen. Sie müssen vermitteln, dass der Journalismus – aller berechtigten Kritik zum Trotz – die einzige Instanz in unserer Gesellschaft ist, deren Existenz darauf aufbaut, wahre und ausgewogene Nachrichten mit einer gewissen Qualität zu verbreiten. Und sie müssen Schülern die individuellen und gesellschaftlichen Folgen einer extrem verzerrten Meinungsklimawahrnehmung in Aggregatoren nachvollziehbar machen.

Wenn man das didaktisch richtig aufbereitet und beispielsweise anhand von dramatischen und lebensnahen Beispielen veranschaulicht, kann das für Jugendliche aller Schulformen spannend sein. Vermutlich können und wollen viele reguläre Lehrkräfte solche Inhalte nicht selbst lehren. Deshalb sollte es externe ‚Medien- und Info-Trainer‘ geben. Das könnten beispielsweise Studierende in Medien-Studiengängen sein. Sie kennen einerseits als junge Menschen Aggregatoren und soziale Medien aus eigener Erfahrung und weisen andererseits ein Grundverständnis für die Bedeutung integrierter Nachrichten auf. Man könnte sie nach einem entsprechenden Lehrgang mit geeigneten Materialien ausstatten und als Workshop-Leiter an Schulen schicken. Natürlich wäre ein solches medienpädagogisches Programm mit erheblichen Kosten verbunden, das weit über die bloße Anschaffung von Computern an Schulen hinausginge. Hält man sich aber die gesellschaftlichen und wirtschaftlichen Risiken vor Augen, die mit einer zunehmend desinformierten Bevölkerung verbunden sind, müsste seine Notwendigkeit außer Frage stehen – ein Blick in die USA sollte genügen. Nicht zuletzt würde ein solches ‚Medien- und Info-Training‘ sinnvollerweise weitere Medienkompetenzen vermitteln, z. B. Recherche, Wissensmanagement oder Umgang mit privaten Daten im Netz. Solche Kompetenzen gewinnen nicht nur in unserer Informations- und Dienstleistungsgesellschaft immer mehr an Bedeutung; sie würden den Nutzwert des Trainings für die Schüler weiter erhöhen.

Innerhalb und außerha................................gegen die Polarisierung durch Filterblasen ....des Netzwerk-Effekts nutzen (Kapitel III). Je..........................enden Menschen in Kontakt kommen, desto ....sind sie informiert und desto realistischer schätzen sie das allgemeine Meinungsklima ein. Dieser Gedanke ist nicht neu und liegt althergebrachten Instrumenten wie Städtepartnerschaften, Begegnungsstätten oder internationalen Austauschprogrammen für Studierende und andere Gruppen zugrunde. Nach meiner Kenntnis hat es kaum Versuche gegeben, solche Ansätze auf die Online-Welt zu übertragen. Lange hat man geglaubt, dass das Internet ohnehin die Welt verbindet. Heute wissen wir, dass Online-Netzwerke ebenfalls zur Homophilie neigen und nähere Begegnungen mit gänzlich anderen Menschen auch dort eher die Ausnahme sind. Es gibt also durchaus Handlungsbedarf.

Zweitens ist die *Medienpolitik* gefordert. Die deutsche Medien- und Kommunikationspolitik muss endlich aufhören, IT-Unternehmen, die unsere Öffentlichkeit maßgeblich mitprägen und deshalb auch gefährden können, mit Samthandschuhen anzufassen.[117] Während Rundfunk, Presse und Telekommunikationsdienste in Deutschland vergleichsweise klar reguliert sind, unterliegen die so genannten Telemedien nur minimalen Vorgaben. Ohnehin sind sowohl der Gesetzgeber, als auch Gerichte und Strafverfolgungsbehörden von der dynamischen Entwicklung der Online-Kommunikation überfordert; es fehlen Kompetenzen und Ressourcen. Auch deshalb können Facebook, Google/Alphabet und Co. derzeit weitgehend schalten und walten, wie sie wollen. Die Folgen sind unübersehbar: Auf den großen Plattformen findet man nicht nur eine unfassbare Menge an Hasskommentaren, Aufrufen zu Straftaten, Bedrohungen und Beleidigungen. Auch falsche Tatsachenbehauptungen, Urheberrechtsverletzungen und Vergehen gegen das Recht am eigenen Bild sind allgegenwärtig. Rechtsverstöße, die in jeder Lokalzeitung umgehend geahndet würden, bleiben unbeachtet und belasten ihre Opfer oft schwer.

Facebook ist häufig nicht einmal in der Lage oder willens, Rechtsverstöße angemessen zu behandeln, die von anderen Nutzern gemeldet worden sind. Während das System künstlerische oder nach europäischem Maßstab harmlose Abbildungen nackter Menschen meist umgehend entfernt, werden Beschimpfungen oder Morddrohungen ignoriert. Der Rechtsanwalt Chan-jo Jun hat auf Facebook folgende Hasskommentare gegen Flüchtlinge entdeckt und gemeldet:[118]

---

117 Damit sind die zaghaften und erfolglosen Versuche von Justizminister Heiko Mass, Facebook zu Maßnahmen gegen ‚Hassparolen' zu bewegen, noch freundlich umschrieben; vgl. hierzu etwa zeit.de vom 15.12.2014; http://www.zeit.de/digital/internet/2015-12/facebook-heiko-maas-hetze-hasskommentare (11.10.2016).

118 Jan Fleischhauer: Die Hass-Maschine. Rechtslage auf Facebook. Der Spiegel, Nr. 40/2016.

- „Grenzen dicht und Ratatatatatatata bis das Maschinchen glüht ... hust."
- „Kann nur sagen Bewaffnet euch und knallt die muslimische Schafsficker ab!"
- „Nimmt endlich den Ofen in Dachau in Betrieb. Diese Assi dienen dann wenigst noch für etwas."
- „Stellt die Juden mit dem Gesicht zur Mauer, ladet eure Gewehre nach und verteilt die scheiße and der Wand. #SiegHeil."

Alle Anzeigen wurden von Facebook standardmäßig so beantwortet:

> „Danke, dass du dir die Zeit nimmst etwas zu melden, was eventuell gegen unsere Gemeinschaftsstandards verstößt. Meldungen wie deine sind ein wichtiger Beitrag zur Sicherheit auf Facebook und tragen zu einer einladenden Umgebung bei. Wir haben den von dir wegen Hassbotschaften oder -symbolen gemeldeten Beitrag geprüft und festgestellt, dass er nicht gegen unsere Gemeinschaftsstandards verstößt."

Für dieses aus deutscher Sicht merkwürdige Verhalten gibt es zwei Gründe: Erstens existiert in den USA, wo Google und Facebook herkommen und ihren Hauptsitz haben, eine liberalere Praxis von Meinungsfreiheit. Dort darf nahezu alles öffentlich gesagt werden. Man vertraut darauf, dass sich Diskussionen durch das Prinzip von Rede und Gegenrede (counter-speech) selbst regulieren. Das ist in Deutschland traditionell anders. Nach den unheilvollen Erfahrungen mit der Propaganda des Dritten Reichs ist die Meinungsfreiheit hier durchaus begrenzt.[119] Zwar unterhalten die großen IT-Unternehmen in Deutschland Niederlassungen; sie beschränken sich jedoch meist auf die regionale Vermarktung. Eine Anpassung der Plattformen an die soziokulturellen Besonderheiten und Bedürfnisse lokaler Märkte findet nicht statt. Stattdessen versucht Facebook, das Prinzip von Rede und Gegenrede auch in Deutschland populär zu machen:

> „Facebook selbst ermuntert seine Nutzer zur ‚Counter-Speech', zu Deutsch: ‚Gegenrede', was bedeutet, dass der Traffic weiter steigt. Es ist der perfekte Zirkel: Auf den Hasskommentar folgt ein Gegenkommentar, was wiederum neue Hasskommentare hervorruft. Gerade ist die ‚Counter Speech Tour 2016' mit mehreren Flüchtlingsinitiativen zu Ende gegangen, die von Facebook unterstützt wurde."[120]

---

119 Beispielsweise ist das Leugnen des Holocaust oder die Abbildung nationalsozialistischer Symbole nicht bzw. nur bei eindeutig künstlerischer oder aufklärerischer Intention erlaubt. Dass diese Grenzen gerade von rassistischen Brandstiftern wie Thilo Sarrazin (2014) angegriffen werden, ist bezeichnend.

120 Jan Fleischhauer: Die Hass-Maschine. Rechtslage auf Facebook. Der Spiegel, Nr. 40/2016.

Zweitens scheinen sich die Unternehmen bislang ihrer gesellschaftlichen Verantwortung nur wenig bewusst zu sein. Entsprechend unsensibel und intransparent reagieren sie auf diese Probleme. Wenn Facebook problematische Nutzer oder Angebote entfernt, geschieht das in der Regel ohne Ankündigung oder Begründung.[121] Bis heute weiß niemand, warum die Facebook-Seite von Pegida im Sommer 2016 plötzlich verschwunden ist – und warum die neu gegründete Seite @pegidaevofficial mit mittlerweile 34.000 Fans (Stand: 11.10.2016) wieder weitermachen darf wie bisher. Bei Google wiederum fällt besonders ein für europäische Verhältnisse laxer Umgang mit dem Urheberrecht auf. Der Informatiker und Experte für Cyber-Sicherheit Sandro Gaycken[122] bemerkt zu Recht, dass Google und Facebook eine derartige Verbreitung haben, dass sie Teile der Bevölkerung manipulieren können, ohne dass diese es bemerken. Teilweise sei das in den USA schon geschehen, schreibt Gaycken:

> „Hillary Clinton hat im April 2015 Stephanie Hannon von Google als Chief Technical Officer engagiert. Kurz darauf eröffnete Eric Schmidt, CEO von Google, eine Firma mit dem Namen ,The Groundwork' und dem erklärten Ziel, Clinton zur Präsidentin zu machen. Was genau dort passiert, weiß kaum jemand. Aber wenn Google die Macht seiner Algorithmen einsetzt, könnten viele Millionen nicht fest entschlossene Wähler völlig unbewusst zu Clinton-Anhängern manipuliert werden."

Es ist also nicht davon auszugehen, dass die großen Aggregatoren ihren Umgang mit Hasskommentaren, Lügen-Posts usw. ohne politischen oder gesetzgeberischen Druck in absehbarer Zeit ändern. Deshalb erscheint neben gesetzgeberischem Druck eine Aufstockung der polizeilichen Aufklärungskräfte und Staatsanwaltschaften unumgänglich. Nur so lassen sich die vielen Hasskommentare und Lügen-Posts auf ein erträgliches Maß reduzieren. Das ist nicht nur aus Gründen des Opferschutzes unerlässlich. Es ist auch deshalb nötig, um interessierten Bürgern mit nicht-extremen Meinungen die Furcht vor einer Beteiligung an öffentlicher Bürgerkommunikation online zu nehmen. Damit ließe sich vielleicht auch die Qualität von Online-Diskussionen erhöhen und das anscheinend stark verzerrte Meinungsklima in den sozialen Medien an die tatsächliche öffentliche Meinung annähern. Das wiederum würde

121 Johannes Boie: Wie Facebook Menschen zum Schweigen bringt. Sueddeutsche.de vom 22.08.2016; http://www.sueddeutsche.de/digital/zensur-in-sozialen-medien-wie-facebook-menschen-zum-schweigen-bringt-1.3130204 (11.10.2016).

122 Sandro Gaycken: Die neue Macht der Manipulation. Gastbeitrag in der SZ vom 21.09.2016; http://www.sueddeutsche.de/politik/aussenansicht-die-neue-macht-der-manipulation-1.3170439 (11.10.2016).

mithelfen, die allzu verzerrte Meinungsklimawahrnehmung mancher Menschen (False-Consensus-Effekt) abzuschwächen.

Was sich generell nicht ändern lässt, ist der Umgang der Aggregatoren mit Filterblasen und Echokammern sowie deren Folgen für die Informiertheit und Meinungsbildung der Bevölkerung. Es wäre ein völlig unzulässiger Eingriff in die Meinungs- und Pressefreiheit der Unternehmen, sie davon abhalten zu wollen, ihren Nutzern personalisierte Inhalte anzubieten. Und es wäre ein eklatanter Verstoß gegen die Informationsfreiheit der Bürger, sie gegen ihren Willen zu zwingen, wahre, ausgewogene, relevante, vielfältige Nachrichten oder sonstige politischen Inhalte zu rezipieren – auch wenn man sich das aus demokratietheoretischer Perspektive wünschen würde. Wollte man von staatlicher Seite die politische Informiertheit der Bevölkerung, ihren integrierten Nachrichtenüberblick und die Diskursfähigkeit verbessern, kämen eigentlich nur zwei Strategien in Frage:

- Informationskampagnen, die die Bürger über die individuellen und gesellschaftlichen Risiken von Aggregatoren und granularisierter Nachrichtennutzung aufklären und
- der Aufbau öffentlich-rechtlicher Suchmaschinen und Social Network Sites mit einer intensiven Wahrheits-, Vielfalts- und Qualitätssicherung sowie Algorithmen mit reduzierter Personalisierung und einem höheren Anteil gesellschaftsrelevanter Inhalte.

Beides erscheint wenig erfolgversprechend. Eine staatliche Informationskampagne würde gerade bei ihren Hauptzielgruppen, der politisierten Bildungsmitte und Wutbürgern, erhebliches Misstrauen auslösen und wäre allein dadurch zur Wirkungslosigkeit verurteilt. Auch öffentlich-rechtliche Aggregatoren hätten aufgrund ihrer Staatsnähe ein gravierendes Vertrauensproblem in Teilen der Bevölkerung. Sie müssten eine völlig neue Medienmarke aufbauen, denn die bisherigen öffentlich-rechtlichen Marken (ARD-Anstalten, ZDF, usw.) sind mit ihrem altbackenen Image ungeeignet. Ohnehin wäre es unrealistisch, den gewaltigen Entwicklungsvorsprung der finanzkräftigen Konzerne Google/Alphabet, Facebook und Apple einholen und konkurrenzfähige Angebote schaffen zu wollen. Schließlich wären öffentlich-rechtliche Aggregatoren mit erhöhtem Politikanteil und reduzierter Personalisierung für die meisten Nutzer ohnehin weniger attraktiv als die derzeitigen Angebote.

Es bleiben noch die bestehenden *journalistischen Medien*. Sie sind die einzigen unabhängigen Institutionen, die Bürgern einen integrierten, pluralistischen und ausgewogenen Überblick von Nachrichten und Hintergrundinformationen mit gesicherten Fakten und bestmöglicher Qualitätssicherung bieten. Nur dadurch unterscheiden sie sich erkennbar von den zahllosen anderen Informationsquellen im Internet. In der Bekanntheit und Unverwechselbarkeit etablierter und glaubwürdiger Medienmarken liegt ein Schlüssel zur Sicherung bzw. Verbesserung der Informiertheit und Diskursfähigkeit der Bevölkerung. Denn nur wenn die Bürger wissen, welche Vorteile der Journalismus bietet, und nur wenn sie dessen Inhalte auch im Dickicht der Aggregatoren finden und erkennen, können Nachrichtenmedien ihre demokratietheoretischen Funktionen erfüllen. Dabei ist darauf zu achten, dass journalistische Inhalte nicht nur über personalisierte Aggregatoren verbreitet und in der Filterblase genutzt werden, sondern auch auf Nachrichten-Portalen, in ePapers und Apps. Allein der Kontakt möglichst vieler Bürger mit nicht-personalisierten, integrierten und geordneten Nachrichtenangeboten kann einseitige Pseudo-Informiertheit und Polarisierung vermeiden helfen.

Natürlich ist der ökonomische Druck auf Medienunternehmen hoch, ihre Einnahmen durch Clickbaiting, Boulevardisierung und andere Reichweitenstrategien zu steigern und die Kosten durch Einsparungen in den Redaktionen, eine verstärkte Zusammenarbeit mit PR-treibenden Unternehmen und Organisationen sowie den Verzicht auf journalistischen Qualität zu senken. Der Druck wird weiter steigen. Es scheint mir jedoch kurzsichtig, diesem Druck nachzugeben, wie das nicht wenige Medien tun. Denn dadurch nähern sich Nachrichtenmedien nicht-journalistischen und teilweise fragwürdigen Angeboten an und verlieren ihre Unverwechselbarkeit. Sie riskieren ihre häufig noch intakten Images als etablierte Medienmarken und gefährden damit ihre langfristigen Perspektiven. Denn glaubwürdige Medienmarken sind Erkennungszeichen und Vertrauensanker zugleich und gerade in der Informationsflut des Internets von unschätzbarem Wert (Kantar Media 2016). Deshalb sind journalistische Nachrichtenmedien gefordert, ihre zentralen Leistungen und Qualitäten nicht nur zu erhalten, sondern auszubauen. Hierzu gehört auch eine weiterhin verbesserte Journalistenausbildung: Es darf beispielsweise nicht sein, dass ein Qualitätsmedium wie die Zeit in einem Interview mit der AfD-Vorsitzenden Frauke Petry diesen haarsträubend falschen Satz ungeprüft und unwidersprochen verbreitet: „Wissenschaftliche Studien hätten laut Petry ergeben, dass mindestens die Hälfte der Muslime in Deutschland die religiösen Gesetze über die staatlichen stelle."[123]

Qualitätsjournalismus ist nicht nur aus demokratietheoretischer Sicht wünschenswert, sondern kann sich auf lange Sicht auch ökonomisch auszahlen. Zumindest die großen Verlage sollten dazu in der Lage sein. Nicht nur der Spiegel, die Zeit, die Süddeutsche Zeitung, die FAZ und einige andere sind für unsere

---

123 Zeit.de vom 21.09.2016; http://www.zeit.de/politik/deutschland/2016-09/frauke-petry-afd-populismus-kirche-religion.

Demokratie systemrelevant, sondern auch eine flächendeckende Versorgung mit regionalen Nachrichten. Sollte sich deshalb die ökonomische Situation vieler Nachrichtenmedien weiter verschlechtern, ist auch der Staat gefragt, etwa durch finanzielle Förderung oder die Gewährung höherer Steuervorteile. Je attraktiver und erfolgreicher journalistische Medien sind – das schließt ausdrücklich auch den öffentlich-rechtlichen Rundfunk und seine Online-Angebote ein –, desto besser ist das für die Informiertheit der Bevölkerung und die öffentliche Meinungsbildung. Und desto sicherer ist es für unsere rechtstaatliche Demokratie.

Und die Bürger selbst? Welche Verantwortung tragen sie? Ich halte nichts davon, ex cathedra an Menschen zu appellieren, sich gesellschaftsdienlich zu verhalten. Warum sollten sie freiwillig integrierte Nachrichtenangebote nutzen, personalisierte Aggregatoren und problematische Medieninhalte meiden, wenn sie keinen persönlichen Vorteil darin erkennen können? Eine Hoffnung gibt es allerdings: Vielleicht wird es manchen Bürgern irgendwann schlicht zu dumm, immer wieder auf alarmistische Lügen und Halbwahrheiten hereinzufallen, die sich später als falsch herausstellen. Und vielleicht lernen sie daraus, dass man das, was man im Facebook-Newsfeed sieht oder auf unbekannten Blogs oder Websites findet, nicht immer gleich glauben oder gar weiterverbreiten soll – auch wenn es die eigene Weltsicht bestätigt. Diese Hoffnung halte ich zumindest für diejenigen für realistisch, die einen Rest an Vertrauen in den Journalismus haben und noch nicht komplett in alternative Filterblasen abgetaucht sind. Der Pegida-Gründer Lutz Bachmann gehört sicherlich nicht dazu, wie es diese Episode nahelegt:

> „Dresden – Dumm gelaufen für PEGIDA-Führer Lutz Bachmann (43). In seiner Rede am Montagabend hetzte er wiedermal großspurig gegen die deutsche Presselandschaft, zitierte dabei ausführlich einen Artikel, der das Volk verrate. Sogar klagen wolle er gegen die Autoren. Nur wusste Bachmann offenbar nicht, was er da wirklich vor 3000 Demonstranten vorliest… Bachmann bezog sich in seiner ersten Ansprache nach längerer Abwesenheit ausführlich auf einen Bericht der ‚taz‘, in dem von der Abschaffung Deutschlands die Rede sei. Entrüstet über die Volksverhetzung in der deutschen Presselandschaft zitierte er ausführlich Sätze wie: ‚…warum 1945 in Dresden ein so vielversprechend begonnenes Projekt der Entnazifizierung nicht ausgeweitet wurde…‘. Bachmann setzt noch einen drauf und sagt unter tösendem Beifall: ‚Ich werde diese Zeitung verklagen.‘ Schließlich sei er auch zahlreich wegen Volksverhetzung angezeigt worden. Dumm nur: Bachmann hat sich wohl nur mittelmäßig informiert, was er da gerade vorliest. Er hatte sich nämlich auf eine Satireseite verlaufen, ist auf einen Witzartikel reingefallen. Das Stück ‚Weg mit dem Kretin! Ein Manifest zur endgültigen Abschaffung Deutschlands‘ ist auf einer Unterseite von taz.de erschienen, die sich „Die Wahrheit" nennt und eine ausgewiesene Satire-Seite (wie etwa ‚Der Postillon‘) ist. Bitter für Bachmann: Auch nach seiner Rede, in der er ursprünglich auch noch die falsche Zeitung, nämlich Tagesspiegel statt taz nennt (sich später aber korrigiert), postet er den ‚Hetzartikel‘ auf Facebook. Doch einige

seiner Leser sind schlauer: ‚… man sollte schon mal gucken, worüber man sich aufregt. Bildung hilft…' schreibt ein Facebook-User. Zahlreiche Zuhörer auf dem Neumarkt hatten aber nicht die Chance, die Wahrheit über den von Bachmann vorgelesenen Unsinn zu erfahren. Schade."[124]

---

124 Bachmann fällt auf Satire-Seite rein. Dresdner Morgenpost/tag24.de vom 01.03.2016; https://www.tag24.de/nachrichten/pegida-bachmann-satire-seite-reingefallen-52877

Literatur

Altmeppen, K.-D. (1999). *Redaktionen als Koordinationszentren. Beobachtungen journalistischen Handelns.* Opladen: Westdeutscher Verlag.

Arlt, H.-J. & Storz, W. (2011). Drucksache 'Bild' – Eine Marke und ihre Mägde – Die 'Bild'-Darstellung der Griechenland- und Eurokrise 2010. Otto-Brenner-Stiftung. Online: https://www.otto-brenner-shop.de/uploads/tx_mplightshop/2011_04_06_Bildstudie_Otto_Brenner_Stiftung.pdf (13.10.2016).

Arnold, K. (2008). Qualität im Journalismus – ein integratives Konzept. *Publizistik, 53:* 488-508.

Asch, S.E. (1951). Effects of Group Pressure upon the Modification and Distortion of Judgments. In Guetzkow, H. (Hrsg.), *Groups, Leadership and Men* (S. 177-190). Pittsburgh: Carnegie Press.

Atir, S., Rosenzweig, E. & Dunning, D. (2015). When Knowledge Knows No Bounds: Self-Perceived Expertise Predicts Claims of Impossible Knowledge. *Psychological Science.* DOI:10.1177/0956797615588195.

Bächtiger, A. & Hangartner, D. (2010). When Deliberative Theory Meets Empirical Political Science. Theoretical and Methodological Challenges in Political Deliberation. *Political Studies, 58* (4): 609-629.

Bak, P.M. & Keßler, T. (2012). Mir gefällt's, wenn's euch gefällt! Konformitätseffekte bei Facebook. *Journal of Business and Media Psychology, 3* (2): 23-30.

Bakshy, E., Eckles, D., Yan, R. & Rosenn, I. (2012). Social influence in social advertising: evidence from field experiments. *Proceedings of the 13th ACM Conference on Electronic Commerce*: 146-161.

Bakshy, E., Messing, S. & Adamic, L.A. (2015). Exposure to ideologically diverse news and opinion on Facebook. *Science, 348* (6239): 1130-1132.

Bandura, A. (1976). *Lernen am Modell. Ansätze zu einer sozial-kognitiven Lerntheorie.* Stuttgart: Klett.

Bandura, A. (1977). Self-Efficacy: Toward a Unifying Theory of Behavioral Change. *Psychological Review, 84* (2): 191-215.

Barnhurst, K.G. & Owens, J. (2008). Journalism. In Donsbach, W. (Hrsg.), *The International Encyclopedia of Communication* (S. 2557-2569). Malden: Wiley-Blackwell.

Bayerischer Rundfunk (2016). Informationen fürs Leben – BR-Studie zum Vertrauen in den Medien 2016. Online: http://www.br.de/nachrichten/inhalt/br-medien-studie-100.html (27.09.2016).

Beck, U. (1999). *Schöne neue Arbeitswelt. Vision: Weltbürgerschaft.* Frankfurt am Main, New York: Campus.

Beiler, M. (2010). *Nachrichtensuche im Internet. Inhaltsanalyse zur journalistischen Qualität von Nachrichtensuchmaschinen.* Konstanz: UVK.

Bell, E. (2015). The Rise of Mobile and Social News – and What It Means for Journalism. In Newman, N., Levy, D. A. L. & Nielsen, R. K. (Hrsg.), *Reuters Institute Digital News Report 2015: Tracking the Future of News* (S. 88-91). Online: https://reutersinstitute.politics.ox.ac.uk/sites/default/files/Reuters%20Institute%20Digital%20News%20Report%20 2015_Full%20Report.pdf (13.10.2016).

Bernhard, U., Dohle, M. & Vowe, G. (2015). Wer nutzt wie das „Web 2.0" für Politik? Der Stellenwert von Social Media in politischen Kontexten. In Imhof, K., Blum, R., Bonfadelli, H., Jarren, O. & Wyss, V. (Hrsg.), *Demokratisierung durch Social Media? Mediensymposium 2012* (S. 41-54). Wiesbaden: Springer VS.

Bessi, A., Scala, A., Rossi, L., Zhang, Q. & Quattrociocchi, W. (2014). The economy of attention in the age of (mis)information. *Journal of Trust Management*, 1(1). DOI:10.1186/ s40493-014-0012-y.

Bitkom (2013). Empfehlungen sind die effektivste Werbung in Netzwerken. Online: https:// www.bitkom.org/Presse/Presseinformation/Empfehlungen-sind-die-effektivste-Werbung-in-Netzwerken.html (15.09.2016).

Boulianne, S. (2009). Does Internet Use Affect Engagement? A Meta-Analysis of Research. *Political Communication*, 26 (2): 193-211.

boyd, d.m. & Ellison, N. (2007). Social Network Sites. Definition, History, and Scholarship. *Journal of Computer Mediated Communication*, 13 (1): 210-230.

Brauckmann, P. (Hrsg.) (2010). *Web-Monitoring. Gewinnung und Analyse von Daten über das Kommunikationsverhalten im Internet.* Konstanz: UVK.

Brettschneider, F. (1997). The Press and the Polls in Germany. 1980-1994 Poll Coverage as an essential Part of Election Campaign Reporting. *International Journal of Public Opinion Research*, 9 (3): 248-265.

Brettschneider, F. (2002). Responsivität. In Greiffenhagen, M. & Greiffenhagen, S. (Hrsg.), *Handwörterbuch zur politischen Kultur der Bundesrepublik Deutschland* (S. 541-547). Opladen: Westdeutscher Verlag.

Brettschneider, F. & Vetter, A. (1998). Mediennutzung, politisches Selbstbewußtsein und politische Entfremdung. *Rundfunk und Fernsehen*, 46 (4): 463-479.

Brichta, M. (2010). Zwischen Popularität und Abwertung: Zur Bedeutung der 'Bild-Zeitung' im Alltag ihres Publikums. In Röser, J., Peil, C. & Thomas, T. (Hrsg.), *Alltag in den Medien – Medien im Alltag* (S. 202-219). Wiesbaden: VS.

Brosius, H.-B. (1995). *Alltagsrationalität in der Nachrichtenrezeption. Ein Modell zur Wahrnehmung und Verarbeitung von Nachrichteninhalten.* Opladen: Westdeutscher Verlag.

Brosius, H.-B. & Haas, A. (2011). Interpersonal-öffentliche Kommunikation in Diskussionsforen – Strukturelle Äquivalenz mit der Alltagskommunikation? In Wolling, J., Will, A. & Schumann, C. (Hrsg.), *Medieninnovationen. Wie Medienentwicklungen die Kommunikation in der Gesellschaft verändern* (S. 103-119). Konstanz: UVK.

Bruns, A. (2005). *Gatewatching.* New York: Peter Lang.

Bruns, A. (2009). Vom Gatekeeping zum Gatewatching. Modelle der journalistischen Vermittlung im Internet. In Neuberger, C., Nuernbergk, C. & Rischke, M. (Hrsg.), *Journalismus im Internet. Profession – Partizipation – Technisierung* (S. 107-128). Wiesbaden: VS.

Bulkow, K., Urban, J. & Schweiger, W. (2012). The Duality of Agenda Setting: The Role of Information Processing. *International Journal of Public Opinion Research, 25* (1): 43-63.

Cacioppo, J.T. & Petty, R.E. (1982). The need for cognition. *Journal of Personality and Social Psychology, 42* (1): 116-131.

Campus, D. (2012). Political discussion, opinion leadership and trust. *European Journal of Communication, 27* (1): 46–55.

Coe, K., Tewksbury, D., Bond, B.J., Drogos, K.L., Porter, R.W., Yahn, A. & Zhang, Y. (2008). Hostile News: Partisan Use and Perceptions of Cable News Programming. *Journal of Communication, 58* (2): 201-219.

Conover, M.D., Ratkiewicz, J., Francisco, M., Goncalves, B., Menczer, F. & Flammini, A. (2011). Political Polarization on Twitter. In Proceedings of the Fifth International Conference on Weblogs and Social Media. Online: http://www.aaai.org/ocs/index.php/ICWSM/ICWSM11/paper/view/2847/3275 (21.03.2014).

Crouch, C. (2004). *Post-Democracy*. Oxford: Wiley.

D'Angelo, P. & Lombard, M. (2008). The Power of the Press: The Effects of Press Frames in Political Campaign News on Media Perceptions. *Atlantic Journal of Communication, 16* (1): 1-32.

Daft, R.L. & Lengel, R.H. (1984). Information richness: A new approach to managerial behavior and organization design. In Staw, B. M. & Cummings, L. L. (Hrsg.), *Research in organizational behavior, Vol. 6* (S. 191-233). Greenwich, CT: JAI.

Daschmann, G. (2001). *Der Einfluß von Fallbeispielen auf Leserurteile. Experimentelle Untersuchungen zur Medienwirkung.* Konstanz: UVK Medien.

Davison, W.P. (1983). The Third-Person-Effect in Communication. *Public Opinion Quarterly, 47*: 1-15.

Del Vicario, M., Bessi, A., Zollo, F., Petroni, F., Scala, A., Caldarelli, G., Stanley, E. & Quattrociocchi, W. (2015). The spreading of misinformation online. *PNAS,* 113(3). Online: www.pnas.org/cgi/doi/10.1073/pnas.1517441113.

Derksen, J.R. (2014). *Storys mit Studien: Die Produktion von Aufmerksamkeit mit Rankings, Umfragen und Statistiken in Journalismus und PR.* Baden-Baden: Springer VS.

Dervin, B., Nilan, M.S. & Jacobson, T.L. (1982). Improving Predictions of Information Use: A Comparison of Predictor Types in a Health Communication Setting. In Burgoon, M. (Hrsg.), *Communication Yearbook 5* (S. 807-830). Beverly Hills: Sage.

DeVito, M.A. (2016). From Editors to Algorithms. A values-based approach to understanding story selection in the Facebook news feed. *Digital Journalism.* DOI:10.1080/21670811.2016.1178592.

Die Medienanstalten (2016a). Gewichtungsstudie zur Relevanz der Medien für die Meinungsbildung in Deutschland. MedienGewichtungsStudie 2015 II. Online: http://www.die-medienanstalten.de/fileadmin/Download/Publikationen/Medienkonvergenzmonitor/Gewichtungsstudie_02-2015_final.pdf (18.05.2016).

Die Medienanstalten (2016b). MedienVielfaltsMonitor. Ergebnisse 2. Halbjahr 2015. Anteile der Medienangebote und Medienkonzerne am Meinungsmarkt der Medien in Deutschland. Online: https://www.blm.de/files/pdf1/medienvielfaltsmonitor_2.halbjahr_2015_11.05.16.pdf (18.05.2016).

Domingo, D., Quandt, T., Heinonen, A., Paulussen, S., Singer, J. & Vujnovic, M. (2008). Participatory Journalism Practices in the Media and Beyond. *Journalism Practice, 2* (3): 326-342.

Donath, M. (2001). *Demokratie und Internet. Neue Modelle der Bürgerbeteiligung an der Kommunalpolitik – Beispiele aus den USA.* Frankfurt a.M., New York: Campus.

Donohew, L., Parker, J.M. & McDermott, V. (1972). Psychophysiological measurement of information selection: Two studies. *Journal of Communication, 22* (1): 54-63.

Donsbach, W. (1991). *Medienwirkung trotz Selektion. Einflußfaktoren auf die Zuwendung zu Zeitungsinhalten.* Köln, Weimar: Böhlau.

Donsbach, W. (2011). Risiken und Nebenwirkungen des Internets für die politische Kommunikation. Ein Essay. *Studies in Communication | Media,* 1(1) http://www.scm.nomos.de/archiv/2011/heft-1/beitrag-donsbach/.

Donsbach, W. & Jandura, O. (2005). Rückkehr des Kanzlerbonus. Redepräsenz der Kanzlerkandidaten in den Fernsehnachrichten. In Noelle-Neumann, E., Donsbach, W. & Kepplinger, H. M. (Hrsg.), *Wählerstimmungen in der Mediendemokratie. Analysen auf der Basis des Bundestagswahlkampfs 2002* (S. 69-90). Freiburg, München: Alber.

Donsbach, W., Rentsch, M., Schielicke, A.-M. & Degen, S. (2009). *Entzauberung eines Berufs. Was die Deutschen vom Journalismus erwarten und wie sie enttäuscht werden.* Konstanz: UVK.

Döring, N. (2010). Sozialkontakte online: Identitäten, Beziehungen, Gemeinschaften. In Schweiger, W. & Beck, K. (Hrsg.), *Handbuch Online-Kommunikation* (S. 159-183). Wiesbaden: VS.

Dörner, A. (2001). *Politainment. Politik in der medialen Erlebnisgesellschaft.* Frankfurt am Main: Suhrkamp.

Eilders, C. (1997). *Nachrichtenfaktoren und Rezeption. Eine empirische Analyse zur Auswahl und Verarbeitung politischer Information.* Opladen: Westdeutscher Verlag.

Eisenegger, M., Orizet, J.l. & Schranz, M. (2015). #Journalismus 2.0. Ein Beitrag zur Qualitätssteigerung? In Imhof, K., Blum, R., Bonfadelli, H., Jarren, O. & Wyss, V. (Hrsg.), *Demokratisierung durch Social Media? Mediensymposium 2012* (S. 232-258). Wiesbaden: Springer VS.

Emmer, M. & Wolling, J. (2010). Online-Kommunikation und politische Öffentlichkeit. In Schweiger, W. & Beck, K. (Hrsg.), *Handbuch Online-Kommunikation* (S. 36-58). Wiesbaden: VS.

Emmer, M., Vowe, G. & Wolling, J. (2011). *Bürger online. Die Entwicklung der politischen Online-Kommunikation in Deutschland.* Konstanz: UVK.

Engel, B. & Breunig, C. (2015). Massenkommunikation 2015: Mediennutzung im Intermediavergleich. *Media Perspektiven* (7-8): 310-322.

Engesser, S. (2013). *Die Qualität des Partizipativen Journalismus im Web. Bausteine für ein integratives theoretisches Konzept und eine explanative empirische Analyse.* Wiesbaden: Springer VS.

Ettenhuber, A. (2010). *Beschleunigung und Zäsuren im Fernsehprogramm. Wann schalten Zuschauer um?* Baden-Baden: Nomos.

Festinger, L. (1957). *A Theory of Cognitive Dissonance.* Stanford: Stanford University Press.

Fields, J.M. & Schuman, H. (1976). Public Beliefs About the Beliefs of the Public. *Public Opinion Quarterly, 40* (4), S. 427-448.

Fraas, C., Meier, S. & Pentzold, C. (Hrsg.) (2013). *Online-Diskurse. Theorien und Methoden transmedialer Online-Diskursforschung.* Köln: von Halem.

Freelon, D.G. (2010). Analyzing online political discussion using three models of democratic communication. *New Media & Society, 12* (7): 1172-1190.

Freelon, D.G. (2015). Discourse architecture, ideology, and democratic norms in online political discussion. *New Media & Society, 17* (5): 772-791.

Frees, B. & Koch, W. (2015). Ergebnisse der ARD/ZDF-Onlinestudie 2015. Internetnutzung: Frequenz und Vielfalt nehmen in allen Altersgruppen zu. *Media Perspektiven* (9): 366-377.

Friemel, T. & Dötsch, M. (2015). Online Reader Comments as Indicator for Perceived Public Opinion. In Emmer, M. & Strippel, C. (Hrsg.), *Kommunikationspolitik für die digitale Gesellschaft* (S. 151-172). Online: http://digitalcommunicationresearch.de/wp-content/uploads/2015/02/dcr.v1.8_friemel-doetsch.pdf.

Garrett, R.K. (2009). Echo chambers online? Politically motivated selective exposure among Internet news users. *Journal of Computer-Mediated Communication, 14* (2): 265-285.

Gerhards, J. (1996). Reder, Schweiger, Anpasser und Missionare: Ein Typologie öffentlicher Kommunikationsbereitschaft und ein Beitrag zur Theorie der Schweigespirale. *Publizistik, 41* (1): 1-14.

Glynn, C.J., Hayes, A.F. & Shanahan, J. (1997). Perceived Support for One's Opinions and Willingness to Speak Out. *Public Opinion Quarterly, 61*: 452-463.

Goldstein, D.G. & Gigerenzer, G. (1999). The Recognition Heuristic. How Ignorance Makes Us Smart. In Gigerenzer, G., Todd, P. M. & Group, T. A. R. (Hrsg.), *Simple Heuristics That Make Us Smart* (S. 37-58). New York, Oxford: Oxford University Press.

Granovetter, M.S. (1973). The Strength of Weak Ties. *American Journal of Sociology, 78* (6): 1360-1380.

Groeben, N. (2004). Medienkompetenz. In Mangold, R., Vorderer, P. & Bente, G. (Hrsg.), *Lehrbuch der Medienpsychologie* (S. 27-49). Göttingen: Hogrefe.

Groth, O. (1960). *Die unerkannte Kulturmacht*. Berlin: de Gruyter.

Gruzd, A. & Roy, J. (2014). Investigating Political Polarization on Twitter: A Canadian Perspective. *Policy & Internet, 6* (1): 28–45.

Gunther, A.C. (1998). The persuasive press inference. *Communication Research, 25* (5): 486-504.

Gunther, A.C., Miller, N. & Liebhardt, J.L. (2009). Assimilation and Contrast in a Test of the Hostile Media Effect. *Communication Research, 36* (6): 747–764.

Haagerup, U. (2015). *Constructive News: Warum 'bad news' die Medien zerstören und wie Journalisten mit einem völlig neuen Ansatz wieder Menschen berühren*. Freilassing: Oberauer.

Haake, G., Väth, J. & Klappert, S. (2014). Agenda-Setting in der multimedialen Medienwelt. In Kleinen-von Königslöw, K. & Förster, K. (Hrsg.), *Medienkonvergenz und Medienkomplementarität aus Rezeptions- und Wirkungsperspektive* (S. 147-162). Baden-Baden: Nomos.

Haas, A. (2015). Politische Diskussionen Online. Nutzer, Inhalte und Wirkung. In Imhof, K., Blum, R., Bonfadelli, H., Jarren, O. & Wyss, V. (Hrsg.), *Demokratisierung durch Social Media? Mediensymposium 2012* (S. 27-39). Wiesbaden: Springer VS.

Haas, A. & Unkel, J. (2015). Glaubwürdigkeit und Selektion von Suchergebnissen. Der Einfluss von Platzierung, Reputation, Neutralität und sozialen Empfehlungen bei der Nutzung von Suchmaschinen. *Medien & Kommunikationswissenschaft, 63*: 363-382.

Habermas, J. (1981). *Theorie des kommunikativen Handelns*. Frankfurt am Main: Suhrkamp.

Habermas, J. (2001). *Strukturwandel der Öffentlichkeit (zuerst 1962)*. Frankfurt am Main: Suhrkamp.

Habermas, J. (2008). *Ach, Europa*. Frankfurt a.M.: Suhrkamp.

Hagen, L.M. (2015). Nachrichtenjournalismus in der Vertrauenskrise. *Communicatio Socialis, 48* (2): 152-163.

Hamann, G. (2015). Wer vertraut uns noch? Online: http://www.zeit.de/2015/26/journalismus-medienkritik-luegenpresse-vertrauen-ukraine-krise (11.10.2015).

Hampton, K.N., Rainie, L., Lu, W., Dwyer, M., Shin, I. & Purcell, K. (2014). Social Media and the 'Spiral of Silence'. Pew Research Center, Washington, DC. Online: http://www. pewinternet.org/2014/08/26/social-media-and-the-spiral-of-silence/ (25.09.2014).

Hansen, G.J. & Kim, H. (2011). A Meta-Analysis of the Hostile Media Effect Research. *Communication Research Reports, 28* (2): 169-179.

Hardmeier, S. (2000). Meinungsumfragen im Journalismus. Nachrichtenwert, Präzision und Publikum. *Medien & Kommunikationswissenschaft, 48* (3): 371-395.

Harkins, S.G. & Petty, G.E. (1981). The multiple source effect in persuasion: The effects of distraction. *Personality and Social Psychology Bulletin, 7*: 627-635.

Hasebrink, U. (2016). Wen oder Was integriert die Kommunikationswissenschaft? Keynote auf der DGPuK-Tagung in Leipzig am 31.03.2016.

Hautzinger, N. (2003). *Pharmakommunikation im Internetzeitalter.* München: Reinhard Fischer.

Hayes, A., Glynn, C. & Shanahan, J. (2005). Willingness to Self-Censor: A Construct and Measurement Tool for Public Opinion Research. *International Journal of Public Opinion Research, 17* (3): 298-323.

Hegelich, S. (2016). Invasion der Meinungs-Roboter. Analysen & Argumente, Ausgabe 221. Online: http://www.kas.de/wf/doc/kas_46486-544-1-30.pdf?160927132147 (18.10.2016).

Herles, W. (2015). *Die Gefallsüchtigen. Gegen Konformismus in den Medien und Populismus in der Politik.* München: Knaus.

Hermes, S. (2006). *Qualitätsmanagement in Nachrichtenredaktionen.* Köln: von Halem.

Hipeli, E. & Süss, D. (2013). Werther, Soap Stars und Ego-Shooter-Helden: Das Einflusspotenzial medialer Vorbilder. In Schweiger, W. & Fahr, A. (Hrsg.), *Handbuch Medienwirkungsforschung* (S. 191-205). Wiesbaden: Springer VS.

Hoffjann, O. & Arlt, H.-J. (2015). *Die nächste Öffentlichkeit. Theorieentwurf und Szenarien.* Wiesbaden: Springer VS.

Holtz-Bacha, C. (1990). *Ablenkung oder Abkehr von der Politik? Mediennutzung im Geflecht politischer Orientierungen.* Opladen: Westdeutscher Verlag.

Holtz-Bacha, C. & Peiser, W. (1999). Verlieren die Massenmedien ihre Integrationsfunktion? Eine empirische Analyse zu den Folgen der Fragmentierung des Medienpublikums. In Hasebrink, U. & Rössler, P. (Hrsg.), *Publikumsbindungen. Medienrezeption zwischen Individualisierung und Integration* (S. 41-53). München: Reinhard Fischer.

Holzweißig, G. (1989). *Massenmedien in der DDR. 2. Auflage.* Berlin: Gebrüder Holzapfel.

Houston, J.B., Hansen, G.J. & Nisbett, G.S. (2011). Influence of user comments on perceptions of media bias and third-person effect in online news. *Electronic News, 5* (2): 79–92.

Hovland, C.I. & Weiss, W. (1951). The Influence of Source Credibility on Communication Effectiveness. *Public Opinion Quarterly, 15*: 635-650.

Huckfeldt, R., Johnson, P. & Sprague, J. (2005). Individuals, dyads and networks: Autoregressive patterns and political influence. In A., Z. (Hrsg.), *The Social Logic of Politics: Personal Networks as Contexts for Political Behavior* (S. 21-50). Philadelphia: Temple University Press.

Imhof, K. (2015). Demokratisierung durch Social Media? In Imhof, K., Blum, R., Bonfadelli, H., Jarren, O. & Wyss, V. (Hrsg.), *Demokratisierung durch Social Media? Mediensymposium 2012* (S. 15-26). Wiesbaden: Springer VS.

Initiative D21 (2016). D21-Digital-Index 2015. Die Gesellschaft in der digitalen Transformation. Online: http://www.initiatived21.de/wp-content/uploads/2015/11/D21_Digital-Index2015_WEB2.pdf (19.05.2016).

Ipsos MORI (2007). Attitudes to the death penalty. Online: https://www.ipsos-mori.com/ Assets/Docs/Archive/Polls/attitudes-to-death-penalty.pdf (13.10.2016).

Iyengar, S. & Hahn, K.S. (2009). Red Media, Blue Media: Evidence of Ideological Selectivity in Media Use. *Journal of Communication, 59* (1): 19-39.

Jäger, S. (2011). Diskurs und Wissen. Theoretische und methodische Aspekte einer Kritischen Diskurs- und Dispositivanalyse. In Keller, R., Hirseland, A., Schneider, W. & Viehöver, W. (Hrsg.), *Handbuch sozialwissenschaftliche Diskursanalyse. Band 1: Theorien und Methoden* (S. 91-124). Wiesbaden: VS.

Jang, S.M. (2014). Challenges to selective exposure: Selective seeking and avoidance in a multitasking media environment. *Mass Communication and Society, 17*: 665-688.

Jers, C. (2012). *Konsumieren, Partizipieren und Produzieren im Web 2.0. Ein sozial-kognitives Modell zur Erklärung der Nutzeraktivität.* Köln: von Halem.

Johnson, T.J., Bichard, S.L. & Zhang, W. (2009). Communication communities or „cyberghettos?": A path analysis model examining factors that explain selective exposure to blogs. *Journal of Computer-Mediated Communication, 15*: 60-82.

Jungnickel, K. (2016). Interdisziplinäre Meinungsführerforschung. Eine systematische Literaturanalyse zu einem kommunikationswissenschaftlichen Konzept. Dissertation an der Universität Hohenheim.

Jungnickel, K. & Maireder, A. (2015). Der Multi-Step-Flow in Social Media: ein Mehrmethodenansatz zur Analyse des Facebook-Newsfeed. In Maireder, A., Ausserhofer, J., Schumann, C. & Taddicken, M. (Hrsg.), *Digitale Methoden in der Kommunikationswissenschaft (Digital Communication Research 2)* (S. 303-327). Berlin. Online: http://dx.doi.org/10.17174/dcr.v2.13.

Jungnickel, K. & Schweiger, W. (2014). Media Audiences in the Social Web: Characteristics, Motives and Adressees. Paper presented to the 5th European Communications Conference, Lisboa.

Kamps, K. (Hrsg.) (2000). *Trans-Atlantik – Trans-Portabel? Die Amerikanisierungsthese in der politischen Kommunikation.* Opladen: Westdeutscher Verlag.

Kantar Media (2016). Brand and trust in a fragmented news environment. Qualitative research report. Prepared for the Reuters Institute for the Study of Journalism. Online: http://reutersinstitute.politics.ox.ac.uk/sites/default/files/Brand%20and%20trust %20 in%20a%20fragmented%20news%20environment.pdf (12.10.2016).

Kepplinger, H.M. & Roth, H. (1978). Kommunikation in der Ölkrise des Winters 1973/74. Ein Paradigma für Wirkungsstudien. *Publizistik, 23*: 337-356.

Kiefer, M.L. (2001). *Medienökonomik.* München, Wien: Oldenbourg.

Klapper, J.T. (1960). *The Effects of Mass Communication.* New York: The Free Press.

Klingemann, H.-D. & Klingemann, U. (1983). 'Bild' im Urteil der Bevölkerung. Materialien zu einer vernachlässigten Perspektive. Publizistik, 28 (2): 239-259.

Kneidinger, B. (2010). *Facebook und Co. Eine soziologische Analyse von Interaktionsformen in Online Social Networks.* Wiesbaden: VS.

Knobloch-Westerwick, S. & Johnson, B.K. (2014). Selective Exposure for Better or Worse: Its Mediating Role for Online News' Impact on Political Participation. *Journal of Computer-Mediated Communication, 19*: 184-196.

Knobloch-Westerwick, S. & Meng, J. (2009). Looking the Other Way: Selective Exposure to Attitude-Consistent and Counterattitudinal Political Information. *Communication Research, 36* (3): 426-448.

Knobloch-Westerwick, S., Johnson, B.K. & Westerwick, A. (2015). Confirmation bias in online searches: Impacts of selective exposure before an election on political attitude strength and shifts. *Journal of Computer-Mediated Communication, 20*: 171-187.

Knobloch, S. (2002). 'Unterhaltungsslalom' bei der WWW-Nutzung: Ein Feldexperiment. *Publizistik, 47* (3): 309-318.

Kosicki, G.M. (1993). Problems and Opportunities in Agenda-Setting Research. *Journal of Communication, 43* (2): 100–127.

Kovic, M., Rauchfleisch, A. & Sele, M. (2016). Digital Astroturfing: Definition, typology, and countermeasures. Zurich Institute of Public Affairs Research. Online: https://osf. io/nww4q/ (24.10.2016).

Kunz, R. & Esser, F. (2015). Die politischen Hoffnungen des Internets. Welche Informationsformate können die Partizipation von Jugendlichen befördern? In Imhof, K., Blum, R., Bonfadelli, H., Jarren, O. & Wyss, V. (Hrsg.), *Demokratisierung durch Social Media? Mediensymposium 2012* (S. 55-74). Wiesbaden: Springer VS.

Langer, I., Schulz von Thun, F. & Tausch, R. (2002). *Sich verständlich ausdrücken. 7. Auflage.* München: Reinhardt.

Latzer, M., Büchi, M. & Just, N. (2016). Internetverbreitung und digitale Bruchlinien in der Schweiz. Themenbericht aus dem World Internet Project – Switzerland 2015. Online: http://mediachange.ch/media/pdf/publications/Verbreitung_und_Bruchlinien_2015. pdf. (12.10.2016)

Lazarsfeld, P.F. & Merton, R.K. (1954). Friendship as a Social Process: A Substantive and Methodological Analysis. In Berger, M., Abel, T. & Pgae, C. H. (Hrsg.), *Freedom and Control in Modern Society* (S. 18-66). New York: Van Nostrand.

Le Bon, G. (1982). *Psychologie der Massen. 15. Auflage (zuerst 1895).* Stuttgart: Kröner.

Lee, E.-J. & Jang, Y.J. (2010). What do others' reactions to news on internet portal sites tell us? Effects of presentation format and readers' need for cognition on reality perception. *Communication Research, 37* (6): 825–846.

Lee, T. (2008). Bias in the news. In Donsbach, W. (Hrsg.), *The International Encyclopedia of Communication* (S. 3365-3376). Oxford, UK, Malden, MA: Wiley-Blackwell.

Lehmkuhl, M. (2006). *Massenmedien und interpersonale Kommunikation. Eine explorative Studie am Beispiel BSE.* Konstanz: UVK.

Lippmann, W. (1922). Public opinion. New York, NY: Harcourt.

Luhmann, N. (1996). *Die Realität der Massenmedien. 2., erweiterte Auflage.* Wiesbaden: VS. Online: http://dx.doi.org/10.1007/978-3-663-01103-3.

Machill, M., Beiler, M. & Krüger, U. (2013). Das neue Gesicht der Öffentlichkeit. Wie Facebook und andere soziale Netzwerke die Meinungsbildung verändern. LfM-Materialien, Band 31. Online: http://lfmpublikationen.lfm-nrw.de/modules/pdf_download. php?products_id=343 (16.10.2014).

Malik, M. (2004). *Journalismusjournalismus. Funktion, Strukturen und Strategien der journalistischen Selbstthematisierung.* Wiesbaden: VS.

Marks, G. & Miller, N. (1987). Ten Years of Research on the False-Consensus Effect: An Empirical and Theoretical Review. *Psychological Bulletin, 102*: 72-90.

Marr, M. & Zillien, N. (2010). Digitale Spaltung. In Schweiger, W. & Beck, K. (Hrsg.), *Handbuch Online-Kommunikation* (S. 257-282). Wiesbaden: VS.

Mattenklott, A. (2016). Wirkung von Werbung im redaktionellen Kontext. In Siegert, G., Wirth, W., Weber, P. & Lischka, J. A. (Hrsg.), *Handbuch Werbeforschung* (S. 281-298). Wiesbaden: Springer VS.

Matthes, J. (2014). *Framing.* Baden-Baden: Nomos.

Mayer-Uellner, R. (2003). *Das Schweigen der Lurker.* München: Reinhard Fischer.

McCombs, M.E. & Poindexter, P.M. (1983). The Duty to Keep Informed: News Exposure and Civic Obligation. *Journal of Communication, 33:* 88-96.

McCrae, R. & Costa, P. (1987). Validation of the five factor model of personality across instruments and observers. *Journal of Personality and Social Psychology, 52:* 81-90.

McDevitt, M., Kiousis, S. & Wahl-Jorgensen, K. (2003). Spiral of moderation: Opinion expression in computer-mediated discussion. *International Journal of Public Opinion Research, 15* (4): 454-470.

McPherson, M., Smith-Lovin, L. & Cook, J.M. (2001). Birds of a Feather: Homophily in Social Networks. *Annual Review of Sociology, 27:* 415-444.

McQuail, D. (1999). *Media performance. Mass communication and the public interest.* London: Sage.

Merten, K. (1999). *Einführung in die Kommunikationswissenschaft.* Münster: Lit.

Mewes, J. (2010). *Ungleiche Netzwerke – Vernetzte Ungleichheit: Persönliche Beziehungen im Kontext von Bildung und Status.* Wiesbaden: VS.

Mullen, B., Dovidio, J.F., Johnson, C & Copper, C. (1992). In-group-Out-group Differences in Social Projection. *Journal of Experimental Social Psychology, 28:* 422-440.

Müller, P. (2016). Illusion of Knowing durch Social Network Sites? SNS und tatsächliches und wahrgenommenes politisches Wissen. In Werner, P., Rinsdorf, L., Pleil, T. & Altmeppen, K.-D. (Hrsg.), *Verantwortung – Gerechtigkeit – Öffentlichkeit. Normative Perspektiven auf Kommunikation* (S. 195–212). Konstanz, München: UvK.

Müller, P., Schneiders, P. & Schäfer, S. (2016). Appetizer or main dish? Explaining the use of Facebook news posts as a substitute for other news sources. *Computers in Human Behavior, 65:* 431-441.

Negroponte, N. (1995). *Being Digital.* New York: Knopf.

Neidhardt, F. (Hrsg.) (1994). Öffentlichkeit, öffentliche Meinung, soziale Bewegungen. Opladen: Westdeutscher Verlag.

Neuberger, C. (2009). Internet, Journalismus und Öffentlichkeit. Analyse des Medienumbruchs. In Neuberger, C., Nuernbergk, C. & Rischke, M. (Hrsg.), *Journalismus im Internet. Profession – Partizipation – Technisierung* (S. 19-108). Wiesbaden: VS.

Neuberger, C. & Quandt, T. (2010). Internet-Journalismus: Vom traditionellen Gatekeeping zum partizipativen Journalismus. In Schweiger, W. & Beck, K. (Hrsg.), *Handbuch Online-Kommunikation.* Wiesbaden: VS Verlag.

Neuberger, C., Langenohl, S. & Nuernbergk, C. (2014). Social Media und Journalismus. LfM-Dokumentation, Band 50, Online: http://www.lfm-nrw.de/fileadmin/lfm-nrw/Publikationen-Download/Social-Media-und-Journalismus-LfM-Doku-Bd-50-web.pdf (13.10.2016).

Neuberger, C., Nuernbergk, C. & Rischke, M. (2009). *Journalismus im Internet. Profession – Partizipation – Technisierung.* Wiesbaden: VS.

Newman, N., Fletcher, R., Levy, D.A.L. & Nielsen, R.K. (2016). Reuters Institute Digital News Report 2016.

Nielsen, J. (2015). Global Trust in Advertising. Winning Strategies for an Evolving Media Landscape. Online: https://www.nielsen.com/content/dam/nielsenglobal/apac/docs/reports/2015/nielsen-global-trust-in-advertising-report-september-2015.pdf (15.09.2016).

Nielsen, R.K. & Schrøder, K.C. (2014). The relative importance of social media for accessing, finding, and engaging with news: An eight-country cross-media comparison. *Digital Journalism*, 2 (4): 472-489.

Noelle-Neumann, E. (1982). *Die Schweigespirale. Öffentliche Meinung – unsere soziale Haut.* Frankfurt am Main, Wien, Berlin: Ullstein.

Noelle-Neumann, E. (1983). Persönlichkeitsstärke – Ein neues Kriterium zur Zielgruppenbestimmung. In: SPIEGEL Dokumentation: Persönlichkeitsstärke. Ein neuer Maßstab zur Bestimmung von Zielgruppenpotentialen.

Noelle, E. (1966). Öffentliche Meinung und Soziale Kontrolle. Tübingen.

Nuernbergk, C. (2013). *Anschlusskommunikation in der Netzwerköffentlichkeit. Ein inhalts- und netzwerkanalytischer Vergleich der kommunikation im „Social Web" zum G8-Gipfel von Heiligendann.* Wiesbaden: Nomos.

O'Sullivan, B. (2009). Masspersonal Communication: Rethinking the Mass-Interpersonal Divide. Paper presented at the annual meeting of the International Communication Association, New York. Online: http://www.allacademic.com/meta/p14277_index.html (11.03.2014).

Oh, H.J., Park, J. & Wanta, W. (2011). Exploring Factors in the Hostile Media Perception: Partisanship, Electoral Engagement and Media Use Patterns. *Journalism & Mass Communication Quarterly*, 88 (1): 40-54.

Paetzel, U. (2001). *Kunst und Kulturindustrie bei Adorno und Habermas. Perspektiven kritischer Theorie.* Wiesbaden: Deutscher Universitätsverlag.

Pariser, E. (2011). *The Filter Bubble. What the Internet is Hiding from You* London: Penguin.

Park, C.-Y. (2001). News Media Exposure And Self-Perceived Knowledge: The Illusion Of Knowing. *International Journal of Public Opinion Research*, 13 (4): 419-425.

Patterson, T.E. & Donsbach, W. (1996). News Decisions: Journalists as Partisan Actors. *Political Communication*, 13: 455-468.

Patterson, T.E. & McClure, R.D. (1976). *The Unseeing Eye. The Myth of Television Power in National Elections.* New York: Putnam.

Patzel, W.J. & Klose, J. (Hrsg.) (2016). *PEGIDA. Warnsignale aus Dresden.* Dresden: Thelem.

Peter, C. & Brosius, H.-B. (2013). Wahrnehmungsphänomene. In Schweiger, W. & Fahr, A. (Hrsg.), *Handbuch Medienwirkungsforschung* (S. 464-480). Wiesbaden: Springer VS.

Pew Research Center (2012). Press Widely Criticized, But Trusted More than Other Information Sources. Online: http://www.pewresearch.org/daily-number/press-widely-criticized-but-trusted-more-than-other-information-sources/ (13.10.2016).

Pew Research Center (2013). The Role of News on Facebook. Common yet Incidental. Numbers, Facts and Trends Shaping the World. Online: http://www.journalism.org/files/2013/10/facebook_news_10-24-2013.pdf (21.03.2014).

Pew Research Center (2015). Millennials & Political News. Social Media – the Local TV for the Next Generation? Online: http://www.journalism.org/files/2015/06/Millennials-and-News-FINAL.pdf (06.06.2015).

Pew Research Center (2016). A Wider Ideological Gap Between More and Less Educated Adults. Political polarization update. Online: http://www.people-press.org/2016/04/26/a-wider-ideological-gap-between-more-and-less-educated-adults/ (19.05.2016).

Pingree, R.J., Quenette, A.M., Tchernev, J.M. & Dickinson, T. (2013). Effects of Media Criticism on Gatekeeping Trust and Implications for Agenda Setting. *Journal of Communication*, 63: 351-372.

Pörksen, B. & Detel, H. (2012). *Der entfesselte Skandal. Das Ende der Kontrolle im digitalen Zeitalter.* Köln: von Halem.

Prochazka, F. & Schweiger, W. (2016, im Druck). Medienkritik online. Was kommentierende Nutzer am Journalismus kritisieren. *Studies in Communication | Media.*

Prochazka, F., Schweiger, W. & Weber, P. (2016). Effects of civility and reasoning in user comments on perceived journalistic quality in known and unknown news brands. *Journalism Studies.* DOI:10.1080/1461670X.2016.1161497.

Pürer, H. & Raabe, J. (2007). *Presse in Deutschland. 3. Auflage.* Konstanz: UVK.

Quiring, O. & Schweiger, W. (2006). Interaktivität – ten years after. Bestandsaufnahme und Analyserahmen. *Medien & Kommunikationswissenschaft, 54* (1): 5-24.

Radecki, C.M. & Jaccard, J. (1995). Perceptions of Knowledge, Actual Knowledge, and Information Search Behavior. *Journal of Experimental Social Psychology, 31* (1): 107-138.

Rauch, J. (2015). Exploring the Alternative-Mainstream Dialectic: What 'Alternative Media' Means to a Hybrid Audience. *Communication, Culture & Critique, 8* (1): 124-143.

Raupp, J. (2003). Information, Instrumentalisierung, Reflexion. Die widerspruchsvolle Verwendung von Umfragen. In Holtz-Bacha, C. (Hrsg.), Die *Massenmedien im Wahlkampf. Die Bundestagswahl 2002* (S. 116-137). Wiesbaden: Westdeutscher Verlag.

Raupp, J. (2007). *Politische Meinungsforschung: die Verwendung von Umfragen in der politischen Kommunikation.* Konstanz: UVK.

Reich, Z. (2011). User Comments: The transformation of participatory space. In Singer, J. B., Domingo, D., Heinonen, A., Hermida, A., Paulussen, S., Quandt, T., Reich, Z. & Vujnovic, M. (Hrsg.), *Participatory Journalism: Guarding Open Gates at Online Newspapers* (S. 96-117). Chichester: Wiley-Blackwell.

Reinemann, C. & Baugut, P. (2014). Alter Streit unter neuen Bedingungen. Einflüsse politischer Einstellungen von Journalisten auf ihre Arbeit. *Zeitschrift für Politik, 61* (4): 480-505.

Reumann, K. (2000). Journalistische Darstellungsformen. In Noelle-Neumann, E., Schulz, W. & Wilke, J. (Hrsg.), *Publizistik. Massenkommunikation. Fischer Lexikon. 7. Auflage, aktualisierte, vollständig überarbeitete Neuausgabe* (S. 91-116). Frankfurt am Main: Fischer Taschenbuch.

Ridder, C.-M. & Engel, B. (2005). Massenkommunikation 2005: Images und Funktionen der Massenmedien im Vergleich. *Media Perspektiven* (9): 422-448.

Robinson, M.J. (1976). Public Affairs, Television, and the Growth of Political Malaise: The Case of 'The Selling of the Pentagon'. *American Political Science Review, 70* (2): 409-432.

Roessing, T. (2009). *Öffentliche Meinung – die Erforschung der Schweigespirale.* Baden-Baden: Nomos.

Ross, L., Greene, D. & House, P. (1977). The 'false consensus effect': An egocentric bias in social perception and attribution processes. *Journal of Experimental Social Psychology, 13* (3): 279-301.

Rössler, P. (1997). *Agenda-Setting. Theoretische Annahmen und empirische Evidenzen einer Medienwirkungshypothese.* Opladen: Westdeutscher Verlag.

Rössler, P. (2006). ‚Erst mal sehen, was die anderen machen'. Vielfalt als Qualitätsmerkmal vs. mediale Koorientierung im journalistischen Alltag. In Weischenberg, S., Loosen, W. & Beuthner, M. (Hrsg.), *Medien-Qualitäten: Öffentliche Kommunikation zwischen ökonomischem Kalkül und Sozialverantwortung* (S. 223-244). Konstanz: UVK.

Rossmann, C. (2010). Gesundheitskommunikation im Internet. Erscheinungsformen, Potenziale, Grenzen. In Schweiger, W. & Beck, K. (Hrsg.), *Handbuch Online-Kommunikation* (S. 338-363). Wiesbaden: VS.

Rossmann, C. (2011). *Theory of Reasoned Action – Theory of Planned Behavior*. Baden-Baden: Nomos.

Rühl, M. (1980). *Journalismus und Gesellschaft. Bestandsaufnahme und Theorieentwurf*. Frankfurt a.m.: von Hase + Koehler.

Russmann, U. (2015). Die Qualität politischer Online-Diskussionen. Empirische Befunde zur verständigungsorientierten Kommunikation auf Facebook. In Imhof, K., Blum, R., Bonfadelli, H., Jarren, O. & Wyss, V. (Hrsg.), *Demokratisierung durch Social Media? Mediensymposium 2012* (S. 177-195). Wiesbaden: Springer VS.

Salzborn, C. (2015). Phänomen Shitstorm – Herausforderung für die Onlinekrisenkommunikation von Unternehmen. Online: http://opus.uni-hohenheim.de/volltexte/2015/1110/ (22.02.2016).

Sarcinelli, U. (2009). *Politische Kommunikation in Deutschland. Zur Politikvermittlung im demokratischen System*. 2., überarbeitete und erweiterte Auflage. Wiesbaden: VS.

Sarrazin, T. (2014).

Schenk, M. (1995). *Soziale Netzwerke und Massenmedien. Untersuchungen zum Einfluß der persönlichen Kommunikation*. Tübingen: J.C.B. Mohr.

Scherer, H. (1990). *Massenmedien, Meinungsklima und Einstellung. Eine Untersuchung zur Theorie der Schweigespirale*. Opladen: Westdeutscher Verlag.

Schiefele, U. (1996). *Motivation und Lernen mit Texten*. Göttingen, Bern, Toronto, Seattle: Hogrefe.

Schiller, Benjamin, Heimbach, I., Strufe, T. & Hinz, O. (2015). Development of the Social Network Usage in Germany since 2012 – Year 2014: The Winner Takes It All: Facebook Reaches Market Share of over 90%. Working Paper TU Darmstadt. Online: http://www.emarkets.tu-darmstadt.de/fileadmin/user_upload/download/Development_of_the_Social_Network_Usage_in_Germany__Feb2015.pdf (14.07.2015).

Schmidt, H. (2015). Trafficquellen deutscher Nachrichtenseiten. Online: https://netzoekonom.de/downloads/trafficquellen-deutscher-nachrichtenseiten/.

Scholl, A. & Weischenberg, S. (1998). *Journalismus in der Gesellschaft. Theorie, Methodologie und Empirie*. Opladen: Westdeutscher Verlag.

Schulz, W. (1989). Massenmedien und Realität. Die ‚ptolemäische' und die ‚kopernikanische' Auffassung. In Kaase, M. & Schulz, W. (Hrsg.), *Massenkommunikation. Theorien, Methoden, Befunde* (S. 135-149). Opladen: Westdeutscher Verlag.

Schulz, W. (1990). *Die Konstruktion von Realität in den Nachrichtenmedien. Analyse der aktuellen Berichterstattung*. 2., unveränderte Auflage. Freiburg, München: Alber.

Schulz, W. (2008). *Politische Kommunikation: Theoretische Ansätze und Ergebnisse empirischer Forschung zur Rolle der Massenmedien in der Politik*. 2. Auflage. Wiesbaden: VS.

Schulz, W. (2009). Nachricht. In Noelle-Neumann, E., Schulz, W. & Wilke, J. (Hrsg.), *Publizistik. Massenkommunikation. Fischer Lexikon. Aktualisierte, vollständig überarbeitete und ergänzte Auflage* (S. 359-396). Frankfurt am Main: Fischer Taschenbuch.

Schweiger, W. (2001). Aufmerksamkeitseffekte der Hypermediengestaltung. Befunde zur Scrollgrenze und anderen Phänomenen. In Beck, K. & Schweiger, W. (Hrsg.), *Attention please! Online-Kommunikation und Aufmerksamkeit (Reihe InternetResearch, Band 1)* (S. 175-196). München: Reinhard Fischer.

Schweiger, W. (2003). Suchmaschinen aus Nutzersicht. In Machill, M. & Welp, C. (Hrsg.), *Wegweiser im Netz. Qualität und Nutzung von Suchmaschinen* (S. 133-208 und 376-389). Gütersloh: Bertelsmann Stiftung.

Schweiger, W. (2007). *Theorien der Mediennutzung. Eine Einführung*. Wiesbaden: VS.

Schweiger, W. (2009). Zeitung? Nein Danke! Mediennutzung junger Dresdner. Vortrag auf dem Praxisforum des Instituts für Kommunikationswissenschaft der TU Dresden, Dresden, 05.02.2009.

Schweiger, W. (2010). Informationsnutzung online: Informationssuche, Selektion, Rezeption und Usability von Online-Medien. In Schweiger, W. & Beck, K. (Hrsg.), *Handbuch Online-Kommunikation* (S. 184-210). Wiesbaden: VS.

Schweiger, W. (2013). *Determination, Intereffikation, Medialisierung. Theorien zur Beziehung zwischen PR und Journalismus (Reihe Konzepte. Ansätze der Medien- und Kommunikationswissenschaft)*. Baden-Baden: Nomos.

Schweiger, W. (2014). Reader Discussions on News Websites and Facebook. How do platform characteristics influence deliberativeness? Paper presented to the 5th European Communications Conference, Lisboa.

Schweiger, W. & Markmiller, I. (2010). WebScreen – ein Verfahren zur Messung der öffentlichen Meinung im Internet. In Woelke, J., Maurer, M. & Jandura, O. (Hrsg.), *Forschungsmethoden für die Markt- und Organisationskommunikation* (S. 233-256). Köln: Halem.

Schweiger, W. & Quiring, O. (2007). User-Generated Content auf massenmedialen Websites – eine Spielart der Interaktivität oder etwas völlig anderes. In Friedrichsen, M., Mühl-Benninghaus, W. & Schweiger, W. (Hrsg.), *Neue Technik, neue Medien, neue Gesellschaft? Ökonomische Herausforderungen der Onlinekommunikation* (S. 97-120). München: Reinhard Fischer.

Schweiger, W. & Weihermüller, M. (2008). Öffentliche Meinung als Online-Diskurs – ein neuer empirischer Zugang. *Publizistik, 53* (4): 535-559.

Seifert, M. (2012). *Mobilisierung für alle? Sozial Selektive Wirkungen des Internets auf die Politische Kommunikation*. Baden-Baden: VS.

Send, H. & Schildhauer, T. (2014). Partizipationsstudie 2014. Online mitmachen und entscheiden. Alexander von Humboldt Institut für Internet und Gesellschaft. Online: http://www.hiig.de/wp-content/uploads/2014/06/20140609_Studie_DIGITAL.pdf (13.10.2016).

Sherif, M. & Cantril, H. (1947). *The psychology of ego-involvements, social attitudes & identifications*. New York, London: Wiley.

Shoemaker, P.J. (1991). *Gatekeeping*. Newbury Park, CA: Sage.

Singer, J.B. (2011). *Participatory journalism. Guarding open gates at online newspapers*. Chichester, West Sussex, U.K, Malden, MA: Wiley-Blackwell.

Spears, R. & Lea, M. (1994). Panacea or Panopticon? The hidden power in computer-mediated communication. *Communication Research, 21* (4): 427-459.

Statistik Austria (2015). Europäische Erhebung über den IKT-Einsatz in Haushalten 2015. Online: http://www.statistik.at/web_de/statistiken/energie_umwelt_innovation_mobilitaet/informationsgesellschaft/ikt-einsatz_in_haushalten/index.html (15.08.2016).

Steiner, Jürg (2004). *Deliberative politics in action. Analyzing parliamentary discourse*. Cambridge, New York: Cambridge University Press.

Stengel, Oliver (2016). *Jenseits der Marktwirtschaft. Ökonomie im 21. Jahrhundert*. Wiesbaden: Springer.

Stiftung Lesen (2008). Lesen in Deutschland 2008. Online: http://www.coaching-kiste.de/pdf/lesestudie2008.pdf (13.10.2016).

Stöber, R. (2014). *Deutsche Pressegeschichte. Von den Anfängen bis zur Gegenwart. 3., überarbeitete Auflage*. Konstanz, München: UVK.

Storz, W. (2015). ‚Querfront' – Karriere eines politisch-publizistischen Netzwerks. Otto Brenner Stiftung, Arbeitspapier 18. Online: https://www.otto-brenner-shop.de/uploads/tx_mplightshop/AP18_Storz_2015_10_19.pdf (13.10.2016).

Stroud, N.J. (2010). Polarization and partisan selective exposure. *Journal of Communication*, *60*: 556-576.

Suler, J. (2005). The online disinhibition effect. *International Journal of Applied Psychoanalytic Studies*, *2* (2): 184-188.

Sunstein, C.R. (2001). *Republic.com*. Princeton, NJ: Princeton University Press.

Sunstein, C.R. (2002). The Law of Group Polarization. *Journal of Political Philosophy*, *10* (2): 175-195.

Tajfel, H., Billig, M.G., Bundy, R.P. & Flament, C. (1971). Social categorization and intergroup behaviour. *European Journal of Social Psychology*, *1* (2): 149-178.

Tewksbury, D. & Rittenberg, J. (2012). *News on the Internet. Information and Citizenship in the 21st Century*. Oxford, NY u. a.: Oxford University Press.

Tewksbury, D., Hals, M.L. & Bibart, A. (2008). The Efficacy of News Browsing: The Relationship of News Consumption Style to Social and Political Efficacy. *Journalism & Mass Communication Quarterly*, *85* (2): 257-272.

Tippelt, F. & Kupferschmitt, T. (2015). Ergebnisse der ARD/ZDF-Onlinestudie 2015. Social Web: Ausdifferenzierung der Nutzung – Potenziale für Medienanbieter. *Media Perspektiven*, Heft 10: 442-452.

Tomorrow Focus Media (2012). Social Media Effects 2012. Online: http://www.tomorrow-focus-media.de/uploads/tx_mjstudien/Social_Media_Effects_2012_neuerMaster.pdf (08.03.2016).

Tremel, A. (2010). Suchen, finden – glauben? Die Rolle der Glaubwürdigkeit von Suchergebnissen bei der Nutzung von Suchmaschinen. Dissertation am Institut für Kommunikationswissenschaft der Ludwig-Maximilians-Universität München. Schriftenserver der Ludwig-Maximilians-Universität München. Online: http://edoc.ub.uni-muenchen.de/12418/1/Tremel_Andreas.pdf (17.03.2014).

Trepte, S., Baumann, E., Hautzinger, N. & Siegert, G. (2005). Qualität gesundheitsbezogener Online-Angebote aus Sicht von Usern und Experten. *Medien & Kommunikationswissenschaft*, *53*: 486-506.

Tsfati, Y. & Ariely, G. (2014). Individual and Contextual Correlates of Trust in Media Across 44 Countries. *Communication Research*, *41* (6): 760-782.

Tsfati, Y. & Cappella, J.N. (2003). Do People Watch What They Do Not Trust? Exploring the Association Between News Media Skepticism and Exposure. *Communication Research*, *30* (5): 504-529.

Tsfati, Y., Stroud, N.J. & Chotiner, A. (2014). Exposure to ideological news and perceived opinion climate: Testing the media effects component of spiral-of-silence in a fragmented media landscape. *International Journal of Press-Politics*, *19*: 3-23.

Urban, J. & Schweiger, W. (2013). News Quality from the Recipients' Perspective. Investigating recipients' ability to judge the normative quality of news. *Journalism Studies*, *15* (6): 821-840.

Vallone, R.P., Ross, L. & Lepper, M.R. (1985). The hostile media phenomenon: Biased perception and perceptions of media bias in coverage of the Beirut massacre. *Journal of Personality and Social Psychology*, *49* (3): 577-585.

van Eimeren, B. (2015). Nachrichtenrezeption im Internet. Befunde aus der ARD/ZDF-Onlinestudie 2014. *Media Perspektiven* (1): 2-7.

Vlasic, A. (2004). *Die Integrationsfunktion der Massenmedien. Begriffsgeschichte, Modelle und Operationalisierung.* Wiesbaden: VS.

Voigt, J. (2014). Nachrichtenqualität aus Sicht der Mediennutzer. Wie Rezipienten die Leistung des Journalismus beurteilen (können). Dissertation, Universität Hohenheim.

von Nordheim, G. (2016). Poppers Alptraum. European Journalism Observatory. Online: http://de.ejo-online.eu/digitales/poppers-alptraum (02.08.2016).

Vorländer, H., Herold, M. & Schäller, S. (2016). *PEGIDA. Entwicklung, Zusammensetzung und Deutung einer Empörungsbewegung.* Wiesbaden: VS.

Wagner, H. (1989). *Kommunikationswissenschaft (Zeitungswissenschaft). Das Fach. Das Studium. Die Methoden. Zweite, völlig neu bearbeitete Auflage.* München, Mülheim: publicom.

Walther, J.B. (2011). Theories of Computer Mediated Communication and Interpersonal Relations. In Knapp, M. L. & Daly, J. A. (Hrsg.), *The SAGE Handbook of Interpersonal Communication. Fourth Edition* (S. 443-479). Thousand Oaks, London, New Delhi, Singapore: Sage.

Wanta, W. & Ghanem, S. (2007). Effects of Agenda-Setting. In Preiss, R. W., Gayle, B. M., Burrell, N., Allen, M. & Bryant, J. (Hrsg.), *Mass Media Effects Research: Advances Through Meta-Analysis* (S. 37-51). Mahwah, NJ, London: Erlbaum.

Weaver, D.H. (1980). Audience need for orientation and media effects. *Communication Research*, 3: 361–376.

Weischenberg, S. (1998). *Journalistik. Band 1: Mediensysteme. Medienethik. Medieninstitutionen. 2. überarbeitete und aktualisierte Auflage.* Opladen: Westdeutscher Verlag.

Weischenberg, S., Malik, M. & Scholl, A. (2006). Journalismus in Deutschland 2006. Zentrale Befunde der aktuellen Repräsentativbefragung deutscher Journalisten. *Media Perspektiven* (7): 346-361.

Wessler, H. (2008). Investigating Deliberativeness Comparatively. *Political Communication*, 25 (1): 1-22.

Westerwick, A. (2013). Effects of sponsorship, web site design, and google ranking on the credibility of online information. *Journal of Computer-Mediated Communication, 18*: 80-97.

Westphal, S. & Blöbaum, B. (2016). Trust as an Action: About the Overrated Significance of Trust in Information Sources in a Digitized World. In Blöbaum, B. (Hrsg.), *Trust and Communication in a Digitized World Models and Concepts of Trust Research* (S. 113-124). Cham, Heidelberg, New York, Dordrecht, London: Springer.

Wilke, J. (1999). Leitmedien und Zielgruppenorgane. In Wilke, J. (Hrsg.), *Mediengeschichte in der Bundesrepublik Deutschland* (S. 302-329). Köln, Weimar, Wien: Böhlau.

Wilke, J. (Hrsg.) (2000). *Von der Agentur zur Redaktion. Wie Nachrichten gemacht, bewertet und verwendet werden.* Köln: Böhlau.

Wimmer, J. (2007). *(Gegen-)Öffentlichkeit in der Mediengesellschaft. Analyse eines medialen Spannungsfelds.* Wiesbaden: VS.

Wimmer, J. (2015). Alternative Medien, Soziale Bewegungen und Medienaktivismus. In Hepp, A., Krotz, F. Lingenberg, S. & Wimmer, J. (Hrsg.), *Handbuch Cultural Studies und Medienanalyse* (S. 191-199). Wiesbaden: Springer VS.

Wirth, W. (1997). *Von der Information zum Wissen. Die Rolle der Rezeption für die Entstehung von Wissensunterschieden.* Opladen: Westdeutscher Verlag.

Wolfram, S. (2013). Data Science of the Facebook World. Online: http://blog.stephenwolfram.com/2013/04/data-science-of-the-facebook-world/ (25.02.2016).

Wolling, J. (1999). *Politikverdrossenheit durch Massenmedien? Der Einfluss der Medien auf die Einstellungen der Bürger zur Politik.* Opladen: Westdeutscher Verlag.

Woong Yun, G. & Park, S.-Y. (2011). Selective Posting: Willingness to post a message online. *Journal of Computer-Mediated Communication, 16* (2): 201-227.

Yardi, S. & boyd, d.m. (2010). Dynamic Debates: An Analysis of Group Polarization Over Time on Twitter. *Bulletin of Science,Technology & Society, 30* (5): 316-327.

Yoo, S.W. & Gil de Zúñiga, H. (2014). Connecting blog, Twitter and Facebook use with gaps in knowledge and participation. *Communication & Society, 27*: 33-48.

Zajonc, R.B. (1968). Attitudinal effects of mere exposure. *Journal of Personality and Social Psychology, 9*: 1-27.

Zerfass, A. & Bogosyan, J. (2007). Blogstudie 2007. Informationssuche im Internet – Blogs als neues Recherchetool. Online: https://www.digitale-chancen.de/content/downloads/index.cfm/secid.137/secid2.0/key.837/lang.1 (13.10.2016).

Zerfass, A. & Pleil, T. (2015). *Handbuch Online-PR. Strategische Kommunikation im Internet und Social Web. 2., überarbeitete und erweiterte Auflage.* Konstanz: UVK.

Ziegele, M. (2016). *Nutzerkommentare als Anschlusskommunikation. Theorie und qualitative Analyse des Diskussionswerts von Online-Nachrichten.* Wiesbaden: Springer VS.

Ziegele, M., Johnen, M., Bickler, A., Jakob, I. & Schnauber, A. (2013). Männlich, rüstig, kommentiert? Einflussfaktoren auf die Aktivität kommentierender Nutzer von Online-Nachrichtenseiten. *Studies in Communication|Media, 2* (1): 67–114.

Zollo, F., Bessi, A., Del Vicario, M., Scala, A., Caldarelli, G., Shekhtman, L., Havlin, S. & Quattrociocchi, W. (2015). Debunking in a World of Tribes. Online: http://arxiv.org/abs/1510.04267 (29.01.2016).

Zuckerman, M. (1979). *Sensation Seeking Beyond the Optimal Level of Arousal.* Hillsdale, NJ: Erlbaum.

Printed by Printforce, the Netherlands